Sabelotodo

1000 desafíos
para tu inteligencia

Sabelotodo

1000 desafíos
para tu inteligencia

Por una educación de calidad

Grupo Docente

Revista de educación

Versión on line en:

www.grupodocente.com

Es una publicación de

GRUPO OCEANO

Visite nuestra web:
www.oceano.com

EQUIPO EDITORIAL

Dirección
Carlos Gispert

Dirección de Contenidos
José A. Vidal

Dirección Ejecutiva de Ediciones
Julia Millán

★ ★ ★

EDICIÓN EN LENGUA ESPAÑOLA

Coordinación de edición
Anna Biosca

Edición
Jordi Domenech

Traducción y adaptación
Marco Barberi, Mar Portillo, Oriol Ripoll, Javier Tomás

Edición gráfica y maquetación
Esther Amigó, Victoria Grasa

Adaptación ilustración
Núria Bertran

Diseño Cubierta
Andreu Gustá

Preimpresión
Guillermo Mainer

EQUIPO DE PRODUCCIÓN

Dirección
José Gay

Enigmistica 1000 problemi per 365 giorni - © MCMXCIX Demetra S.r.l.
Colognola ai Colli (VR), Italia

Para la edición española
© MMV EDITORIAL OCEANO
Milanesat 21-23
EDIFICIO OCEANO
08017 Barcelona (España)
Teléfono 932 802 020*
Fax 932 041 073
www.oceano.com

IMPRESO EN ESPAÑA - PRINTED IN SPAIN

ISBN: 84-494-2372-4

Depósito legal: B-34629-XLV

9001110140205

Al lector

«Aprender jugando» es una vieja máxima que a menudo utilizan los educadores para justificar la dimensión lúdica de sus propuestas didácticas. En el fondo, no obstante, este argumento es una autojustificación innecesaria, que rinde tributo al «orden», a los formalismos, recordándonos que «el objetivo principal es aprender».

Esta obra, que ofrecemos a los lectores, niños y niñas, jóvenes y mayores de todas las edades, alumnos y educadores, padres y profesores, reivindica «el juego» como objetivo. No se trata de «jugar para aprender» ni de «aprender jugando»; se trata de jugar como objetivo: aprender es una consecuencia inseparable del juego.

Cuando en los orígenes remotos de la humanidad, los seres humanos descubrieron el juego, el ocio, ese tiempo ganado a la «necesidad» de sobrevivir, pusieron el primer pilar de la cultura. No hay pues diferencia entre las operaciones mentales, las tácticas que utiliza cualquier persona para resolver un juego de ingenio y las estrategias que utiliza un científico en sus investigaciones, un pensador en sus razonamientos o un técnico en el desarrollo de sus proyectos.

Resolver un crucigrama, ordenar una serie numérica o gráfica, asociar conceptos, establecer relaciones, encontrar diferencias, descifrar jeroglíficos o, simplemente, aplicar –después de descubrirlas– las reglas de un juego para lograr que una serie de factores, aparentemente azarosos, se orienten de modo adecuado para la consecución de un objetivo, son actividades que sólo se abordan desde las capacidades intelectuales.

Observar es un ejercicio de sistemática. Los educadores lo saben muy bien: no se obtiene el mismo nivel de comprensión, ni la misma facilidad de recordar, ni las mismas posibilidades de reconstruir un entorno, cuando la exploración se realiza de modo desordenado, que cuando esa misma exploración se realiza sistemáticamente, analizando con detenimiento el orden espacial (arriba, abajo, izquierda...), temporal (antes, después...), etcétera de la realidad que nos rodea.

Comparar es una actividad que se efectúa de modo intuitivo, pero su potencia crece de modo exponencial cuando somos capaces de realizar dicha operación de un modo analítico, cuando desmenuzamos el universo y luego lo describimos con rigor y precisión. Interviene aquí el modo de percibir la realidad y la discriminación entre lo relevante y lo irrelevante, entre lo accidental y lo esencial. Y de la comparación deriva la capacidad de identificar. Así se consigue agrupar términos idénticos y reunir los elementos en clases y categorías distintas. Y la clasificación permite, a su vez, elaborar hipótesis, extraer reglas, obtener leyes y enunciar principios.

En los juegos de ingenio, como en el juego en general, los detalles se llenan de sentido, de significado, y la percepción del mundo se hace también más rica, más diversa, más crítica, más esencial, más significativa.

Ningún educador desconoce la potencia formativa, el valor educativo de las actividades lúdicas. Es uno de los grandes consensos que se dan en educación... Y, pese a ello, claudicamos a menudo ante las presiones del rigor de los programas educativos, donde apenas queda espacio para el juego o donde los espacios para el juego deben ser justificados como algo excepcional.

Considerar pues las propuestas lúdicas como parte integrante de cualquier programa educativo no debe interpretarse como una actitud excepcional. Por ello, los educadores, padres y maestros, que se adentren en las páginas de este libro, encontrarán cientos de ocasiones para trabajar sus objetivos pedagógicos y serán también numerosas las posibilidades de descubrir las capacidades intelectuales y creativas de sus hijos y alumnos, a menudo condicionadas por el rigor y el formalismo de las situaciones de aprendizaje y por la presión del rendimiento escolar, medido en términos de éxito o fracaso.

LOS EDITORES

El equipaje

Anagramas

El anagrama consiste en cambiar la posición de las letras de una palabra, de modo que se forme otra. Durante el Resurgimiento italiano, los patriotas que luchaban por la liberación de Italia de la dominación austríaca escribían en las paredes **TE AMO ATILIA** *(anagrama de Italia)*, evitando así ser descubiertos y arrestados por la policía austríaca.

Acrósticos

Por la misma razón ensalzaban al músico Giuseppe Verdi, pero en este caso empleaban el juego de palabras llamado acróstico. Se trata de construir un término con las iniciales de un grupo de palabras.

Otro famoso ejemplo de acróstico es el formado por el símbolo del pez, utilizado por los primeros cristianos para reconocerse. En griego, la palabra *pez* es el resultado de la suma de las iniciales de Jesús Cristo Hijo de Dios Salvador.

VERDI		IKTHUS	
W	*Viva*	**I**	*Jesús*
V	*Vittorio*	**K**	*Cristo*
E	*Emanuele*	**Th**	*Dios*
R	*Rey*	**U**	*Hijo*
D	*de*	**S**	*Salvador*
I	*Italia*		

del navegante

Cambio, pongo, quito

Son simples juegos de palabras que consisten en cambiar, añadir o quitar una letra a una palabra, para obtener otra distinta:

MARTA → **CARTA, CAER** → **CABER, COMETA** → **COLETA, ROCA** → **OCA**

Charadas

La charada es un enigma en el que dos o más palabras se unen para formar otra nueva palabra con sentido completo.
Normalmente viene presentada en forma de adivinanza.

No para de ladrar el **XXX** (= can),
el sonido de la campana hace **YYY** (= tan),
a las cinco tomo el **ZZ** (= te):
¿quieres escuchar al **XXXYYYZZ** (= cantante)?

Frase: 4, 6   ¿Vas a menudo?

Jeroglíficos

El jeroglífico es un juego ilustrado que consiste en asociar el nombre de los dibujos a las letras que hay escritas junto a ellos, para componer una frase que responde a la pregunta planteada en el jeroglífico, y siguiendo las indicaciones numéricas que se refieren al número de letras que la forman.
En el ejemplo, la frase clave es: caja (-JA) = **ca**; hada (-HA) **da**; semáforo (-FORO) = **sema**; nave (-VE) = **na**. La frase resultante, según el diagrama numérico **(4, 6)** es: **Cada semana.**

Metagramas

Es un juego que consiste en pasar de una a otra palabra de la misma extensión, a través del menor número de «etapas» y cambiando una única letra cada vez.

Por ejemplo, ¿cómo se puede pasar de RÍO a MAR en seis etapas?

RÍO - RÍA - MÍA - MIL - MAL - MAR

Palíndromos

Es una palabra que puede leerse de izquierda a derecha y viceversa.

OJO - ANA - ANILINA

Crucigramas

Autodefinidos

Sopas de letras

Para los **crucigramas**, los **autodefinidos** y las **sopas de letras**

1. Lee bien las instrucciones y las definiciones.

2. Observa atentamente las figuras, cuando las haya.

3. Si hay algo que no entiendes, pide ayuda a un amigo o a un hermano mayor.

4. Rellena las casillas a lápiz, para poder borrar con la goma en caso de error.

5. Cuando hayas terminado el juego, busca las soluciones al final de libro y compruébalo.

Juegos gráficos

En los **juegos gráficos** encontrarás puntos a unir mediante líneas, espacios para colorear, laberintos de los que intentar salir, intrusos y diferencias a descubrir, agujeros a rellenar: observa bien, dibuja, colorea, haz señales con el lapicero y ¡diviértete!

¿Cuánto es tres mil millones
setecientos cincuenta y cinco millones
novecientos noventa y ocho mil
doscientos cincuenta y uno
multiplicado por cinco mil millones
ciento sesenta y dos millones
trescientos treinta mil quinientos ocho?
Pues diecinueve quintillones
trescientos ochenta y nueve cuadrillones
setecientos cuatro trillones
trescientos cincuenta y nueve mil millones
ciento treinta y un millones
novecientos cuarenta y uno mil quinientos ocho.

Cómics

Historias misteriosas

En los **cómics** y en las **historias misteriosas**, lee y observa con mucha atención el conjunto y los detalles particulares, descubre los indicios y sigue las pistas que te sugiera tu intuición. La respuesta a la pregunta final será... ¡elemental, querido Watson!

Quiz

Adivinanzas

Con los **quiz** y las **adivinanzas** podrás organizar competiciones con tus amigos, formando los equipos sugeridos en el libro o inventando otros: en las páginas del libro encontrarás ideas originales y divertidas para formular nuevos juegos. ¡Buena suerte y que gane el mejor!

María confiesa a su compañero de pupitre:
—¿Quién puede entender algo con nuestro maestro? Ayer nos dijo que 6 + 3 = 9.
Hoy, en cambio, nos dice que 4 + 5 = 9.
¿Qué debemos creer?

JUEGOS DE LÓGICA

Los problemas de lógica que hemos extraído de la historia de las matemáticas, están ilustrados con cómics o bien mediante textos y dibujos. La exposición de los problemas más difíciles se ha completado con una explicación que te sugiere un método de razonamiento y que te ayudará a entender la solución.

En la página 13, la historia en la que Rolando afronta la cuestión del pez vivo y el pez muerto recuerda el consejo de **Galileo Galilei** (1564-1642): observar pacientemente los fenómenos naturales y determinar su catalogación sin tener en cuenta ninguna sugestión o creencia.

En la página 14, Rolando debe afrontar un problema muy difícil con el rey de su país: llenar de objetos una enorme sala, disponiendo de muy poco dinero. En este caso, lo que de verdad importa es la capacidad de ver distintas estructuras abstractas que originan sorpresas, miedos y situaciones divertidas.

Pon a prueba tu intuición, tu espíritu de observación, tus conocimientos. Si no encuentras enseguida la solución a los problemas, no te desanimes. «¡**Prueba una y otra vez!**», te diría Galileo. Pesa y mide, cuenta y recuenta, canta y baila...

Asombra a tus amigos con estos juegos. ¡Desafía a tu profe de matemáticas a un duelo numérico!

Un día Isabel, hija de un famoso matemático, vuelve de la escuela, corre al encuentro de su padre (que está inmerso en sus estudios de lógica) y le cuenta que a su clase ha llegado una nueva compañera.

—Sabes —dice—, es francesa, viene de París y se llama Michelle. Es muy guapa y simpática... Pero hay un pequeño problema... No sabe una palabra de español.

—¿De veras? —contesta el padre distraído—. ¿Cuál?

Traza dos líneas y divide el cuadrado en cuatro sectores, de manera que en cada uno de ellos la suma de las cifras sea igual.

9   9   6   6

6

9   9   6   6

6

6   9   6   9

6

6   9

9

6   6

La prueba de **Rolando**

ROLANDO, HE OÍDO DECIR QUE ERES UN MUCHACHO MUY INTELIGENTE. QUIERO PONERTE A PRUEBA. TOMA 6 MONEDAS. MAÑANA, ANTES DE LAS SIETE, DEBERÁS COMPRAR CON ELLAS TANTAS COSAS COMO SEAN NECESARIAS PARA LLENAR ESTA SALA.

¿CÓMO HACERLO? CON SÓLO 6 MONEDAS SE PUEDEN COMPRAR UNOS CUANTOS CARAMELOS, ALGUNOS GLOBOS... PERO AL ANOCHECER, SE LE OCURRE UNA BRILLANTE IDEA...

POR LA NOCHE, COMPRA UN PERIÓDICO, LO HUMEDECE Y, EN PRESENCIA DEL REY, LO QUEMA.

LISTO, MAJESTAD. HE LLENADO LA SALA DE HUMO.

COFF... COFF...

PERO EL REY, INSATISFECHO, NO SE DA POR VENCIDO.

TOMA OTRAS 6 MONEDAS E INTÉNTALO DE NUEVO. TE ESPERO MAÑANA A LA MISMA HORA

ENERO

1 _____
¡Feliz Año!
2 _____
3 _____
4 _____
5 _____
6 _____
7 _____
8 _____
9 _____
10 _____
11 _____
12 _____
13 _____
14 _____
15 _____
16 _____
17 _____
18 _____
19 _____
20 _____
21 _____
22 _____
23 _____
24 _____
25 _____
26 _____
27 _____
28 _____
29 _____
30 _____
31 _____

FEBRERO

1 _____
2 _____
3 _____
4 _____
5 _____
6 _____
7 _____
8 _____
9 _____
10 _____
11 _____
12 _____
13 _____
14 _____
15 _____
16 _____
17 _____
18 _____
19 _____
20 _____
21 _____
22 _____
23 _____
24 _____
25 _____
26 _____
27 _____
28 _____
29 _____

MARZO

1
2
3
4
5
6
7
8
9
10
11
12
13
14
15
16
17
18
19
20
21
22
23
24
25
26
27
28
29
30
31

ABRIL

1
2
3
4
5
6
7
8
9
10
11
12
13
14
15
16
17
18
19
20
21
22
23
24
25
26
27
28
29
30

MAYO

1 _____
2 _____
3 _____
4 _____
5 _____
6 _____
7 _____
8 _____
9 _____
10 _____
11 _____
12 _____
13 _____
14 _____
15 _____
16 _____
17 _____
18 _____
19 _____
20 _____
21 _____
22 _____
23 _____
24 _____
25 _____
26 _____
27 _____
28 _____
29 _____
30 _____
31 _____

JUNIO

1 _____
2 _____
3 _____
4 _____
5 _____
6 _____
7 _____
8 _____
9 _____
10 _____
11 _____
12 _____
13 _____
14 _____
15 _____
16 _____
17 _____
18 _____
19 _____
20 _____
21 _____
22 _____
23 _____
24 _____
25 _____
26 _____
27 _____
28 _____
29 _____
30 _____

18

JULIO

1
2
3
4
5
6
7
8
9
10
11
12
13
14
15
16
17
18
19
20
21
22
23
24
25
26
27
28
29
30
31

AGOSTO

1
2
3
4
5
6
7
8
9
10
11
12
13
14
15
16
17
18
19
20
21
22
23
24
25
26
27
28
29
30
31

SEPTIEMBRE

1
2 
3
4
5
6
7
8
9
10
11 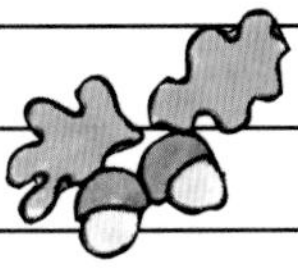
12
13
14
15
16
17
18
19
20
21
22
23
24
25
26
27
28
29
30

OCTUBRE

1
2
3
4
5
6
7
8
9
10
11
12
13
14
15
16
17
18
19
20
21
22
23
24
25 
26
27
28
29
30
31

NOVIEMBRE

1
2
3
4
5
6
7
8
9
10
11
12
13
14
15
16
17
18
19
20
21
22
23
24
25
26
27
28
29
30

DICIEMBRE

1
2
3
4
5
6
7
8
9
10
11
12
13
14
15
16
17
18
19
20
21
22
23
24
25
26
27
28
29
30
31

¡Feliz Navidad!

Nombre	Dirección	Teléfono

DIRECCIONES DE NUEVOS AMIGOS

Nombre	Dirección	Teléfono

DIRECCIONES ÚTILES

Nombre 👫	Dirección ⛺	Teléfono ☎
FERROCARRILES		
FARMACIA DE GUARDIA		
BOMBEROS		
POLICÍA		
PRIMEROS AUXILIOS		

Los juegos

Mil IMPREVISIBLES situaciones... Mil EXCITANTES provocaciones... SUSPENSE HORROR

FANTASÍAS espaciales... enigmáticas, virtuales... EXTRAVAGANCIAS DEMENCIALES

Para que un viaje en automóvil sea INTERPLANETARIO... Un día de lluvia cósmicamente variado... Neutralizar una lección PESADA... Jugarse una CAPRICHOSA en la pizzería... Matar el tiempo si se bloquea el ASCENSOR... Estar de BUEN HUMOR en el dentista...

26

Busca en la sopa de letras octogonal de la página 31 el nombre de 13 juegos, procediendo en horizontal y vertical, de derecha a izquierda y de arriba abajo. Los nombres pueden superponerse. Las letras que sobren te sugerirán una definición de los 13 juegos.

3

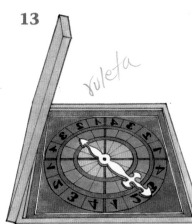

naipes

ruleta

13

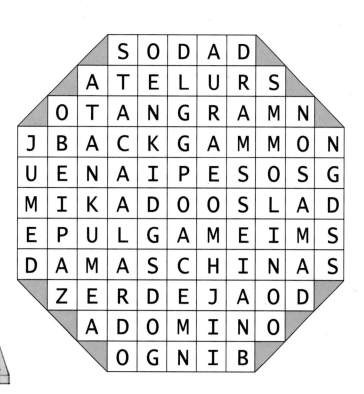

S	O	D	A	D			
A	T	E	L	U	R	S	
O	T	A	N	G	R	A	M	N
J	B	A	C	K	G	A	M	M	O	N
U	E	N	A	I	P	E	S	O	S	G
M	I	K	A	D	O	O	S	L	A	D
E	P	U	L	G	A	M	E	I	M	S
D	A	M	A	S	C	H	I	N	A	S
Z	E	R	D	E	J	A	O	D	
A	D	O	M	I	N	O	
O	G	N	I	B	

EL ENIGMA DE LA ESTRELLA

En las siguientes expresiones numéricas, la estrella representa siempre la misma operación.

¿CUÁL?

$$(5 ⭐) \times 2 = 42$$
$$(36 ⭐) - 10 = 42$$
$$(8 ⭐) : 4 = 6$$

El problema, aparentemente extraño, consiste en el hecho de que el campesino da a las niñas medio huevo sin romper ninguno. Esto no sucede así por magia, sino por la presencia de determinados números. Para entender cómo es posible, piensa un número inicial de huevos hipotético y efectúa los cálculos requeridos por el problema.

1.ª hipótesis   Hay 20 huevos.

- A la primera niña, el campesino regala la mitad de todos, es decir, 10 + 1/2, **y no puede hacerlo.**

2.ª hipótesis   Hay 21 huevos.

- A la primera niña da la mitad de todo, es decir, 10 huevos y medio + 1/2 huevo. En total, 11 huevos.
- A la segunda niña da la mitad de los huevos que quedan, es decir, 5 huevos + 1/2 huevo, y esto **no es posible.**

Estos intentos, sin embargo, te han hecho entender que los números de huevos a dividir deben ser siempre **impares.**

Prueba ahora de resolver el problema **por intentos** hasta que encuentres el número justo, teniendo en cuenta que siempre debes partir de un número impar.

3.ª hipótesis   Hay 3 huevos.

- No son suficientes para las tres niñas.

4.ª hipótesis   Hay 5 huevos.

- 1.ª niña 5 : 2 + 1/2 = 3 huevos. Quedan 2 huevos.
- 2.ª niña 2 : 2 + 1/2 = 1 huevo y 1/2. **No es posible.**

5.ª hipótesis   Hay 7 huevos.

- 1.ª niña 7 : 2 + 1/2 = 4 huevos. Quedan 3 huevos.
- 2.ª niña 3 : 2 + 1/2 = 2 huevos. Queda 1 huevo.
- 3.ª niña 1 : 2 + 1/2 = 1 huevo. ¡Quedan 0 huevos!

Así pues, los huevos repartidos por el campesino son 7.

ATENTOS A LAS MANZANAS

Fui con mis amigos a recoger manzanas al huerto. Las pusimos todas en una cesta, aunque eran de 3 calidades distintas. Al volver a casa, decidimos hacer un juego. Con los ojos vendados, teníamos que tomar por turnos de la cesta dos manzanas del mismo tipo.

¿Cuántas manzanas era necesario tomar para tener dos de la misma calidad? ¡Una manzana de premio para quien lo adivine! Y estad tranquilos: ¡no está ni la manzana de Eva ni la de Blancanieves!

Este reloj no funciona bien. Ha sido controlado en cinco momentos distintos y a intervalos regulares, y en ellos las agujas estaban como se representan en los dibujos. Descubre el extraño comportamiento del reloj y la posición de sus agujas en el sexto control.

EL ROMPECABEZAS DE LA NARANJADA

Inserta las 12 palabras de la lista alrededor de los 12 hexágonos coloreados, procediendo en sentido horario o antihorario.

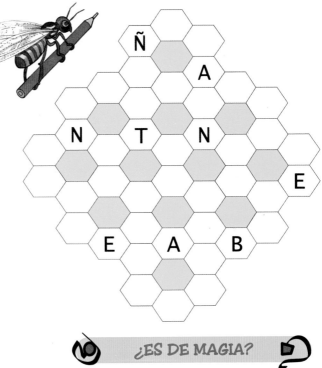

VIÑETA	**BANANA**
TONADA	**CANCEL**
NOVATA	**CADERA**
CORONA	**BALADA**
CAMINO	**BLANCO**
TABACO	**MARINO**

¿ES DE MAGIA?

40	6	7	37
9	35	34	12
33	11	5	36
8	38	39	10

Sumando los cuatro números de las secuencias horizontales, verticales y diagonales, se obtiene el número 90, pero en cuatro filas esto no se verifica, porque se han intercambiado dos números. ¿Cuáles?

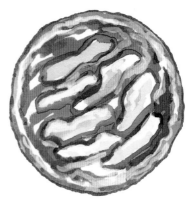

Alto alto padre,
baja baja madre,
negros negros los hijillos,
blancos blancos nietecillos,
adivina qué es.

Pino, piña, piñón

Abrigo sobre abrigo
pero no tengo frío,
camisa sobre camisa
pero no tiemblo,
velo sobre velo
y si me desnudas, lloras.

La cebolla

Bajo el puente Mar
está mi amigo Ga
que me dijo ¡Ri!
Yo respondí: Ta.

Mar-ga-ri-ta

Frutos sí da
pero flores no,
cuanto más viejo es
más hijos tiene.

La higuera

En el bosque hay una
  señorita
gentil y hermosa,
púrpura es su vestido
y el abrigo.
¿Quién sabe decirme
cuál es la señorita
que en el bosque está solita
con su gracioso
sombrerito?

La seta

Tómalo: es verde,
pélalo: es blanco,
ábrelo: es rojo,
cómelo: es dulce.
Uno, dos, tres,
¿adivinas qué cosa es?

El higo

Son siete u ocho
todos dentro de un abrigo.

Los gajos de la naranja

Verdes verdosos
sin salir de casa
todos somos parientes
y somos los...

Los guisantes

Soy blanco,
soy pequeño,
nazco en el agua
y muero en el vino.

El arroz

No es un sombrero,
un paraguas no es,
tú no te lo comas
si no sabes qué es.

La seta

Soy más alta
que una casa,
caigo al suelo
y no me hago daño
y, aunque tengo poco
valor,
me quieren tanto el rey
como el señor.

La castaña

EL COLOR VENCEDOR

Jugadores Dos
Material Papel y lápices de colores
Reglas En un tablero de 7 × 7 casillas, los jugadores colorean por turnos dos casillas adyacentes en horizontal o en vertical (nunca en diagonal) que estén en color blanco.
Pierde el primero que no encuentra dos
casillas adyacentes para colorearlas,
según las reglas del juego.

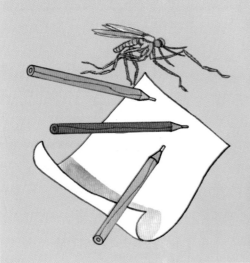

PALABRAS ENCADENADAS

Coloca las palabras en la cadena teniendo en cuenta que
pueden relacionarse entre sí quitando, añadiendo o
cambiando letras.
La primera y la última palabra ya están colocadas.

LLOVÍA	NOTE
CINTO	CARTA
CASTA	COSTE
CANTO	NORA
VIENTO	
LLUVIA	
CORTE	
NOTA	
SIENTO	
COSTA	NORTE
CIENTO	CANTA
NORIA	NOVIA

VIENTO

LLUVIA

EL DÍA LIBRE

Antonio leyó en un periódico que la última semana del siguiente mes se celebraría una gran exhibición aérea. Desafortunadamente, el lugar donde se iba a celebrar estaba a unos cincuenta kilómetros y era muy incómodo llegar hasta allí, puesto que no había ni trenes ni autobuses. Pero el padre de Antonio también quería ir a la exhibición, así que ambos decidieron ir a un negocio de alquiler de vehículos para conseguir un automóvil.

—¡Ehm! —dijo el propietario del negocio de alquiler—. Para esta semana será más bien muy difícil. El lunes tengo todos los autos alquilados a un grupo de extranjeros; el martes tengo que ir al funeral de la señora Gómez y tendré cerrado; el miércoles es mi día libre; el jueves y el viernes son días de mercado y todos los autos están ya reservados. El sábado y el domingo reservo los autos para los visitantes de fin de semana. ¡Me parece, estimados señores, que esta semana no podré contentarles!

El padre de Antonio se mostró muy contrariado, pero Carlos esbozó una sonrisa.

—Bien —dijo—, entonces vendremos el martes.

? *¿Por qué Carlos estaba seguro de que el dueño estaría disponible el martes?*

LOS DOS JÓVENES OBSERVADORES

Marta y Enrique regresan a la ciudad después de una excursión a la montaña, donde han realizado ciertas mediciones meteorológicas.

Están cansados y se detienen para reposar en un alto desde el que se disfruta una vista panorámica sobre la ciudad. A sus pies ven pasar un tren arrastrado por una vieja locomotora renqueante y, a lo lejos, las chimeneas de las fábricas.

—¿A qué velocidad soplaba el viento según tus mediciones? —pregunta Enrique.

—A veinte kilómetros por hora —responde Marta.

—Me basta con eso para saber a qué velocidad viaja el tren —replica el muchacho.

? *Enrique ve exactamente lo mismo que reproduce el dibujo. Observa bien y responde: ¿cuál es la velocidad del tren?*

Escribe en las casillas las 11 palabras que se refieren a géneros cinematográficos. Cuando termines, las letras de las casillas coloreadas formarán el nombre de un famoso actor de cine.

Drama
Comedia
Aventura
Amor
Animación
Musical
Fantasía
Misterio
Familiar
Terror
Bélico

¡CLAQUETA! ¡ACCIÓN!

¿Cuáles son las claquetas con la misma decoración?

R	T	C	A	N	O	R	E	U	Q	U	L	E	P	E	A
I	D	I	N	O	S	G	E	D	R	O	C	I	N	C	R
Z	O													E	A
→	V													T	M
S	E													E	A
E	S													R	C
C	T													O	V
R	U													T	R
E	A													C	O
T	R													E	D
A	I													R	A
R	O													I	L
I	S													D	L
A	P													B	I
S	I	C	L	A	Q	U	E	T	I	S	T	A	E	L	U
D	E	T	D	I	R	E	C	C	I	O	N	E	M	A	Q

Las dos recuadros concéntricos contienen los nombres de las 9 «profesiones» del plató cinematográfico presentes en la ilustración. Para encontrarlas, búscalas en sentido antihorario.

Las letras intrusas que sobran forman el nombre de un famoso director estadounidense muy querido por los niños por sus películas tan ricas en efectos especiales y aventuras.

¡Psst!
Una ayuda. Empieza por las
casillas que señalan
las flechas.

En los títulos de las siguientes 9 películas se han cambiado algunas palabras. Reconstruye correctamente los títulos.

★ **REGRESO AL TEMPLO**
★ **EL CAPITÁN ADDAMS**
★ **LA FAMILIA GARFIO**
★ **LA ISLA DEL FUTURO**
★ **TRES SOLTEROS Y UN TESORO**
★ **¿QUIÉN ENGAÑÓ EL AVIÓN?**
★ **ROGGER RABBIT PAN Y VINO**
★ **MAMÁ, HE PERDIDO A MARCELINO**
★ **INDIANA JONES Y EL BIBERÓN MALDITO**

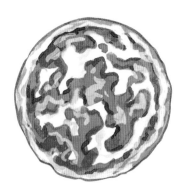

EL CARTEL

WALT WISNEY
PICTURES PRESENTA
101 DÁLMATAS

con GLONN CLOSE
música de RICHAEL KAMEN
escenografía de JIHN HUGHES
dirigida por STEPHES HEREK

En el cartel hay cinco errores en cinco nombres distintos. Si de arriba abajo lees seguidas las cinco letras que sustituyen a las equivocadas, obtendrás el nombre de la «**BRUJA**» de la película.

☐ ☐ ☐ ☐ ☐

En el plató de una película japonesa, un actor vestido de samurai proyécta una lúgubre sombra. ¿Cuál de las 8 sombras es la que le pertenece?

Busca en el diagrama los nombres de los cantantes y grupos famosos indicados en la lista de abajo. Las letras que sobren compondrán una frase sacada de *Don Quijote de la Mancha,* de Miguel de Cervantes.

```
A  L  E  J  A  N  D  R  O  S  A  N  Z  E  R
H  O  J  N  A  R  A  N  A  C  I  N  O  M  O
G  B  P  A  U  L  I  N  A  R  U  B  I  O  S
O  R  N  J  U  X  A  D  E  T  O  Y  O  C  A
G  I  T  A  N  N  H  O  J  N  O  T  L  E  N
N  T  I  R  L  C  A  O  I  R  A  S  O  R  A
A  N  N  A  U  A  I  S  H  A  K  I  R  A  G
V  E  A  B  A  F  C  R  D  A  P  O  T  S  E
E  Y  T  E  E  E  R  A  L  E  M  A  C  L  A
D  S  U  D  M  Q  A  M  A  N  U  C  H  A  O
A  P  R  E  A  U  G
J  E  N  P  D  I  O
E  A  E  A  O  J  L
R  R  R  L  N  A  O
O  S  M  O  N  N  N
A  A  N  C  A  O  A
L  D  O  V  E  R  M
H  A  G  N  I  T  S
```

MÓNICA NARANJO - COYOTE DAX - ELTON JOHN - ESTOPA - CAMELA - PAULINA RUBIO - LA OREJA DE VAN GOGH - ALEJANDRO SANZ - ROSARIO - BRITNEY SPEARS - TINA TURNER - JARABE DE PALO - CAFÉ QUIJANO - MANOLO GARCÍA - MANU CHAO - ROSANA - DOVER - MADONNA - SHAKIRA - STING

5 EL MALVADÍSIMO LORD DARTH VADER, DESPUÉS DE HABER DERROTADO EN DUELO A OBI-WAN KENOBI, MAESTRO JEDI DE LUKE, SE PREPARA PARA ACABAR CON LOS ENEMIGOS DEL IMPERIO.

6 ¡MIENTRAS TANTO, SE LANZA EL ATAQUE CONTRA LA BASE SECRETA DE LOS REBELDES! LOS X-WING, CAZAS MONOPLAZA DE LA ALIANZA, DEBEN ENFRENTARSE A LA FLOTA IMPERIAL QUE DEFIENDE LA ESTACIÓN ORBITAL.

8 LA TERRIBLE ARMA DE DESTRUCCIÓN QUEDA REDUCIDA A UN MONTONCITO DE POLVO ESPACIAL Y LA GALAXIA QUEDA FINALMENTE LIBERADA DEL DOMINIO DEL MALVADO IMPERIO. LAS FUERZAS DEL BIEN HAN DERROTADO AL LADO OSCURO DE LA FUERZA.

7 PERO SERÁ LUKE SKYWALKER QUIEN, GUIADO POR LAS ENSEÑANZAS DEL VIEJO CABALLERO JEDI OBI-WAN KENOBI, DESTRUIRÁ EL REACTOR DE PROPULSIÓN DE LA ESTRELLA DE LA MUERTE, LANZÁNDOSE A TODA PASTILLA POR UN ESTRECHO CONDUCTO.

BOOOM

¿HAS VISTO LA PELÍCULA "LA GUERRA DE LAS GALAXIAS"? ¿LA CONOCES BIEN? DESCUBRE LOS ELEMENTOS DE ESTE CÓMIC QUE NO TIENEN NADA QUE VER CON LA PELÍCULA. EN CADA VIÑETA HAY TRES.

49

Con las cerillas no se juega

Los rombos

Separa 8 de las 12 cerillas que componen los 3 rombos de la figura, y construye 7 rombos.

De uno a cinco

Este triángulo equilátero está formado por 9 cerillas. Cambia la posición de 5 de ellas, de manera que obtengas 5 triángulos equiláteros.

La silla

La silla de la figura está girada a la derecha. ¿Podrías girarla a la izquierda moviendo sólo dos cerillas?

El pez

He aquí un pez que nada hacia la derecha. ¿Cómo podrías hacer que nadase hacia la izquierda cambiando la posición de sólo cuatro cerillas?

La estrella

En esta estrella de seis puntas, construida con 18 cerillas, se ven 6 triángulos pequeños, 2 triángulos grandes y un hexágono. ¿Cómo obtener 4 triángulos pequeños, 2 triángulos grandes y dos trapecios, moviendo sólo 2 cerillas?

La casita

¿Cuántos y qué triángulos es necesario mover para orientar la casita al lado contrario?

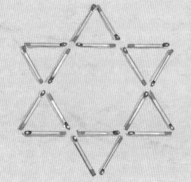

Los cuadrados
Mueve 4 cerillas y forma 3 cuadrados iguales y alineados.

Cuatro por seis
Transforma los 4 rombos en 6 triángulos, cambiando la posición de 4 cerillas.

La escalera
Quita una cerilla de la escalera y construye con las otras una figura compuesta por 6 elementos iguales.

El giro
Cambia la posición de 3 de estas 10 cerillas, de manera que se invierta el triángulo que forman.

El vaso
¿Cómo es posible que moviendo sólo 2 cerillas, la cerilla rota quede fuera del vaso y el vaso mantenga la misma forma?

En el teatro

Durante el descanso, el acomodador de la platea se da cuenta de que en la butaca central se sienta un espectador que no estaba allí al comenzar el espectáculo. Parece borracho: está despeinado, su chaqueta está rota y la corbata descentrada; se frota la frente colorada. El acomodador se le acerca y le dice:

—Perdone. ¿Tiene usted entrada?

—¡Por supuesto! ¡Aquí está!

—¡Pero su billete es de palco!

—Ya lo sé. ¿Es que no ve que me he caído?

Tacha en cada recuadro las letras que componen los nombres de los dibujos. Con las letras sobrantes leerás el nombre de un país de Latinoamérica y su capital.

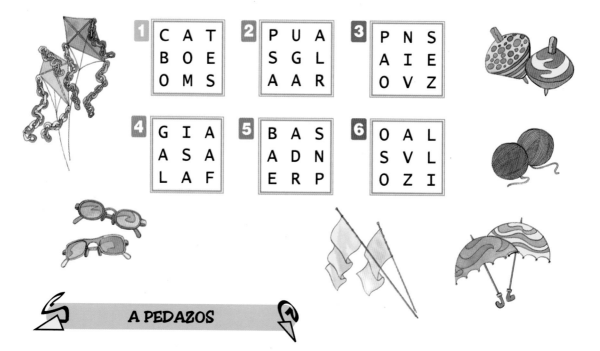

A PEDAZOS

Recompón las piezas del puzzle... ¿Qué aparece? ¡Atención! Hay 4 piezas que sobran. ¿Cuáles?

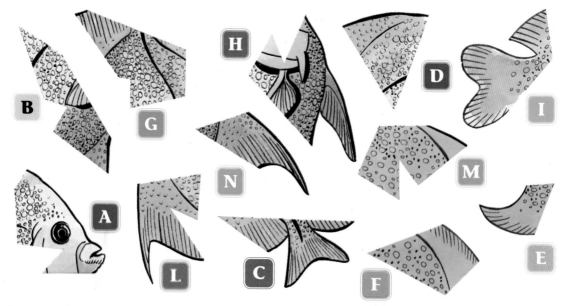

Para resolver este juego, haz una fotocopia ampliada de la página y recorta las piezas del puzzle.

¿En qué famosa película se inspira este acuario? La idea, un poco inquietante, es de Carelman, y pertenece a su *Catálogo de objetos inencontrables*.

¿QUÉ ERROR HAY EN ESTE MAPAMUNDI?

¿SABÍAS QUE...?

El acuario marino más grande por volumen de agua se encuentra en Florida (USA), y tiene una capacidad de 21,5 millones de litros de agua, 3.250 metros cuadrados de superficie y 8.000 ejemplares acuáticos.
Se llama LIVING SEAS AQUARIUM.

El acuario que posee más especies de formas de vida subacuáticas es el MONTEREY BAY AQUA-RIUM, en California (USA), con 6.500 ejemplares de 526 especies.

La mayor barrera coralina viviente y artificial se encuentra en la GREAT BARRIER REEFAQUARIUM de Townsville, Australia.

Une los puntos del 1 al 212 y aparecerán tres curiosas criaturas.

¿A qué apasionante novela de Julio Verne alude este original acuario extraído del *Catálogo de objetos imposibles* de Carelman?

CURIOSIDADES DEL MUNDO

El acuario más popular del mundo es el SEA WORLD (USA), que entusiasma a sus visitantes con las exhibiciones de la orca Shamu, de los delfines, de los tiburones, de los pingüinos y de los leones marinos.

El MUSEO MARÍTIMO que se encuentra en Suiza posee una interesante **colección de modelos de naves** de todas las épocas y civilizaciones.

El ACUARIO DE TENNESSE (USA) es **el mayor acuario de agua dulce**. En él podrás sentir la emoción de un viaje a través de un cañón espectacular.

CÓDIGO MUSICAL

A cada nota corresponde una letra.

B E H I L N O T U Y

Siguiendo el esquema, sustituye las notas que salen de la guitarra por las letras y descubre el título de una conocida canción.

ENLAZA LOS ÉXITOS

Relaciona cada uno de los cantantes o grupos musicales de la columna A con su respectiva canción de la columna B. Escribe en orden las letras de color rojo en la columna azul y leerás una palabra mágica.

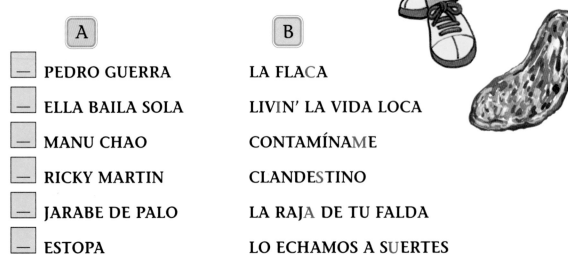

A	B
__ PEDRO GUERRA	LA FLACA
__ ELLA BAILA SOLA	LIVIN' LA VIDA LOCA
__ MANU CHAO	CONTAMÍNAME
__ RICKY MARTIN	CLANDESTINO
__ JARABE DE PALO	LA RAJA DE TU FALDA
__ ESTOPA	LO ECHAMOS A SUERTES

¿A qué mítico grupo musical aluden los cinco elementos del dibujo?

LIVERPOOL

YELLOW

U·5

4

Realmente os digo que yo no pinto nada con el juego de los cinco símbolos.

ADIVINA QUÉ ES

VIBRANTE... SICILIANO... ¿SABES CÓMO SE LLAMA?

¿Cómo se llama el objeto metálico dibujado sobre la isla de Sicilia?

Los Cuatro Colores

Jugadores   *Juegan dos personas.*

Material   *Una hoja blanca y cinco colores: negro, amarillo, verde, rojo y azul.*

Reglas   *En el primer turno, el jugador delimita una zona en el papel con el color negro. El adversario pinta ese espacio con uno cualquiera de los otros cuatro colores. Entonces, con el color negro delimita otra zona que limite con la primera. El juego continúa: por turnos, cada jugador colorea la zona delimitada por el adversario con uno de los cuatro colores admitidos y después delimita con el color negro una nueva zona que linde al menos con una de las ya existentes. La única restricción es que un jugador no puede emplear un color utilizado en alguna de las zonas lindantes con la que está coloreando.*

¿Quién pierde? *Pierde el jugador que, respetando esta regla, no puede colorear la zona delimitada por el adversario.*

Colorea el mapa de manera que dos sectores colindantes tengan distintos colores y buscando utilizar el menor número posible de colores.

   ¿Cuántos colores utilizas?

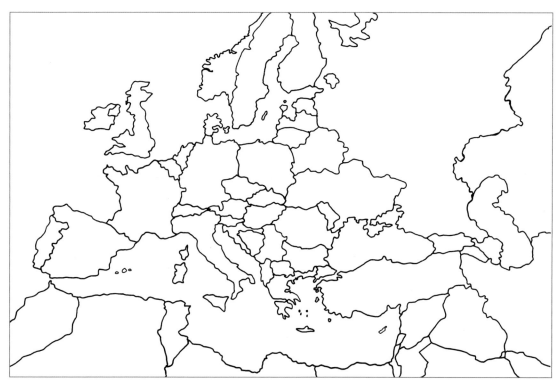

El problema del número de colores necesarios para colorear un mapa fue formulado por primera vez en 1852, en la carta de un estudiante universitario de Londres escrita a su hermano, discípulo del matemático A. De Morgan. En dicha carta, el estudiante hipotizaba que cualquier mapa podía colorearse empleando sólo cuatro colores, sin que ninguna región colindante tuviera el mismo color. Se preguntaba por la existencia de un método matemático que demostrase su conjetura. Desde entonces y durante 124 años, el problema fascinó a matemáticos y estudiosos de muchas universidades. Hasta que en 1976, dos profesores de matemáticas norteamericanos consiguieron encontrar una demostración completa y satisfactoria de la tesis de los cuatro colores, aunque basándose en los trabajos de otros matemáticos anteriores a ellos. Dicha demostración fue posible gracias al uso de calculadoras potentes y veloces, que permitieron controlar la exactitud de la tesis empleando 1.200 horas para colorear correctamente 2.000 mapas de 200.000 maneras diferentes.

Una de las dificultades de la demostración estuvo en el hecho de tener que considerar todas las posibles combinaciones de mapas, que varían en la forma y en la disposición de las regiones colindantes.

La demostración es muy larga y compleja: aquí sólo podemos ofrecer este pequeño razonamiento sobre el problema.

1 *Se puede dibujar un mapa con cuatro regiones, cada una de las cuales sea adyacente a todas las demás.*
Un mapa semejante necesita 4 colores y, por lo tanto, el número mínimo de colores no puede ser inferior a cuatro.

2 *Por otra parte, no es correcto afirmar que el número de colores necesario para un mapa sea igual al máximo número de países adyacentes entre sí. En este mapa, por ejemplo, y aunque no haya más de tres países adyacentes, se necesitan cuatro colores: tres para el anillo externo y uno para la región central.*

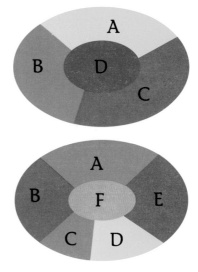

Partiendo de la base de estos razonamientos iniciales pero continuando con otros mucho más complicados, se trabajó durante muchos años hasta llegar a la solución definitiva del problema.

DISTINTOS PERO PARECIDOS

Estas 4 ilustraciones distintas de la sala de pruebas donde estos amigos se divierten tocando y cantando, tienen 8 detalles en común. ¿Cuáles son?

¿Quién, pese a necesitarlo,
lanza voluntariamente
su alimento en el fango?

El sembrador

Yo tengo un no sé qué
menor que tú;
es pequeño como
el ojo de una gallina
y levanta él sólo
un saco de harina.

La levadura

Dime quién es
ese bobo
de la cabeza hueca;
su máxima cualidad
bajo la tierra está.

El nabo

Todos alrededor
de una verde montaña
con las espadas curvadas
y muy bien afiladas.
Son tres mil caballeros
de capa roja y brillante
y llevan puesto un
    sombrero
por detrás y por delante.

Las cerezas

¿Cuál es la flor
que nunca regalarás
a tu amor?

La coliflor

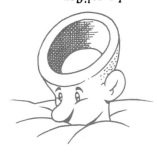

¿Cuál es la flor
más buena y mejor?

La flor de la harina

Voy al jardín
y me encuentro a un
    abuelito.
Le tiro de la barba,
le como el culito.

La níspola

Tengo mil rayos
alrededor
y vivo en el cielo.
Salgo en verano
y caigo en invierno.
Tú te comes
lo que yo pierdo.

El zurrón de la castaña

Tengo un cofre
    de rubíes
pequeños y
    perfumados.
Para abrirlo,
no hay llave.
Y no lo cierra
quien lo abre

La granada

Un árbol
con muchas hojas.
Por la noche las esparce
y de día las recoge.

El cielo estrellado

¿Qué cosa será
la que es macho
cuando está en la madre
y hembra
cuando nace y crece
y macho
cuando muere?

La hierba de heno

Roja rojita
se pone en la mesa;
si tiene hambre
el principito
la toma por el rabito.

La cereza

Conozco
unas ancianas señoras
que cuando mueren
bailan a todas horas.

Las hojas caídas de un árbol

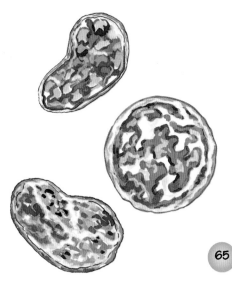

65

EL ÁRBOL DE LA LLUVIA

Se trata de un instrumento de origen sudamericano formado por un tronco seco de cactus en el que se clavan las espinas del mismo cactus. Con el movimiento, las pequeñas conchas que se introducen dentro chocan contra las espinas y producen un dulce sonido parecido al de las gotas de agua de una cascada.

MATERIAL

- 1 tubo de cartón
- 2 tapones de corcho del diámetro del tubo
- 1 caja de alfileres
- Granos de arena, mijo o arroz.

1 Clava las agujas en el tubo perpendicularmente a la superficie, empezando desde arriba y siguiendo una línea en espiral descendente.

2 Dentro del tubo, las agujas han de quedar como muestra el dibujo.

3 Después de cerrar una de las aberturas del tubo con un tapón de corcho, introduce los granos y cierra la otra abertura del mismo modo.

4 Con un lento movimiento rotatorio, haz que los granos desciendan de un extremo a otro del tubo.

MATERIAL

- *3 listones de madera dura:*
  1 listón de 20 cm de largo para el mango
  2 listones de 8 cm de largo
  para los golpeadores
- *1 goma elástica*
  tubular.

1 Agujerea con un berbiquí los tres listones, de manera que los agujeros estén a la misma distancia de los extremos. Luego pasa por ellos la goma y anúdala sin apretar demasiado.

2 Agita el mango y las dos pequeñas piezas de madera chocarán contra el mango, produciendo un ruido fuerte y seco.

***Las nácaras**, como sugiere su nombre árabe, fueron introducidas en España por los sarracenos durante su dominación; hoy en día son utilizadas para acompañar el ritmo vivaz de algunos bailes del folclore español.*

Jugadores   *Participan dos jugadores.*

Material   *Se necesitan dieciséis botones, o bien cerillas o piedrecillas. Se colocan en cuatro hileras, tal como indica el dibujo.*

Reglas   *Los jugadores, por turnos, retiran uno o más objetos de una de las hileras, evitando retirar el último.*

¿Quién pierde?   *Pierde el jugador que retira el último objeto.*

LA MARGARITA

Jugadores   *Participan dos jugadores.*

Reglas   *Dos jugadores se sitúan ante una margarita intacta. Cada uno, por turnos, arranca uno o dos pétalos contiguos.*

¿Quién gana?   *Gana el jugador que arranca el último pétalo.*

Nim es uno de los juegos matemáticos en pareja más antiguos y difíciles.

Hay otras versiones del juego en las que pueden variar tanto el número de hileras como el número de objetos en cada hilera.

En la versión más conocida hay 12 objetos distribuidos en 3 hileras.

Un buen jugador descubre enseguida que una estrategia vencedora es la que permite dejar un objeto en una hilera, dos en una segunda y tres en una tercera. El primer jugador tiene una victoria segura si en su primer movimiento retira dos objetos de la hilera superior y, a continuación, juega «racionalmente».

Para encontrar una justificación matemática a este modo de actuar, un profesor de la Universidad de Harvard ideó una estrategia basada en los números binarios que, pese a su extrañeza, es de muy fácil aplicación.

Ante todo hay que diferenciar las combinaciones del juego en **seguras** y **peligrosas**.

Seguras son aquellas situaciones en las que, tras la jugada de un jugador, hay la certeza de la victoria para ese jugador.

Peligrosas son en cambio aquellas situaciones en las que una jugada no da al jugador la seguridad de vencer.

Cualquier situación peligrosa puede convertirse en segura gracias a una jugada conveniente; en cambio, toda situación segura puede convertirse en peligrosa con cualquier jugada.

Para jugar «racionalmente», un jugador deberá mover sus objetos de manera que consiga transformar cualquier situación peligrosa dejada por otro jugador en una posición segura.

Primer paso de la estrategia

Para determinar si una posición es segura, los números de cada hilera se escriben en notación binaria.

Así, por ejemplo, en la situación representada en el dibujo hay 3 objetos en la primera hilera, 4 en la segunda y 5 en la tercera; se escriben los números 3, 4 y 5 en notación binaria, obteniendo:

3	0 1 1
4	1 0 0
5	1 0 1

Segundo paso de la estrategia

Suma los números de cada columna. En nuestro caso:

	0	1	1
	1	0	0
	1	0	1
Suma	2	1	2

Tercer paso de la estrategia

Si cada columna da un total de 0 o un número par, la situación es segura. En caso contrario (es decir, incluso con un único total impar), la situación es peligrosa.

En el ejemplo, la situación es peligrosa, ya que la columna central arroja un total de 1 (número impar).

Para hacerla segura, es necesario quitar dos objetos de la primera hilera, de manera que el número de la primera hilera sea 1 (3 – 2)

	0	0	1
	1	0	0
	1	0	1
Suma	2	0	2

De esta manera, los totales son todos par o cero y la situación se convierte en segura.

El sistema binario

La notación binaria es un modo de escribir los números mediante sumas de potencia de 2, usando sólo las cifras 0 y 1. La notación que empleamos normalmente para escribir los números se llama decimal porque, usando diez cifras, los números se escriben como potencias de 10.

De hecho, $3.489 = 3 \cdot 10^3 + 4 \cdot 10^2 + 8 \cdot 10^1 + 9 \cdot 10^0$

En consecuencia, la primera cifra por la derecha representa las unidades (10^0) que posee el número, la segunda cifra por la derecha representa las decenas (10^1), la tercera cifra por la derecha representa las centenas (10^2) y así sucesivamente.

En un número de notación binaria, las cifras 0 y 1 representan el número de potencias de 2.

$1.011 = 1 \cdot 2^3 + 0 \cdot 2^2 + 1 \cdot 2^1 + 1 \cdot 2^0$ en binario

$1.011 = 8 + 2 + 1 = 11$ en decimal

Ariadna ha publicado un anuncio en el diario proponiendo un intercambio de discos. Una chica llamada Leonor responde al anuncio y se cita con ella en una pizzería.

Observa el interior de la pizzería en la página siguiente y descubre dónde se esconde el perrito de Ariadna.

¿Dónde hay tres patos como éste?

Sabrás el nombre de la pizzería si resuelves el anagrama del letrero.

La Más Copera

¿Cuántas gorras ves como ésta?

¿Ves algo extraño en este mapa de Francia?

¿Cuántos clientes son zurdos?

¿Quién lleva un recuerdo de Francia?

Leonor, la chica de abajo a la izquierda, entra en la pizzería. Antes de llegar hasta Ariadna, que está arriba a la derecha, se detiene en cada mesa.
Traza el recorrido de Leonor entre las mesas, teniendo en cuenta que puede volver sobre sus pasos pero siempre sin que sus caminos se crucen. ¡Atención! Puede pasar únicamente donde el camino esté abierto, y no donde esté cerrado por sillas o personas.

En la ilustración hay 4 detalles absurdos. ¿Cuáles son?

Entre los clientes, ¿quién desempeña la profesión de médico?

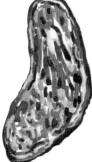

FRASE: 5, 1, 2, 8   La frase resultante de este jeroglífico define una comida muy especial.

¿CUÁNTOS CLIENTES?

El número de clientes de la pizzería está escrito abajo, en la última casilla de esta pirámide invertida. Para descubrirlo, rellena las casillas de manera que el número de abajo sea siempre la suma de los dos de encima.

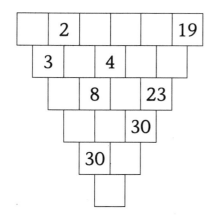

Escribe en las casillas, en horizontal, el nombre de los 10 dibujos, y en la columna central coloreada leerás el nombre de un ingrediente de la pizza.

¡Cuidado, sargento García!

HIT-PARADE

Estas son las pizzas más conocidas.
¿Cuántas se han preparado en total?
¡Búscalas en las páginas del libro!

VEGETARIANA

DE BERENJENAS

CON SETAS

MARGARITA

4 ESTACIONES

El Caracol

Un día, un caracol decidió cambiar de casa y marchar a vivir a un huerto cercano en el que abundaban sabrosas coliflores, deliciosas berzas y las más delicadas hortalizas que un caracol de paladar refinado pudiera desear. El único problema era la presencia de un muro de separación de 7 metros de altura. El caracol, con su casa y sus cosas a cuestas, decidió escalarlo. Cada día conseguía escalar 4 metros verticales, pero como el muro era húmedo y resbaladizo, cada noche resbalaba 3 metros hacia abajo. Así, cada día recorría sólo 1 metro de su agotador viaje.

¿Cuántos días necesitó el pobre caracol para llegar a lo alto del muro?

Seguramente, la primera respuesta que viene a la cabeza es que tardó 7 días, pero no es correcta.

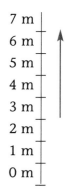

Para entender el procedimiento lógico que lleva a la solución, observa el dibujo que representa el recorrido del caracol, día a día.

¡Cómo puedes ver, el caracol alcanza la cima del muro en 4 días y 3 noches!

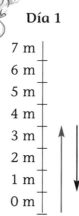

Día 1	Día 2	Día 3	Día 4
7 m	7 m	7 m	7 m
6 m	6 m	6 m	6 m
5 m	5 m	5 m	5 m
4 m	4 m	4 m	4 m
3 m	3 m	3 m	3 m
2 m	2 m	2 m	2 m
1 m	1 m	1 m	1 m
0 m	0 m	0 m	0 m

Día ⟶
Noche ⟶

74

El juego del pony

Si nunca habéis oído hablar del más extraño y misterioso testimonio de la civilización sajona, el dibujo de esta página os dará una idea de cómo se representa esa historia para quien la quiere observar.

Es la imagen de un enorme caballo blanco de centenares de metros de longitud, grabada en la falda de una montaña de arenisca blanca. Es fácilmente visible desde una distancia de diez kilómetros.

Tiene cerca de mil años de antigüedad, y fue esculpida para recordar una victoria militar. La parte blanca no ha sido pintada, sino que es así porque se eliminó el manto de hierba, poniendo al descubierto la arenisca blanca de abajo, de manera que aparece la figura de un caballo.

Esta extraña imagen sugirió la idea de un divertido juego: fotocopia el dibujo del extraño cuadrúpedo negro del dibujo, recorta con cuidado las seis piezas que lo componen, después únelas de manera que obtengas la imagen de un caballo lo más parecido posible al caballo blanco sobre la roca.

El juego es una idea de Sam Loyd, famoso inventor de juegos norteamericano.

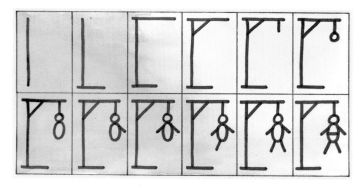

Juegan dos o más personas.

★ *Un jugador piensa una palabra no demasiado larga, y dibuja tantos trazos como letras tenga la palabra.*

★ *Los demás jugadores, por turnos, intentan adivinar las letras.*

★ *Si aciertan, se colocan en su sitio (en el caso de que una letra esté presente en más de una posición, se escribe en todas las que ocupe); al contrario, por cada letra equivocada se dibuja uno de los 12 trazos que forman la figura del ahorcado, como se muestra en la ilustración.*

★ *Vence el jugador que adivina la palabra antes de que se complete la figura del ahorcado. El jugador que gane debe proponer una palabra nueva. Si no, la misma persona vuelve a proponer otra palabra.*

JEROGLÍFICO

¿Cómo está?

Frase:
5, 5, 4

¿CUÁL ES EL CHUPA-CHUPS MÁS GRANDE DEL MUNDO?

El realizado en Dinamarca el 22 de abril de 1994 por la empresa BON BON. ¡Tenía sabor de menta y pesaba 1.370 kilos!

¿Y EL BOCADILLO MÁS LARGO?

Fue preparado el 3 de agosto de 1980 en NIELLA TANARO, en la provincia italiana de CUNEO. Medía 304 metros y 12 centímetros, y estaba relleno de jamón y tortilla. ¡Fueron necesarios 800 kg de harina, 30 kg de levadura y 7 kg de sal!

chupa-chups = pirulí, chupetín, colombina

LA PIZZA MÁS GRANDE

Fue preparada en un centro comercial sudafricano el 8 de diciembre de 1990. Tenía un diámetro de 37,4 metros. ¿Sabrías calcular su área?

Si quieres animar una fiesta en casa de tus amigos con juegos numéricos de prestigio, aquí tienes dos propuestas de efecto seguro. Necesitarás papel y lápiz.

LOS ZAPATOS

★ Escribe el número de zapatos que calzas.

★ Añade al número dos ceros.

★ Resta al número obtenido el año de tu nacimiento y comunica la cifra resultante.

★ Añade a esa cifra el año en curso.

★ Las primeras dos cifras indican el número que calzas de zapatos; las dos últimas, tu edad.

EL NÚMERO CÍVICO

★ Multiplica por dos el número de tu casa.

★ Añádele 35 – 28.

★ Multiplícalo por 50.

★ Añádele tu edad.

★ Resta el número de los días del año.

★ Añádele al resultado 3 + 19 – 7.

★ En las dos últimas cifras leerás tu edad; en las dos primeras, el número de tu casa.

Y ahora, ¡tres rompecabezas a prueba de tu inteligencia!

La tía

«Mi tía Sara es hermana de la segundogénita de mi abuelo. Miriam es hermana de mi tía, pero no es mi tía. ¿Quién es?»

La cuñada

«Mi cuñada es la suegra de mi marido», cuenta Susana a una amiga. «Antes, mi hijo la llamaba tía, pero ahora la llama abuela.» ¿Cómo es posible?

La hija

Una anciana señora llamada Marta dice: «Hija mía, ve y dile a tu hija que la hija de su hija llora.» ¿Qué parentesco hay entre Marta y la niña que llora?

El primero que descubra el orden lógico que se ha seguido para disponer estos 24 cuadrados y complete los dos pasos que faltan, ¡tendrá como premio las risas de la página 82!

UN MISTERIO CHINO

¿Qué son los tres objetos chinos de la fotografía? Elige la respuesta correcta.

★ Tarjetas de crédito.
★ Tarjetas telefónicas.
★ Entradas de un museo.

Adivina adivinanza

Las adivinanzas tienen un origen muy antiguo. De hecho, ya se encuentran en los textos sagrados, en las fábulas y en los cuentos populares de todas las culturas y de todas las épocas. Desde siempre, el hombre ha sentido el placer de jugar enmascarando sus propios pensamientos para azuzar la curiosidad y desafiar la inteligencia de los demás. Y desde sus orígenes ha buscado indagar los misterios de la humanidad, escrutar lo desconocido, explicar los enigmas y aclarar las ambigüedades y los equívocos.

Las adivinanzas tradicionales se presentan en forma de retahílas de versos rimados. Sus contenidos suelen referirse a su lugar de origen, que es el mundo campesino. Hoy resultan difíciles de resolver porque nuestra realidad está muy alejada de la del campo.

UN MECANISMO MARAVILLOSO

Poseo una casa grande, con dos mantas, dos tapones, tres medidas establecidas y una cantidad de complementos que a ningún leñador pueden faltar. Siempre tengo conmigo un par de peces más bien grandes y algunos peces más pequeños, y después dos árboles maestros llenos de bellas flores variopintas, y dos frutos de una planta indígena, un ciervo imponente, dos animales bromistas y algunos animales más pequeños y menos domésticos. Tengo, además, dos edificios o lugares de culto, algunas armas de guerra y muchas banderolas, los escalones de un hotel, la Cámara de los Comunes justo antes de su disolución, dos estudiantes y algunos Grandes de España a mi servicio.

Todos me consideran un maravilloso ingenio.

Esta curiosa adivinanza fue ideada por Lewis Carroll (1832-1898), fantasioso escritor y matemático inglés, autor de Alicia en el país de las maravillas. ¿Cuál es la solución?

Soy tuya, porque tú eres quien me hace
y, como tuya, siempre estoy contigo
y sin ti nunca he sido vista.
Por la mañana y por la tarde de mayor
estatura
me ves
que la tuya propia,
pero contigo al mediodía me confundo
en virtud de quien hace bello el mundo.

Con esta adivinanza, Galileo Galilei (1564-1642), físico y astrónomo, desafía tu capacidad intuitiva.

¡Lee con atención y encuentra la solución!

Sobre el espejo de las aguas emergen
aquí y allá palacios blancos,
con alguna antigüedad son la sombra
de la edad.
Llega una barca. Es la Casa de oro:
fue ya la casa de los mil dolores.
Durante el día tiene gran trabajo:
todo lo que llega, pasa y se va.
Por la noche está quieta.
Como mucho, algún resoplido
de serenata.

¿Qué es lo que se esconde tras la encantada atmósfera veneciana? Gerardo di Bornel te propone este juego, pero... ¡atento a no caerte en algún canal!

Ved en cuántas cosas me convierto:
primero soy macho y vivo
bajo tierra;
renazco luego y en hembra
me convierto;
después, cortado en canal y apaleado,
vuelvo a ser macho;
después vuelvo a ser estrujado
y ahogado y puesto al fuego vuelvo
a ser macho
y cambio de vestido y de lugar.

El escritor italiano Giulio Cesare Croce (1550-1609) incluyó esta adivinanza, junto a otras muchas, en el libro que narra las aventuras de Bertoldo, campesino tosco pero astuto que con sus argucias a menudo impertinentes consigue gozar de la protección y de los favores del rey lombardo Alboino.

¿Quién es el transformista de la adivinanza?

Hay en la tierra un animal que puede tener cuatro, dos o tres piernas y se le llama siempre por el mismo nombre. Cuando camina sobre más piernas, más despacio va.

Éste es el enigma que la cruel esfinge de la ciudad de Tebas, según la mitología griega, planteaba a los viajeros.
Quien no lo sabía resolver pagaba con la vida. Sólo Edipo, hijo del rey de Tebas, fue capaz de resolverlo, liberando así su ciudad de aquel infierno: sintiéndose derrotada, la Esfinge se lanzó de la roca desde donde vigilaba.

¿Tienes miedo de la Esfinge?
¡Tu aguda intuición puede salvarte de sus artimañas!

Dos amigos muy bromistas

entran en un restaurante. Uno pide al camarero:

—¿Hacéis cosas a la plancha?

—¡Es nuestra especialidad, señor!

—Muy bien. ¡Dos cacerolas poco hechas!

Poca tela

Don Pío compró 3 metros de tela para hacerse un traje. Unos días después entra enfurecido en la tienda, con un traje a todas luces pequeño:

—Me dijo que esa tela sólo encogía 3 metros de cada 100.

Responde el empleado:

—¡Qué mala suerte! Le tocaron justo los 3 metros que encogen.

Miguel

se presenta en la sede de la revista *Don Mickey* y pregunta:

—¿Qué regaláis a los suscriptores de un año?

—¡Un biberón, señor!

En el barco

Capitán:

—¡Marinero, atraca la nave!

El marinero desenfunda el arma:

—¡Todos manos arriba!…

¡Muy buenas!

—Muy buenas. ¿Tienen alpargatas?

—¡Muy buenas!

—Muy buenas… ¿Tienen alpargatas?

La verdulera

La señora Teófila entra en la verdulería:

—Póngame un zzzz de tomates.

—¿Un kilo de qué?

En los grandes almacenes

Suena el altavoz:

«Señor Aniceto, suba a la primera planta, por favor.»

Al cabo de un rato:

«Señor Aniceto, bájese del ficus, y suba a la primera planta…»

Va de espías

—Me llamo Bond, James Bond.

—Encantado. Yo me llamo Brosio, Am Brosio.

Rellena las zonas señaladas con el color que corresponda. ¿Qué es lo que aparece?

★ ¿Qué son los **pelos de la panoja**?

★ ¿A qué se refiere la expresión **cabello de ángel**?

★ ¿A qué se llama **pelo de Venus**?

83

Atribuye a cada peinado femenino la definición correcta.

Peinado griego

**Dama noble
del siglo XVI**

Mujer romana

**Peinado
decimonónico**

Peinado del siglo XV

Peinado egipcio

Dama del siglo XVIII

¡Date prisa!

Una persona trabaja la lana, pero hace su labor de punto con tal rapidez que llama la atención.
—¿Por qué trabaja tan deprisa? —le pregunta alguien.
—Porque quiero terminar el jersey antes de que se me acabe la lana.

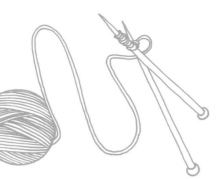

Hay un error

Hay un error —grita Alberto observando la cuenta de la cena—. ¡Habéis sumado la fecha!
—Por supuesto, señor —responde el camarero—. ¡El tiempo es oro!

El hombre invisible

Un bromista pasea por la ciudad arrastrando una correa.
Encuentra a un vigilante y le pregunta:
—Disculpe. ¿Ha visto pasar al hombre invisible?
—No —responde el vigilante—. Lo siento. No he visto pasar a ningún hombre invisible.
—Paciencia —responde el otro—. De todas formas, si por casualidad se topara con él, ¡dígale que he encontrado a su perro!

¿Estaba bueno el bocadillo?

En el parque de atracciones, un borrachín se divierte tirando a la diana.
A pesar de la dificultad, hace diana y gana una tortuga viva.
Contento, se aleja, pero al poco vuelve y gana otra vez.
—Tenga: un hermoso muñeco de plástico —dice la chica del puesto.
—Si no le disgusta —balbucea el borrachín— preferiría otro bocadillo como el que me ha dado antes.

Las comas

El profesor explica a los alumnos la importancia de las comas, para qué sirven y cuándo se emplean.
Después les puso un breve dictado para comprobar si habían entendido la lección.
Cuando fue a corregir la prueba de Andrés, leyó lo siguiente:
«El hombre entró en la casa sobre la cabeza, llevaba un sombrero gris en los pies, grandes zapatos amarillos en la cara, una delicada sonrisa en la mano, un bastón de marfil en los ojos, una mirada penetrante.»

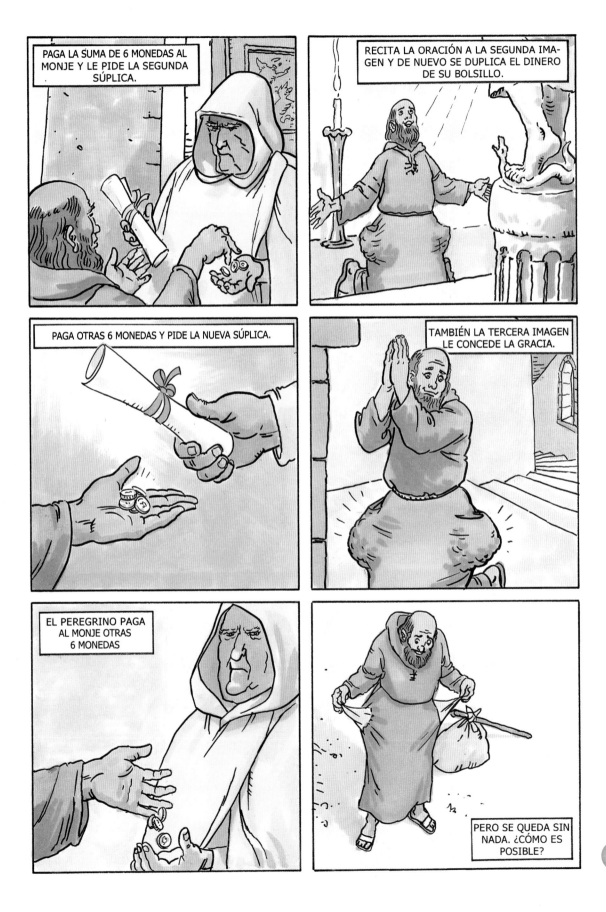

RASGADOS IMPOSIBLES

MATERIAL
Dos hojas de papel.

1 Toma dos hojas de papel. En una de ellas escribe «Me doblo pero no me rompo». Después, superpón los dos papeles como si fuesen uno sólo.

2

A continuación dóblalos por la mitad, manteniendo el mensaje en el interior.

3

Sigue doblando, rasgando y superponiendo las hojas rasgadas hasta obtener un cuadrado de escasas dimensiones.

Después de haber marcado el doblez con la uña, rasga por la mitad la hoja expuesta al público y ponla por detrás.

4

5

Cuando sea imposible seguir, esconde en la mano los papeles rasgados y, con el pretexto de tomar un pellizco de polvos mágicos, ponlos en el bolsillo.

Finge esparcir los polvos sobre el taco de papel que sostendrás en tu mano derecha. Abre la hoja, que aparecerá entera y con el mensaje escrito en el centro.

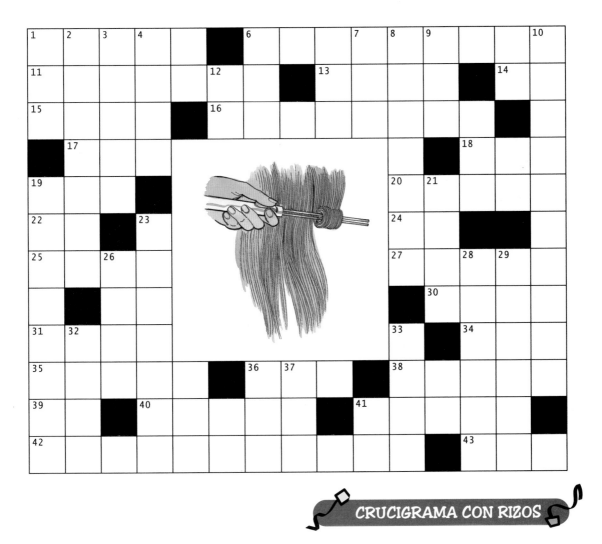

HORIZONTALES: 1. Lado izquierdo de una embarcación. **6.** Que se hace sólo en algunas ocasiones. **11.** Que no es normal. **13.** Cama para bebés. **14.** Nombre de letra. **15.** ¿Qué hace la peluquera del dibujo de este crucigrama? **16.** Quejas que se acompañan de lloros. **17.** No está bien. **18.** Al revés, sufijo de diminutivo. **19.** Sustancia que se usa para encalar. **20.** Barco de guerra. **22.** Al revés, nota musical. **24.** Siglas de Seguridad Social. **25.** Humedece con agua. **27.** Al revés, sale a la ventana. **30.** Sentir amor por alguien. **31.** Costado. **34.** Consonantes de solas. **35.** Muy gordo. **36.** Percibir sonidos. **38.** María Teresa. **39.** Adverbio de negación. **40.** Al revés, lo hace habitualmente. **41.** Combate. **42.** Palabra mágica. **43.** Siglas de señora.

VERTICALES: 1. Tienda donde se toman bebidas. **2.** Que tiene animación. **3.** Aparato que se coloca en la boca de los perros para que no muerdan. **4.** Al revés, ave que puede hablar. **6.** Onda que se forma en el mar. **7.** Sol en inglés. **8.** Que tiene intensidad. **9.** Vocales de romano. **10.** Hacerse una lesión. **12.** Al revés, nota musical. **19.** Gran comida. **21.** Enfermedad de los bronquios. **23.** Que toca con las manos. **26.** Mineral. **28.** Al revés, terremoto. **29.** Dar saltos. **32.** Al revés, tonta. **33.** MA. **36.** Al revés, canción para dos voces. **37.** Diminutivo de Isabel.

BRAZALETES ENTRECRUZADOS

MATERIAL

Prepara 4 hilos de distintos colores, cada uno de 50 cm de largo.

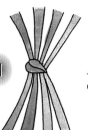

1 Anúdalos a 5 cm de un extremo.

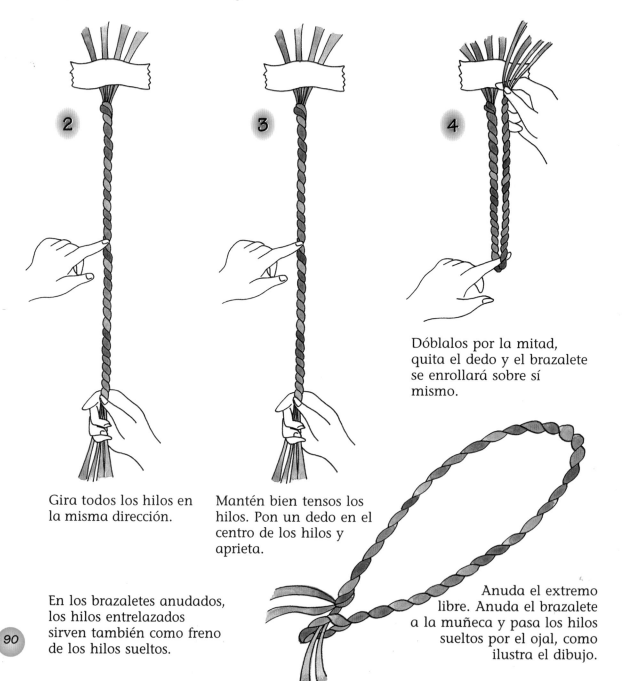

Gira todos los hilos en la misma dirección.

Mantén bien tensos los hilos. Pon un dedo en el centro de los hilos y aprieta.

Dóblalos por la mitad, quita el dedo y el brazalete se enrollará sobre sí mismo.

En los brazaletes anudados, los hilos entrelazados sirven también como freno de los hilos sueltos.

Anuda el extremo libre. Anuda el brazalete a la muñeca y pasa los hilos sueltos por el ojal, como ilustra el dibujo.

Una persona calva podrá disfrutar del placer de peinarse gracias a este peine especial semicircular. La empresa que los produce proporciona bajo pedido modelos de distintas formas y medidas; para cabezas en forma de pera, cuadradas, cabezas sobre los hombros, cabezas en las nubes, cabezas huecas o cabezas de chorlito.

Peine para calvos

Con este revolucionario peine dotado de ruedas, ¡se acabaron los desagradables enganchones en el cuero cabelludo! ¿El truco? Las púas del peine son más cortas que las ruedas. ¡Es una idea-regalo especialmente apreciada por los fanáticos de la bicicleta!

Peine con ruedas

¡No creáis que pagáis al peluquero dejándole vuestro cabello!
Proverbio turco

¿Tienes el cabello largo? Con este peine singular bastará introducir los mechones uno a uno entre sus dientes, y los cabellos se peinarán a ambos lados de una sola pasada! Al principio habrás de tener un poco de paciencia, pero luego...

Peine para cabellos largos

El PasAje

EL LOBO, LA CABRA Y LA COLIFLOR

Un hombre ha de llevar un lobo, una cabra y una coliflor a la otra orilla de un río, pero sucede que en su barca sólo hay sitio para él y el lobo, o la cabra o la coliflor. Si el hombre se lleva la coliflor, el lobo se come a la cabra; si en cambio se lleva al lobo, la cabra se come la coliflor. Sólo la presencia del hombre salva a la cabra y a la coliflor del respectivo enemigo.

Pese a todo, el hombre consigue llevar al lobo, a la cabra y a la coliflor a la otra orilla del río. ¿Cómo?

LA ZORRA, LA OCA Y EL SACO DE GRANO

Un campesino regresaba del mercado con una zorra, una oca y un saco de grano y debía transportarlos a la otra orilla de un río, pero la barca era tan pequeña que sólo podía llevar consigo uno de ellos por viaje; y no podía dejar a la zorra y a la oca juntas, pues la zorra se comería a la oca; y si dejase a la oca y al saco de grano, la oca se comería el grano. Así, sólo podía dejar juntos a la zorra y al grano, porque nunca se ha visto que una zorra coma grano y el grano no suele comerse a las zorras.

¿Cuántas soluciones encontró para volver a casa con el grano y los dos animales?

EL PERRO, LA CABRA Y LA BALA DE HENO

Un día, un campesino debía atravesar un río con un perro, una cabra y una bala de heno, pero la única barca de que disponía era tan pequeña que sólo podía llevar al campesino y un único animal o la bala de heno. El problema estaba en que si dejaba a la cabra sola con el perro, el perro la atacaría; y si dejaba a la cabra sola con el heno, la cabra se lo comería.

¿Cómo pudo el campesino evitar estos inconvenientes y cruzar el río con los animales y el heno?

LA ZORRA, LA OCA Y EL SACO DE GRANO

El campesino lleva a la oca, vuelve por la zorra y la lleva al otro lado del río y regresa llevando consigo a la oca. Atraviesa el río de nuevo, esta vez con el grano, y vuelve solo para llevar a la oca. ¡De este modo, la zorra no se queda nunca sola con la oca, y tampoco la oca se queda sola con el grano!

EL LOBO, LA CABRA Y LA COLIFLOR

El hombre cruza el río con la cabra y deja en la orilla al lobo con la coliflor.

Deja la cabra en la orilla y cruza de nuevo el río.

Pone la coliflor en la barca y la lleva al otro lado del río.

Al llegar a la orilla, deja la coliflor y regresa con la cabra.

Deja la cabra en la primera orilla y se lleva al lobo.

Ahora deja en la otra orilla al lobo con la coliflor.

Al final, cruza el río con la cabra.

EL PERRO, LA CABRA Y LA BALA DE HENO

El campesino carga primero a la cabra y la deja al otro lado del río. Después regresa a por el perro, lo deja al otro lado del río y regresa con la cabra. Deja a la cabra y carga la bala de heno; deja entonces el heno con el perro en la otra parte del río. Finalmente, regresa a por la cabra. Hay otra solución: el campesino carga el heno en su segundo viaje.

LA FUGA DE LA REINA

Una reina, prisionera con su hijo y con su hija, fue encerrada en una estancia en lo alto de una torre altísima. Fuera de la ventana había una polea con una cuerda, de cuyos extremos pendían dos cestas de igual peso. Gracias a ese instrumento y a un peso que encontraron en la estancia, la reina y sus dos hijos consiguieron escapar sanos y salvos.

De haber pesado 15 libras más respecto al contenido de la cesta más baja, su huida bajando en la otra cesta hubiera representado un grave peligro para los tres, pues habrían descendido a una velocidad demasiado grande; en cambio, consiguieron no pesar menos. La cesta que descendía tiraba, naturalmente, de la otra.

¿Cómo lo consiguieron? La reina pesaba 195 libras, la hija 105, el hijo 90 y el peso 75.

La libra, unidad de medida en los países anglosajones, equivale a 0,454 kg.

LOS TRES MARIDOS CELOSOS

Tres maridos celosos se encuentran con sus mujeres junto a la orilla de un río que han de atravesar. Sólo disponen de una pequeña embarcación sin barquero, en la que únicamente pueden viajar dos personas a la vez.

Dado que ninguno de los tres quiere dejar a su mujer con los otros dos, ¿cómo atravesaron el río?

EL CRUCE DEL RÍO

Un destacamento de soldados debe atravesar un río, pero el puente está roto y el río es muy profundo: ¿qué hacer? De repente, el oficial observa a dos niños que juegan en la orilla dentro de una barca de remos. La barca es muy pequeña: sólo caben en ella dos niños o un soldado. Sin embargo, todos los soldados consiguen atravesar el río con la barca.

 ¿De qué manera?

LA FUGA DE LA REINA

1. Envían el peso hacia abajo; la cesta vacía sube.
2. El hijo desciende; el peso sube.
3. Quitan el peso; la hija baja; el hijo sube.
4. El hijo sale de la cesta; el peso baja; la cesta vacía sube.
5. La reina desciende; la hija y el peso suben juntos; la hija sale de la cesta.
6. El peso desciende; la cesta vacía sube.
7. El hijo desciende; el peso sube.
8. La hija saca el peso de la cesta y desciende; el hijo sube.
9. El hijo desciende; el peso sube.
10. El hijo sale de la cesta; el peso cae al suelo.

LOS TRES MARIDOS CELOSOS

Representamos con dos líneas verticales las orillas del río, siendo A, B, C los tres maridos y a, b, c sus esposas. La izquierda es la orilla de partida. He aquí el modo en que deberán cruzar el río.

Primero pasan dos mujeres.

A		a
B		b
C		
c		

Una de ellas regresa y pasa con la tercera.

A	a
B	b
C	c

Regresa otra de las mujeres y se queda con su marido, mientras los dos maridos pasan.

C	A
	B
c	a
	b

La mujer b regresa con su marido B y desembarca.

B	A
C	
b	a
c	

Los dos maridos atraviesan el río.

b	A
	B
c	C
	a

La mujer que está sola en la orilla opuesta cruza el río a continuación con las otras dos, o bien después de haber llevado a una de ellas, cede la barca al marido de la tercera, que espera para cruzar.

EL CRUCE DEL RÍO

En primer lugar atraviesan el río los dos niños; uno se queda en tierra mientras que el otro devuelve la barca a los soldados y sale de ella.

Un soldado embarca y atraviesa el río. El niño que se ha quedado en la orilla devuelve la barca a los soldados y después lleva al segundo niño al otro lado del río. De nuevo un niño lleva la barca a los soldados, desciende y se queda en tierra mientras un soldado atraviesa el río en solitario..., y así sucesivamente hasta que todos los soldados hayan atravesado el río.

SUPERACRÓSTICO

Escribe en las casillas, en sentido horizontal, los nombres de los 14 utensilios de peluquería. Al final, en la columna central coloreada leerás la clave secreta.

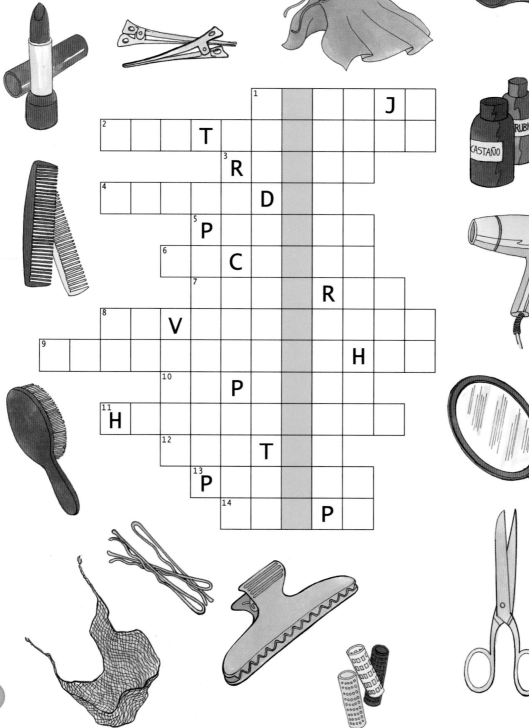

UN HERMOSO PEINADO

En cada una de las parejas de sílabas que hay a continuación, añade una sílaba en la casilla coloreada de manera que formen dos palabras con sentido. Las cuatro sílabas juntas, leídas de arriba abajo, te proponen un tipo de peinado para tus cabellos.

```
SU        FLUO
   ▣
DES       TAR
```

```
DO        DOR
   ▣
PEL       ZO
```

```
EMI       TE
   ▣
PO        CIA
```

```
CAR       RO
   ▣
TON       RIA
```

CABELLOS ENREDADOS

Disponiendo las 20 palabras en su justo orden, obtendrás 5 frases hechas diferentes que contienen la palabra PELO. Una vez compuestas las frases, ¿sabrías explicar su significado?

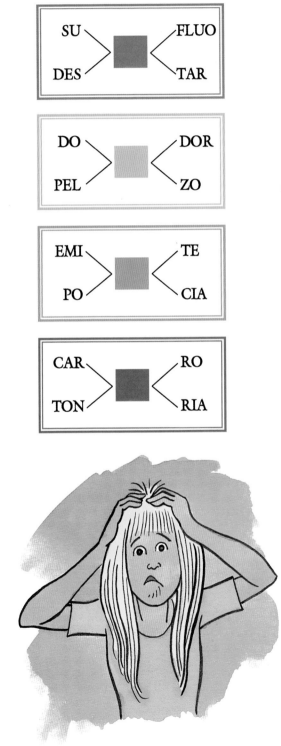

POR EL LENGUA TOMAR EN PELOS PELO NO PUNTA EL PONERSE TENER PELOS DE LOS CAERSE LA PELOS PELO LOS

97

FRASE: 6, 8   ¿Qué toma?

DOCTOR, DISCULPE... A PROPÓSITO DE LAS PASTILLAS QUE ME RECETÓ PARA MI DEBILIDAD...

¿TIENE ALGÚN PROBLEMA?

¡NO PUEDO ABRIR EL TAPÓN DEL BOTE!

La risa hace buena sangre

DOCTOR, ¿QUÉ PUEDO HACER? MIENTRAS JUGABA, MI HIJO HA TRAGADO ARENA Y CEMENTO.

¡SOBRE TODO, QUE NO BEBA!

Une los puntos del 1 al 99 en la parte izquierda de la ilustración, y del 1 al 76 en la derecha. ¿Qué aparece?

Resuelve el anagrama de los nombres de las 2 plantas medicinales y descubre las plantas auténticas.

LOS REMEDIOS DE LA ABUELITA

¿TIENES HIPO? *Deja en infusión durante 30 minutos en una taza de agua hirviendo 5 cucharadas de semillas de SANI. Luego filtra el agua y bebe una taza después de cada comida.*

¿ESTÁS DESGANADO? *Deja en infusión durante 10 minutos 1 litro de agua hirviendo con un puñado de raíces de CALIGENA y después fíltrala. Bebe de 2 a 5 vasos durante el día.*

LOS RELOJES

En mi último cumpleaños recibí como regalo dos relojes, pero ahora, pasado un año, me doy cuenta de que ninguno de los dos funciona correctamente. Uno pierde un minuto al día y el otro no anda. Me pregunto si debo deshacerme de los dos o guardar uno como recuerdo.

 ¿Qué me aconsejas?

DOS OJOS, UN LÁPIZ, TRES CUADRADOS

Toma papel, lápiz, goma y pon a prueba tu intuición y espíritu de observación. Te reto a que dibujes tres cuadrados superpuestos trazando una única línea continua, sin pasar dos veces por ninguna parte de la línea, sin dividirla y sin levantar el lápiz del papel.

¿Te crees capaz? ¡Probarlo para creerlo!

EL BAILE DEL CUA-CUÁ

Estoy sentado junto a un lago, disfruto con los ojos cerrados de un placentero sol primaveral y sueño playas tropicales... De improviso, un batir de alas y un impertinente cua-cuá me devuelven a la realidad. Veo avanzar en alegre formación a dos patos de brillante verde azulado, delante de dos patos orgullosamente erguidos, dos patos detrás de dos patos, y dos patos en medio. Reconozco que todavía estoy en el mundo de los sueños, me froto los ojos y miro con más atención...

¿Cuántos patos nadan frente a mí?

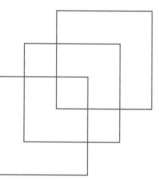

El color de los calcetines

Estoy durmiendo muy a gusto en mi cama cuando el infalible timbre del despertador hace que me levante de un salto. «¿Por qué tan pronto?», me pregunto. Después recuerdo que hoy es el día de la excursión escolar y tenía previsto levantarme al amanecer para prepararme y estar a punto a la hora de la partida. Mi hermano duerme en la cama junto a la mía, así que me muevo sin hacer ruido y decido no encender la luz para no despertarlo. Abro el cajón y busco a tientas los calcetines.

Sé que tengo 10 azules, 10 rojos y 20 negros: ¿cuál es la cantidad mínima de calcetines que he de sacar del cajón para estar seguro de tener en la mano dos del mismo color?

Para llegar a la solución, procede por intentos.

TOMO 2 CALCETINES — *Puedo tener una pareja del mismo color: **aa, rr, nn**, pero también parejas desparejadas: **an, rn, ar**.*

TOMO 3 CALCETINES — *Puedo tener tríos de calcetines iguales: **aaa, rrr, nnn** tríos con dos calcetines iguales: **aan, nnr**... tríos con tres calcetines distintos: **arn, nra**...*

TOMO 4 CALCETINES — *Puedo tener cuartetos de calcetines iguales: **aaaa, nnnn**... cuartetos con 3 de un color y otro distinto: **aaar, rrrn**... cuartetos con 2 de un color y 2 de otros colores: **aanr, rran**... cuartetos con 2 de un color y 2 de otro color: **aann, rraa**...*

La respuesta es 4 CALCETINES, porque sólo con cuatro estoy seguro de tomar al menos dos del mismo color.

ZAPATOS Y CALCETINES

Me levanté mientras mi hermana seguía durmiendo, así que dejé la luz apagada; encontré zapatos y calcetines, pero sabía que estaban en desorden y que había un montón desordenado de 6 zapatos de tres pares diferentes y un conjunto de 24 calcetines, tanto negros como marrones.

¿Cuántos zapatos y cuántos calcetines tuve que sacar para estar segura de tener un par de zapatos y un par de calcetines iguales?

FRASE: 4, 2, 9   ¿Qué instrumento toca?

LA ESQUINA DE LOS INVENTOS

Muchos inventos del hombre ya existían en la naturaleza. Empareja en la siguiente relación los inventos humanos con el animal que realiza sus funciones desde hace milenios.

ANIMALES	INVENTOS
1 Camaleón	A Helicóptero
2 Sepia	B Patines de nieve
3 Colibrí	C Anestesia
4 Escorpión	D Aguja epidérmica
5 Serpiente	E Camuflaje
6 Liebre blanca	F Propulsión a reacción
7 Pulpo	G Radar
8 Murciélago	H Ventosa

Basándote en los grupos de dos letras ya escritas, reconstruye el crucigrama colocando todas las palabras en sus casillas correspondientes.

Horizontales: NI - CA - NA (al revés) - DC - LEA (al revés) - PÍO (al revés) - ORO - AMO (al revés) - DÚO (al revés) - LÍA (al revés) - SED (al revés) - SEA - PÍA - UIT (al revés) - SRA (al revés) - SON - ABRES - ESTAR - RETAN - ACTOS - MIRLO (al revés) - FRACASO - ENANO - CASCADA - SAETEAS - TURRONERO - AMORFOS - ANTIGRASA (al revés) - RASCACIELOS - PLATAFORMAS

Verticales: SAN - ORA - AME - SEO (al revés) - ELE - OÍR - MSF - RÍA (al revés) - LIAR - DIAL (al revés) - CLAN - PUSO (al revés) - TONO (al revés) - DADO - CASA - URNA (al revés) - PERRO - APTOS - ASTRO - ARASE - SIETES (al revés) - AMARÍA - ESENCIAL - ASUNCIÓN - FOTOSÍNTESIS - CASCARRABIAS

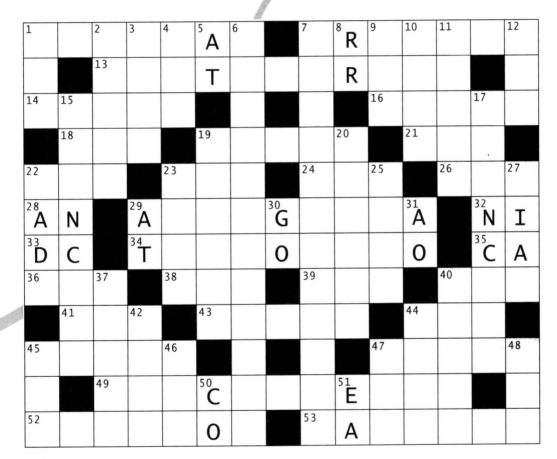

Nicolás llega tarde a la escuela. ¿Cómo podrá entrar en su aula sin pasar por delante de la mesa del conserje, de los despachos del director, del vicedirector y de la secretaría, de la sala de profesores y de la sala de reuniones? Recuerda que no es posible pasar dos veces por el mismo sitio.

ME JUEGO LOS NÚMEROS

Yo te regalo los números 1, 2, 3, 4, 5, 6, 7, 8 y 9 y tú pones entre ellos los símbolos de operaciones matemáticas de manera que la expresión resultante sea igual a 100. ¡Atención! El orden de los números no puede cambiarse.

 ¿Difícil? ¡Intentarlo no es malo para la salud!

NÚMEROS CAMBIADOS

En cada uno de los casilleros se han cambiado de lugar cuatro números (uno por línea). Reubícalos en su casilla, de manera que la suma de los números de cada hilera arroje el mismo resultado. Una sugerencia: intenta resolver el problema empezando por los números de hileras contiguas.

6	5	8	6
3	7	9	4
7	5	8	3
6	9	4	6

2	6	4	3
1	3	3	2
9	3	1	3
5	1	1	1

 *¡Si eres el famoso mago de los números, demuestra lo que vales!*

LA MERIENDA DE LAS CABRAS Y LAS COLIFLORES

Siete cabritas han entrado a escondidas en un huerto dispuestas a merendarse unas tentadoras coliflores. El campesino propietario del campo se da cuenta e intenta alejarlas. ¿Quieres ayudarle? Separa las siete cabras de las coliflores trazando sólo tres líneas rectas. Si lo consigues, ofrece algo sabroso a las cabras como alternativa a las coliflores, que son muy majas y simpáticas y se lo merecen.

 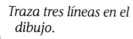 *Traza tres líneas en el dibujo.*

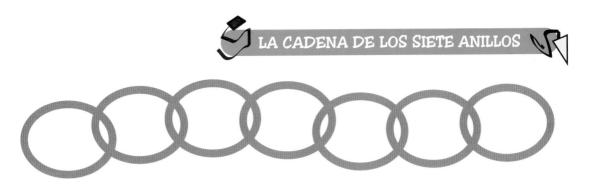

Érase una vez una princesa que contra la voluntad del rey, del chambelán de la corte, de los ministros, de los grandes consejeros, de las damas de compañía, de los caballeros, de los escuderos, de las doncellas, de los pajes y, por último, de los cocineros, de los bufones y de toda la población del reino, no quería casarse porque amaba con locura su libertad. Un día, cansada de la insistencia de toda la corte, decidió que consentiría en casarse, pero con una condición: su esposo tendría que ser un hombre muy inteligente, divertido, sabio y amante del juego. ¿Cómo encontrar una persona así? La princesa propuso someter a los aspirantes a marido a una prueba; sólo quien fuese capaz de superarla se convertiría en su consorte. Se presentó ante la corte con un collar compuesto por siete anillos de oro y dijo: «Daré a mi pretendiente este collar y le pediré que me lo devuelva siete días más tarde; tendrá que darme un anillo al día sin romper el collar más que una sola vez. Quien lo consiga me tendrá como esposa.»

Intenta resolver el enigma del collar. ¿Qué anillo romperías para empezar el juego?

O.K., EL PRECIO ES JUSTO

Una señora acude a un orfebre para que le ajuste su cadena de oro. Se trata de una joya compuesta por 35 anillos dorados que se ha roto en 12 partes, como muestra el dibujo. El corte y la soldadura de un anillo pequeño cuestan 6 monedas, y el de un anillo grande, 7.

¿Con qué sistema de corte y soldadura pagará la señora la menor cifra posible?

¿Es mejor abrir todos los anillos pequeños de los extremos de los doce trozos de la cadena, o bien hay otro método menos costoso?

LECCIÓN de HISTORIA en el JURASSIC PARK
1
ESTOS SON LOS PACÍFICOS BRACOSAURIOS. ¿LOS RECONOCÉIS? PERO HAY ALGO QUE NO ENCAJA...
¡BIENVENIDOS AL JURASSIC PARK! SI HABÉIS TENIDO LA DESDICHADA IDEA DE ENTRAR, OS CONVIENE CONOCER LOS ANIMALES QUE VIVEN AQUÍ... NO QUERRÉIS QUE OS DEVOREN, ¿EH?
ESTÁIS A PUNTO DE SALIR ILESOS DEL JURASSIC PARK. ¡PERO ATENCIÓN CON EL TERRIBLE TIRANOSAURIO! EN ESTE DIBUJO LAS DIMENSIONES DE LOS CUATRO DINOSAURIOS HAN SIDO CAMBIADAS. ¡PONLAS EN SU CORRECTO ORDEN DE TAMAÑO Y HABRÉIS SALVADO EL PELLEJO!
5
TIRANOSAURIO
PLESIOSAURIO
DIPLODOCUS
IGUANODONT
JURASSIC PARK

ERAN LAS OCHO EN TODOS LOS RELOJES

Andrés B. y Andrés W. son coetáneos. En casa de Andrés B. son las ocho de un día de mayo. Andrés deja la servilleta sobre la mesa y se prepara para salir. En la puerta se detiene y se despide: «Adiós, mamá, voy a casa de Alex a jugar una partida.»

Desde el pasillo se oye responder: «¡No vuelvas tarde! La partida siempre termina siendo una excusa para estar fuera de casa hasta muy tarde.» Andrés sale cerrando la puerta a sus espaldas y piensa: «¡Me pregunto cuándo dejará de tratarme como a un niño!»

Contemporáneamente, en otra ciudad del mundo, también Andrés W. deja su servilleta sobre la mesa y se prepara para salir. En la puerta se lamenta: «No tengo ninguna gana de salir... ¿No puedo quedarme en casa?» Y la madre, desde el salón: «Venga, no hagas historias. Cuando vuelvas tendrás tiempo para hacer lo que te dé la gana. En la vida no sólo hay cosas divertidas.»

Andrés W. sale de casa y piensa: «Nunca me da el gusto de dejarme quedar en casa...»

Andrés B. y Andrés W. habitan en ciudades distintas, muy lejanas entre sí.

¿Dónde viven?

Un terrible monstruo que hunde los barcos campea por el océano. Una expedición de científicos parte para estudiar el caso, pero sus miembros sufren una terrible tempestad y terminan encontrándose sobre la espalda del mismo monstruo. Descubren, con gran sorpresa, que el monstruo no es más que un submarino dirigido por el misterioso y despiadado capitán Nemo.

¿Serán sus prisioneros capaces de huir? ¿En qué fantástico libro de Julio Verne puedes leer la solución al misterioso caso?

El libro de Julio Verne en el que se cuentan las extrañas aventuras del capitán Nemo y de su submarino Nautilus se titula Veinte mil leguas de viaje submarino.

«Se sintió inmensamente rico porque había caído en sus manos: un birimbao de muelle de acero, un trozo de botella de color para ver el mundo azul, un carrete de bobina de telar, una llave sin cerradura, una tiza de pizarra, un tapón de vidrio esmerilado, un soldadito de plomo, dos renacuajos, seis petardos, un gatito de yeso tuerto de un ojo, el pomo de cobre de una puerta, cuatro collares de perro (sin perro), el mango de un cuchillo, cuatro pieles de naranja y un viejo bastidor de ventana, inservible.»

Se había divertido sin fatigarse, había estado acompañado todo el rato y en la valla había tres manos de pintura blanca. Gracias a su astucia, había logrado que otros hicieran el trabajo que la tía le ordenó hacer a él.

¿De qué personaje se trata?
¿Qué libro narra sus deslumbrantes bribonadas?

Se trata de Tom Sawyer y la novela que protagoniza se titula Las aventuras de Tom Sawyer. *Fue escrito por Mark Twain.*

Los puentes de Königsberg

El dibujo reproduce Königsberg en el siglo XVIII, populosa ciudad de la Prusia oriental, famosa por sus edificios, su catedral y su intensa vida académica. Situada a orillas del río Pregel y a escasa distancia del mar Báltico, la ciudad estaba atravesada por siete puentes que permitían el acceso entre sus barrios. Es famosa por ser la cuna del filósofo Emmanuel Kant (1724-1804), pero en la historia de las matemáticas se la recuerda porque su disposición topográfica dio origen a un juego que mantuvo ocupados a los matemáticos más famosos del siglo XVIII.

 Por la mañana, los habitantes de Königsberg daban un paseo por las calles de la ciudad: ¿es posible dar el paseo partiendo de un punto cualquiera y regresar al punto de origen después de haber atravesado los 7 puentes una sola vez?

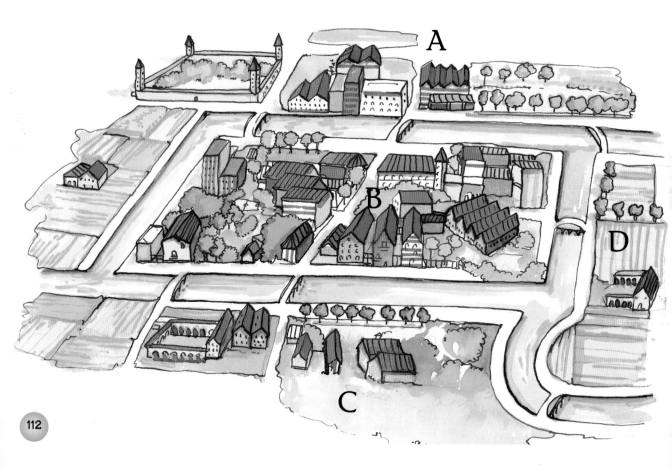

El problema no sólo apasionó a los matemáticos de la época, sino también a la gente común, hasta que en 1736 fue resuelto por el más grande matemático de entonces: el suizo **Leonhard Euler**.

La solución de Euler

El matemático construyó un modelo de la situación real, buscando reproducir el problema del modo más general y simplificado posible.

Trazó sobre el papel un esquema en el que las zonas de la ciudad (orillas del río e islas) estaban representadas por puntos (*vértices*) y cada puente con una línea (*arista*) que unía los puntos. De este modo, una arista unía dos vértices, ya que en la realidad había un puente que unía entre sí dos zonas de la ciudad.

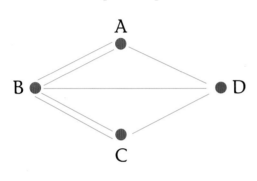

En la ciencia matemática, una representación de este tipo recibe el nombre de GRAFO.

Así las cosas, el problema de los puentes se convierte en el problema de trazar un recorrido que, partiendo de uno cualquiera de los puntos A, B, C, D, regrese al punto de partida pasando por todos los vértices sin volver a pasar por las líneas trazadas y sin levantar el lápiz del papel.

La solución de Euler se basa en el número de aristas que parten (o llegan) a un vértice. Dicho número recibe el nombre de grado del vértice.

Observa que del vértice A parten (o llegan) 3 aristas correspondientes a los 3 puentes que llevan a A; del vértice B parten (o llegan) 5 aristas, que representan los 5 puentes que llevan a B, y así sucesivamente para el resto de vértices.

En el problema de los 7 puentes, los grados de vértice de A, B, C y D son, como puedes observar en el dibujo, respectivamente 3, 5, 3 y 3.

Euler estableció su hipótesis partiendo de una situación de camino todavía por recorrer y, en consecuencia, con un grafo de sólo vértices.

Si, por ejemplo, se parte de D y se pasa por A para llegar a B, el vértice A pasa a ser de grado 2.

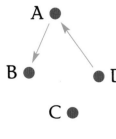

Si se parte, por ejemplo, de D y se regresa a D, todos los vértices atravesados serán de grado 2 o pares, en tanto que se debería entrar en cada uno de los vértices tantas veces como se saliera de ellos.

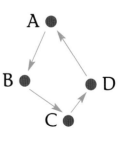

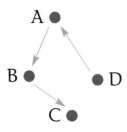

A

B

C

D

Si, en cambio, se parte de D y se llega por ejemplo a C, todos los vértices tendrán un grado par (en este caso, A y B) menos dos (en este caso, C y D): el grado de partida y el grado de llegada, que tendrán grado impar.

Partiendo de la base de estas observaciones, Euler enunció el siguiente teorema.

Para que un grafo pueda recorrerse al modo requerido por los habitantes de Königsberg, o todos los vértices deben ser de grado par, o dos de ellos han de ser de grado impar.

Así pues, el recorrido de siete puentes no podrá ser efectuado, en tanto que (como has visto en el primer grafo, que representa la ciudad de Königsberg), los cuatro vértices son de grado dispar.

Leonhard Euler es uno de los matemáticos más geniales y originales de la historia de la ciencia.
Nacido en Suiza en 1707 hijo de un pastor calvinista, apenas tenía veinte años cuando fue invitado como docente por la Academia de las Ciencias de Pietroburgo. Fue la suya una mente enciclopédica y, aunque estudió física, astronomía y medicina, siempre se sintió especialmente atraído por la solución de problemas matemáticos. Su actividad de investigación fue incesante, y su producción muy fecunda: se cuenta que escribía los resultados de sus estudios en cualquier momento del día, incluso mientras comía o meciendo en sus brazos a alguno de sus numerosos hijos.
Se estableció en Berlín en 1746, ciudad en la que enseñó hasta 1776; ese año se trasladó a Rusia, bajo la protección de la zarina Caterina.
Permaneció en activo hasta muy avanzada edad, a pesar de su ceguera. Siguió trabajando con pasión hasta su muerte, en 1783.

Un GRAFO es una figura que se obtiene uniendo dos o más puntos de un plano con arcos de curva o con segmentos.

Los puntos reciben el nombre de nudos o vértices, mientras que las líneas que los unen se llaman arcos o aristas.

A partir del problema resuelto por Euler se desarrolló una auténtica y completa teoría de los grafos, que ha encontrado aplicaciones en campos muy diversos.

Los grafos se han empleado en la teoría de los circuitos eléctricos, en la teoría de los diagramas moleculares, para resolver problemas de transporte y de programación y, también, de manera más sencilla, para representar situaciones de relación (interacciones, dependencias) entre los elementos de un conjunto.

Éstos son algunos ejemplos que te permitirán entender mejor el descubrimiento de Euler.

En este grafo hay 3 vértices de grado par y 2 vértices de grado impar. Así pues, hay un recorrido que, partiendo de uno de los vértices de grado impar (ejemplo, C) llega al otro de grado impar (B) recorriendo las líneas una sola vez.

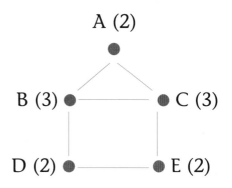

En este grafo hay 2 vértices de grado impar y uno de grado par. Por lo tanto, hay un recorrido que parte de un vértice impar y llega al otro vértice de grado impar.

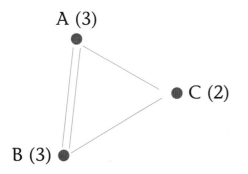

En este grafo hay cuatro vértices impares. En base a los descubrimientos de Euler, no hay ningún camino que permita recorrer todos los vértices pasando sobre las líneas una sola vez.

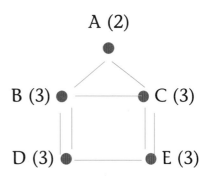

Este es un ejemplo de cómo un problema mal formulado puede llevar a confusiones de cálculo y a conclusiones equivocadas.

Un posible razonamiento erróneo es el siguiente:

Cada uno de los amigos ha puesto 12 dólares y recibe 1,2 dólares en devolución, por lo que el gasto es de 10,8 dólares. 10,8 multiplicado por 3 da un resultado de 32,4 dólares. 32,4 dólares más los 2,4 dólares entregados como propina al camarero suman 34,8 dólares. Así pues, faltan 1,2 dólares.

¡Reflexiona sobre los errores que llevan al racionamiento anterior!

PRIMER ERROR:	No utilizar la información sobre la cuenta pagada realmente (30 dólares), a la que se llega implícitamente por la diferencia entre la suma de la cuenta (36 dólares) y el descuento (6 dólares).
SEGUNDO ERROR:	Tener separados los 2,4 dólares entregados al camarero del importe total de la cena (30 dólares) de los tres clientes.
TERCER ERROR:	Los 3,6 dólares se utilizan sólo para calcular el gasto por cabeza (12 menos 3,6) y no se vuelven a tener en cuenta.

La solución correcta es la siguiente:

Cuenta inicial – descuento = total

36 – 6 = 30

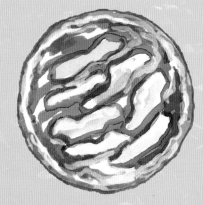

Total desembolsado por los tres amigos = cuenta inicial – descuento + propina

32,4 = 36 – 6 + 2,4

Suma desembolsada por cabeza = 32,4 : 3 = 10,8

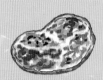

LA ESCALA

Un avión ha aterrizado en Londres, Bruselas y Barcelona. Los aeropuertos disponibles son los de Moscú, Oslo, Fiumicino, París, Atenas y Viena.

¿Cuál será su próxima escala?

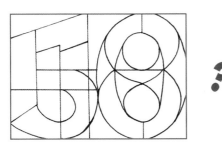

ESCONDITE

¿Cuál es el número de dos cifras divisible por ocho que se esconde en el dibujo?

EL TABLERO DE AJEDREZ

Une los 9 recuadros y construye un tablero de ajedrez de 6 × 6, de manera que cada una de sus columnas, hileras y diagonales contengan 3 círculos.

¡Prueba y verás cómo lo consigues! La paciencia es la virtud de los fuertes.

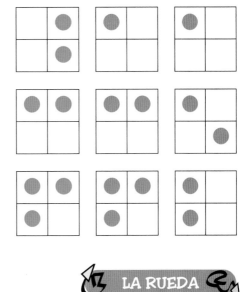

LA RUEDA

Coloca las cifras de 1 a 9 de manera que dos números diferenciados entre sí por una unidad no se encuentren en dos círculos directamente conectados entre sí por una línea.

¡Un poco de astucia!

TEST HORROROSO

¿Conoces bien a los componentes de la familia Addams? ¿Adoras, como ellos, los gritos en el corazón de la noche? ¿Prefieres el aroma de las tumbas o la fragancia de las ciénagas? Mientras todos tiemblan de terror viendo una película de miedo, ¿tú te emocionas? ¿Se te pone piel de gallina cuando ves a tu profesora? He aquí una serie de lúgubres preguntas para poner a dura prueba tu coeficiente de *horripilancia*. Si respondes correctamente a las preguntas, recibirás este nauseabundo *diploma*. Si te equivocas en una sola de las preguntas, te transformarás instantáneamente en un *ectoplasma* reptante (y, además, un poco fosforescente).

1. ¿Qué inscripción se lee sobre la tumba de los Addams?
A *Volvemos enseguida.*
B *Despediremos con mucho gusto a quienes quieran asociarse con nosotros.*
C *Cien de estos días.*

2. ¿A qué personaje de la literatura de terror se parece Lerch, el mayordomo que muge?
A *Drácula*
B *La momia*
C *Frankestein*

3. En un momento determinado de la película se ve una alfombra hecha con la piel de un animal (¡pero que no está muerto, porque muerde!). ¿De qué animal se trata?
A *Un león*
B *Un oso*
C *Un tigre*

4. ¿A qué juega Miércoles con su hermanito Paxley?
A *A la silla eléctrica*
B *Al torno de tortura*
C *A «esconde el cadáver»*

5. ¿En qué medio de transporte llega a la fiesta el calvo primo Quale?
A *Una carroza tirada por caballos fantasma*
B *Un automóvil monoplaza de dos ruedas*
C *Una moto con sidecar, en compañía de Miss Zombie.*

En los 4 artículos de esta página hay palabras extrañas: descubre el misterioso código utilizado para escribir cada una de ellas y podrás conocer las noticias por completo. Además, en cada imagen hay un error. ¿Cuál?

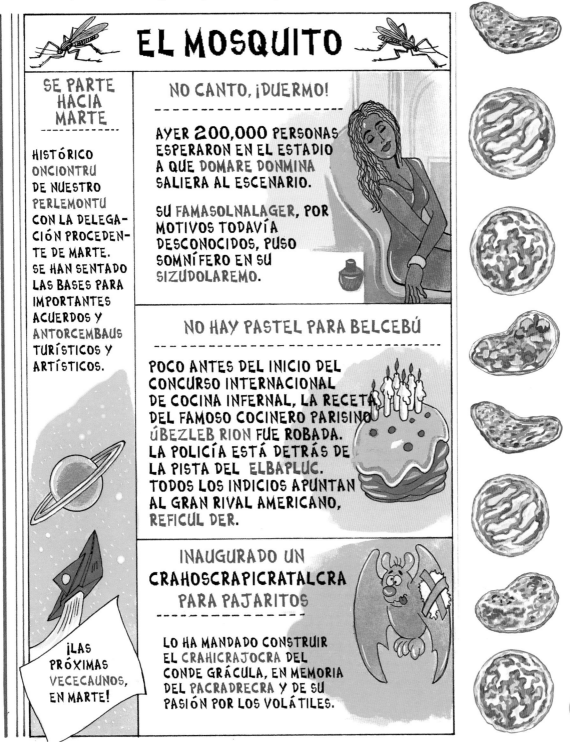

EL MOSQUITO

SE PARTE HACIA MARTE

HISTÓRICO ONCIONTRU DE NUESTRO PERLEMONTU CON LA DELEGACIÓN PROCEDENTE DE MARTE. SE HAN SENTADO LAS BASES PARA IMPORTANTES ACUERDOS Y ANTORCEMBAUS TURÍSTICOS Y ARTÍSTICOS.

¡LAS PRÓXIMAS VECECAUNOS, EN MARTE!

NO CANTO, ¡DUERMO!

AYER 200.000 PERSONAS ESPERARON EN EL ESTADIO A QUE DOMARE DONMINA SALIERA AL ESCENARIO.

SU FAMASOLNALAGER, POR MOTIVOS TODAVÍA DESCONOCIDOS, PUSO SOMNÍFERO EN SU SIZUDOLAREMO.

NO HAY PASTEL PARA BELCEBÚ

POCO ANTES DEL INICIO DEL CONCURSO INTERNACIONAL DE COCINA INFERNAL, LA RECETA DEL FAMOSO COCINERO PARISINO ÚBEZLEB RION FUE ROBADA. LA POLICÍA ESTÁ DETRÁS DE LA PISTA DEL ELBAPLUC. TODOS LOS INDICIOS APUNTAN AL GRAN RIVAL AMERICANO, REFICUL DER.

INAUGURADO UN CRAHOSCRAPICRATALCRA PARA PAJARITOS

LO HA MANDADO CONSTRUIR EL CRAHICRAJOCRA DEL CONDE GRÁCULA, EN MEMORIA DEL PACRADRECRA Y DE SU PASIÓN POR LOS VOLÁTILES.

Eleusi

Jugadores Juegan tres o más personas.

Materiales Una baraja de cartas de póquer.

Desarrollo *El repartidor, que no toma parte en el juego, distribuye todas las cartas hasta que se queda sólo con una, y la deposita sobre la mesa y boca arriba como primera carta. Para asegurarse de que todos los jugadores tienen el mismo número de cartas, el repartidor debe retirar inicialmente un determinado número de cartas del mazo. Para tres jugadores (incluido el que reparte), basta con retirar una carta; para cuatro jugadores, ninguna; para cinco jugadores, cinco cartas...*
Las cartas retiradas se dejan aparte, sin que se vean. Una vez se han distribuido las cartas y la carta de inicio se ha colocado en su posición, el repartidor piensa una regla secreta que determinará el orden en que deberán jugarse las cartas. Escribe su regla en un papel, lo dobla y lo deja aparte. Este papel sirve de control, para asegurarse de que el repartidor no cambiará la regla.

Objetivo Los jugadores deben intentar descubrir la regla, proponiendo sus jugadas por turnos. Si su jugada es correcta, el repartidor la aprueba y la carta se deja sobre la mesa. Si, en cambio, es errónea, la carta en cuestión se coloca perpendicular respecto a la secuencia principal. El juego Eleusi no se detiene aquí: otros interesantes mecanismos lo convierten en una especie de simulación de la búsqueda de la verdad. Un ejemplo viene dado por la introducción de los roles de Profeta y Falso Profeta. Cuando un jugador cree saber la regla, puede declararse Profeta y, a partir de eso, puede juzgar las propuestas de los otros jugadores: es decir, que puede afirmar si son correctas o incorrectas (naturalmente, siempre bajo la supervisión del repartidor). Si las valoraciones del Profeta fuesen erróneas, el repartidor procederá a adjudicarle el rol de Falso Profeta.

Observa atentamente la distribución de las cartas en el dibujo, y descubre la regla que determina la secuencia.

126

EL JUEGO DE LA REGLA

Por turnos, un jugador sale de la habitación mientras los otros establecen una regla que deberá ser respetada al dar las respuestas. El jugador deberá adivinarla, haciendo preguntas.

Ejemplos
- No pronunciar palabras que contengan una letra del alfabeto previamente seleccionada.
- La primera palabra de la respuesta rima con la última de la pregunta.
- Las respuestas terminan con una palabra de género femenino.
- Cuando responden, los jugadores se rascan la cabeza.
- Cada respuesta empieza con una letra sucesiva del alfabeto.
- La respuesta se compone de tantas palabras como letras tiene el nombre de quien responde.

EL NAUFRAGIO

Estás en una nave que se hunde, debes escapar y puedes llevar contigo unos pocos objetos. Tú los propones al comandante, y éste te dirá si se admiten o no en base a una regla que debes descubrir a través de una serie de preguntas.

Puedes preguntar lo que quieras, pero siempre te responderá con un sí o un no.

Ejemplos
Sólo puedes llevar objetos que tengan la misma inicial que tu nombre; o bien que empiecen por vocal; o bien que tengan delante la conjunción y.

Ejemplo de juego con la tercera regla
—¿Puedo llevar el canario?
—¡No!
—¿Y el gato?
—¡Sí!
—¿Pañuelos y corbatas?
—¡Corbatas, sí!

EL INTRUSO

Los jugadores intentan descubrir el criterio por el cual el animador considera intrusos a algunos de ellos.

Ejemplos
Todos llevan pantalones, menos una jugadora que viste falda; todos tienen los ojos castaños, pero uno los tiene negros; diez han llegado a la fiesta en auto, mientras que uno ha usado el autobús; todos van a la misma escuela menos Andrés, que va a otra distinta.

EL PROVERBIO

El jugador sorteado sale de la habitación, mientras que los demás escogen un proverbio y asignan una parte a cada uno. El jugador debe adivinar el proverbio haciendo algunas preguntas. Los otros responden insertando en sus respuestas la respectiva parte del proverbio.

Ejemplo
En abril, aguas mil.

- *Jugador:* ¿Te gusta el fútbol?
- *Participante 1:* Sí, en abril.
- *Jugador:* ¿Tienes alguna mascota?
- *Participante 2:* Sí, en casa tengo un perro de aguas y dos gatos.
- *Jugador:* ¿Te gusta viajar? ¿A dónde?
- *Participante 3:* Sí, pero no a menos de mil kilómetros de mi casa.

HORIZONTALES: 1. Estación del año. **7.** Órgano de la visión. **10.** Que no se agota. **12.** Lugar de la costa que sirve para amarrar los barcos. **13.** Accidente geográfico que se forma cuando el mar penetra en la costa. **14.** Aceite. **16.** Aparejo que sirve para pescar. **17.** La tiene el cántaro. **18.** Al revés, símbolo del cobalto. **20.** Que tiene alas. **22.** En siglas, sociedad limitada. **24.** Al revés, con intensidad. **29.** Al revés, alaba. **31.** Al revés, carta de la baraja. **32.** Animal marino invertebrado. **35.** Hace que llegue a otra parte. **37.** Historia. **39.** Señor. **40.** Al revés, moverse de arriba abajo por acción del propio peso. **41.** Bienes que se dan al morir. **43.** Aún. **46.** Metal precioso. **47.** Nombre capicúa. **49.** Nombre femenino capicúa. **50.** Voz que sirve para que los caballos caminen. **51.** Poner en acción.

VERTICALES: 1. Lugar por donde pasa el tren. **2.** Preposición. **3.** En femenino, que tiene velocidad. **4.** Líquido más abundante en la Tierra. **5.** Personaje que hizo un arca. **6.** Que no somos nosotros. **7.** Instrumento de viento. **8.** Iniciales de José Luis. **9.** Al revés, interpreto un escrito. **11.** Libro donde se encuentran los mapas. **13. Emitir su voz los caballos. 15.** Dos vocales repetidas. **16.** Anfibio. **17.** Dos vocales repetidas. **19.** Mucha temperatura. **21.** Tablero del juego de las damas. **23.** Al revés, cloruro sódico. **24.** Aviso. **25.** En femenino, repleto de nieve. **26.** De la poesía heroica. **27.** Hermana de mi madre. **28.** Al revés, que no está a favor. **30.** Al revés. impedimento que no permite avanzar a los vehículos. **33.** Al revés, partículas que forman una playa. **34.** Al revés, siglas de Comité Olímpico Internacional. **36.** Tubo fluorescente. **38.** Siglas de Unión Europea. **42.** Tres últimas vocales. **44.** Marcha. **45.** Moverse a otros lugar. **48.** Al revés, se repite para hacer dormir a los niños.

Es verde y no es hierba,
es roja y no es fuego,
es redonda y no es el
mundo.

La sandía

Ya era verde al nacer
y me llaman
trepadora;
sé tejer mantas de rayas
que recubren
las murallas.

La hiedra

Es maestro
sin estudiar.

El palo de los barcos

Nueve meses y ha
nacido,
de él los pueblos han
comido
y si ahora se marchara
nadie habría que no
llorara.

El grano de trigo

Una cajita de madera
que se abre
sin herramientas
y se abre en dos paneras
con cuatro
hogazas enteras.

La nuez

Es una morenita
lustrosa y perfecta
que se come
hervida o asada,
nace en la montaña:
es la...

La castaña

Estoy de espinas
coronado,
estoy preso y atado,
me azotan y flagelan
y, cuando llegue mi hora,
seré hombre o seré Dios.

*Grano de trigo, mies,
trilladura, ostia para
la misa*

Colgaba verdosillo,
lo arranqué
y blanqueaba,
lo abrí
y era rojo,
dulce, blando
y sin hueso;
en la boca lo he
metido,
y enterito
lo he comido.

El higo

Baja el campo
y salta el foso,
encontrarás un
hombrecillo rojo
que en el culo tiene
una astillita
y un hueso
dentro del pecho.

La cereza

Papá es muy alto,
mamá espinosa,
las hijas son tan buenas
que todos
las desposan deprisa.

Las castañas

Llora mucho, pero nadie
lo puede consolar.

El sauce llorón

Nace blanco,
verde pace,
amarillo muere.

El limón

Alrededor del árbol
sigue girando,
pero dentro suyo
aún no está entrando.

La corteza

129

La imagen B es distinta de la imagen A en 20 detalles. ¡Descúbrelos!

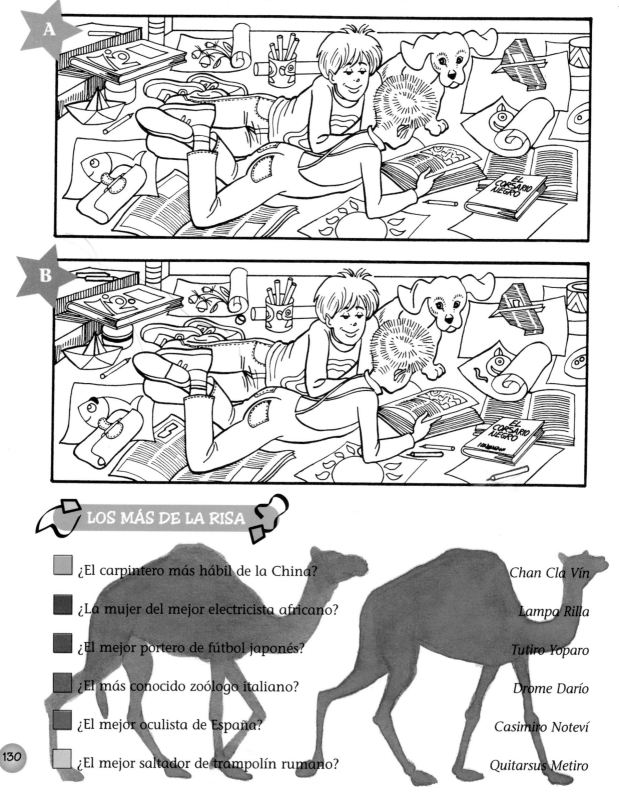

LOS MÁS DE LA RISA

¿El carpintero más hábil de la China?

Chan Cla Vín

¿La mujer del mejor electricista africano?

Lampa Rilla

¿El mejor portero de fútbol japonés?

Tutiro Yoparo

¿El más conocido zoólogo italiano?

Drome Darío

¿El mejor oculista de España?

Casimiro Noteví

¿El mejor saltador de trampolín rumano?

Quitarsus Metiro

¿Cuáles de los recuadros completan la imagen? Relaciona cada número con la correspondiente letra de los recuadros.

La cesta de Harim contenía 10 grupos de 3 melones. Cada grupo tendría que haber sido vendido por 1 dinar, por un total de 10 dinars. La de Hamed, en cambio, estaba formada por quince grupos de 2 melones que, al precio de un dinar por grupo, habrían supuesto un total de 15 dinars.

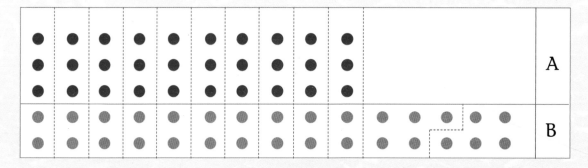

La figura explica el problema de los 60 melones. **A** representa los 30 melones que debían ser vendidos en grupos de 3 por 1 dinar, y **B** representa los 30 melones a razón de 2 por 1 dinar; la subdivisión de líneas punteadas muestra los doce grupos de 5 melones vendidos por 2 dinars.

Se ve claramente que el número de grupos no es el mismo para las dos cestas. Para vender los melones de cinco en cinco, se tendría que haber vendido sólo 10 grupos a 2 dinars; tras venderlos, sobrarían todavía 10 melones pertenecientes todos a la cesta de Hamed, y éstos, siendo más caros, tendrían que haber sido vendidos a un precio de 1 dinar por 2 melones. La diferencia de 1 dinar depende de la venta de los últimos 10 melones. No se ha robado nada: la pérdida de 1 dinar se debe a la diferencia de precio entre los melones de las dos cestas.

Carl Frederich Gauss

Carl Frederich Gauss (1777-1855), uno de los mayores matemáticos de todos los tiempos, reveló su genio matemático muy precozmente.

Se cuenta que un día su maestra quiso mantener ocupados a los alumnos y les encargó que sumaran todos los números comprendidos entre el 1 y el 100.

Los niños empezaron el cálculo: 1 + 2 = 3; 3 + 3 = 6; 6 + 4 = 10; 10 + 5 = 15; ...

El pequeño Gauss, en cambio, entregó en menos de un minuto a su maestra su pizarrín con el resultado exacto de la suma: 5.050.

¿Cómo lo hizo? Había pensado en la suma de todos los números y se había dado cuenta de que la suma del primero con el último da el resultado de

1 + 2 + 3 ....+ 98 + 99 + 100

101

101, la suma del segundo con el penúltimo es 101, la suma del tercero con el antepenúltimo es 101..., así hasta la suma del 50 con el 51, que daba también 101 como resultado. Había comprendido, pues, que la suma total es 50 veces el número 101, es decir, 5.050.

Partiendo de las letras de las casillas verdes y moviéndote en todas las direcciones, encuentra los nombres de la lista de abajo (siempre en casillas adyacentes) y pinta las letras que forman la palabra. Las casillas sobrantes quedan sin colorear.

Para darte una pista, en rojo, naranja y azul están ya coloreadas tres palabras: redactor, linotipista, distribución.

AGENCIA   CRONISTA
MONTAJE   SUSCRIPTOR
PAGINACIÓN
CORRESPONSAL
TELETIPO
IMPRENTA   TIPÓGRAFO

Q	U	I	O	R	E	N	C	I	A	C	R	O	N	I
R	O	C	S	E	G	A	M	O	N	E	L	A	T	S
O	T	C	A	D	P	O	N	S	T	A	J	E	R	O
C	O	R	R	E	S	E	J	A	R	D	E	N	A	D
I	T	I	C	O	V	I	A	L	O	I	M	P	R	E
R	P	S	C	R	I	P	I	P	O	O	G	R	A	N
C	A	U	D	R	O	T	T	T	I	P	A	N	F	T
V	G	S	E	T	E	L	E	R	E	P	O	U	O	A
E	I	N	A	C	I	O	N	L	I	E	R	N	C	O
N	C	I	D	A	D	U	N	A	N	N	T	C	I	D
D	I	A	T	S	I	P	I	T	O	T	E	I	F	I
E	L	D	I	R	E	C	T	O	R	R	R	O	A	S
D	B	T	O	R	O	I	S	U	F	E	O	G	R	T
O	U	C	E	L	N	I	A	D	I	V	I	O	N	R
R	P	N	O	T	I	C	A	T	S	I	C	U	B	I

ANUNCIO   VENDEDOR   PUBLICIDAD   DIFUSIÓN   LECTOR
REPORTERO   DISTRIBUCIÓN   LINOTIPISTA   DIRECTOR   ENTREVISTA
GRÁFICO   REDACTOR   QUIOSCO   CRÍTICO

135

La mala jugada había hecho mucho ruido. Una pelota de baloncesto directa a la ventana (que se rompió en mil pedazos) de la tienda más frecuentada de todo el paseo. Un golpe limpio, de profesionales. Y del culpable, ni el menor rastro. A Juan, sin embargo, no se le escapaba que aquello era seguramente una bravuconada de alguno de los muchachos del clan «Los lobos verdes». Era prácticamente seguro: aquellos muchachos, asiduos clientes de la tienda de maravillosas baratijas, eran capaces de cualquier cosa. El delito había tenido lugar hacia las 15.30 del lunes 26 de julio. Juan, deseoso de llegar al fondo de aquella historia, reunió a cuatro miembros del clan y les preguntó qué estaban haciendo cuando se produjo la gamberrada.

«Me estaba comiendo un helado en la pastelería de la plaza. ¡Tengo la factura!», aseguró Luis.

«Estaba en el cine viendo *Rambo 4, la venganza de las venganzas*, y estuve allí toda la tarde. Hubo dos proyecciones: una entre las 14 y las 16.30, y otra entre las 17 y las 19.30. ¡Pregúntaselo al acomodador!», dijo Tomás.

«Yo estaba en el museo arqueológico, quería ver algunos restos y, si no me crees, te lo explico todo acerca del método de datación mediante carbono 12... incluso me llevé el catálogo», fue la versión de Antonio. «¡No sé por qué tengo que decírtelo! —exclamó José—. En fin... Estaba en mi sexta lección de windsurf y volaba como el viento. Si no me crees, puedes controlar el calendario del curso.»

Finalizado el «interrogatorio», Juan ya sabía exactamente quién era el culpable.

¿Quién lanzó la pelota contra la ventana de la tienda?

Un cochero detiene su carro a la sombra, en una esquina de la plaza, toma el saco de cebada e intenta sujetarlo en el hocico del caballo para que coma en paz. Interviene un borracho que le ha estado observando. El borracho repite: «Es inútil. ¡No podrás!» Molesto, el cochero le pregunta: «¿Qué es lo que no podré?» «¡Meter todo el caballo dentro de ese saco!»

DIAGONALES CON SORPRESA

Escribe en las casillas las iniciales de los nombres de los objetos dibujados, de manera que leídas verticalmente formen las palabras correspondientes a las definiciones. Cuando el esquema esté terminado, ¿qué puede leerse en las diagonales?

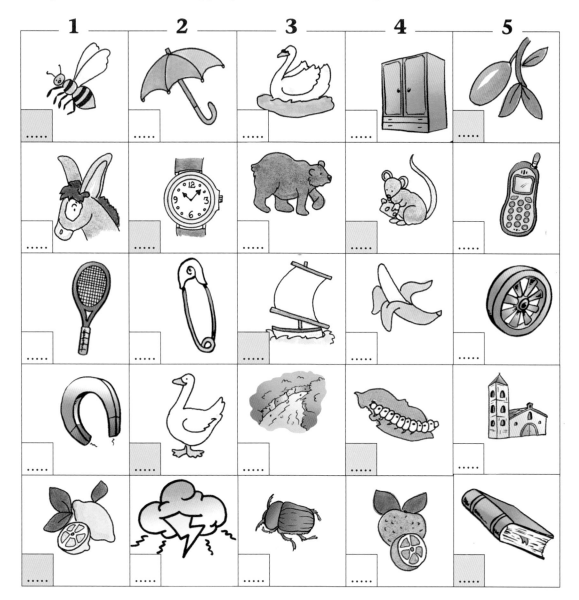

1. En ..., aguas mil.

2. Superior de un convento.

3. Es un metal.

4. ... ballenero.

5. Mueble para sostener libros.

Trabalenguas

Como poco coco como, poco coco compro.

El que poca papa gasta, poca papa paga.

137

Los laberintos

La leyenda ha atribuido a los laberintos de la Antigüedad el carácter de pavorosos y enigmáticos misterios. Los laberintos de los que las obras antiguas han dejado descripciones detalladas eran construcciones formadas por numerosas galerías, cuyas ramificaciones ponían en grandes dificultades a quien habiéndose aventurado en su interior, intentaba salir. Muchos de ellos eran tumbas de las que hoy apenas quedan restos. Son célebres los laberintos de Egipto; pero el más conocido de los laberintos antiguos es, sin duda, el de Minos, en la isla de Creta, construido para encerrar al Minotauro.

En las joyas y mosaicos romanos también se pueden ver numerosos dibujos representando laberintos, así como en los bordados de las ropas de gala de los emperadores. En los pavimentos de las iglesias góticas de la Edad Media (especialmente en Francia) se encuentran representaciones de complicados laberintos. En Inglaterra se trazaban senderos en forma de laberinto en mitad de los prados cercanos a los monasterios, y probablemente los monjes debían recorrerlos como ejercicio religioso. De la época del Renacimiento son, en cambio, muchos laberintos de los jardines de las villas de las cortes italianas, formados por setos y estrechos senderos.

He aquí algunos trucos secretos para recorrer un laberinto sin perderse.

Recuerda que por cruces viejos se entienden aquellos ya recorridos, y por cruces nuevos aquellos por los que todavía no se ha pasado.

1. *Cuando se llega a un cruce nuevo se puede escoger un camino cualquiera.*
2. *Cuando a través de un camino nuevo se llega a un cruce viejo o a un camino sin salida, hay que volver atrás por el camino ya recorrido.*
3. *Si se llega a un cruce viejo después de haber recorrido un camino viejo, es aconsejable tomar un camino nuevo, si existe; de otro modo, no hay más remedio que recorrer un camino viejo.*
4. *Nunca es conveniente seguir dos veces un camino ya recorrido; en un cruce, y sin menoscabo de las reglas anteriores, por lo general es preferible escoger siempre el camino inmediatamente a la izquierda o a la derecha.*

El laberinto de esta página representa, según la leyenda, el laberinto de Minos. Sitúate en el centro. Imagina que sigues el hilo que Ariadna, la hija del rey, dio al héroe Teseo, de manera que éste, después de muerto el Minotauro, pudiera salir del intrincado sistema de salas y pasadizos. No te austes si te arden los ojos y la cabeza te da vueltas: ¡es sólo una cuestión de magia!

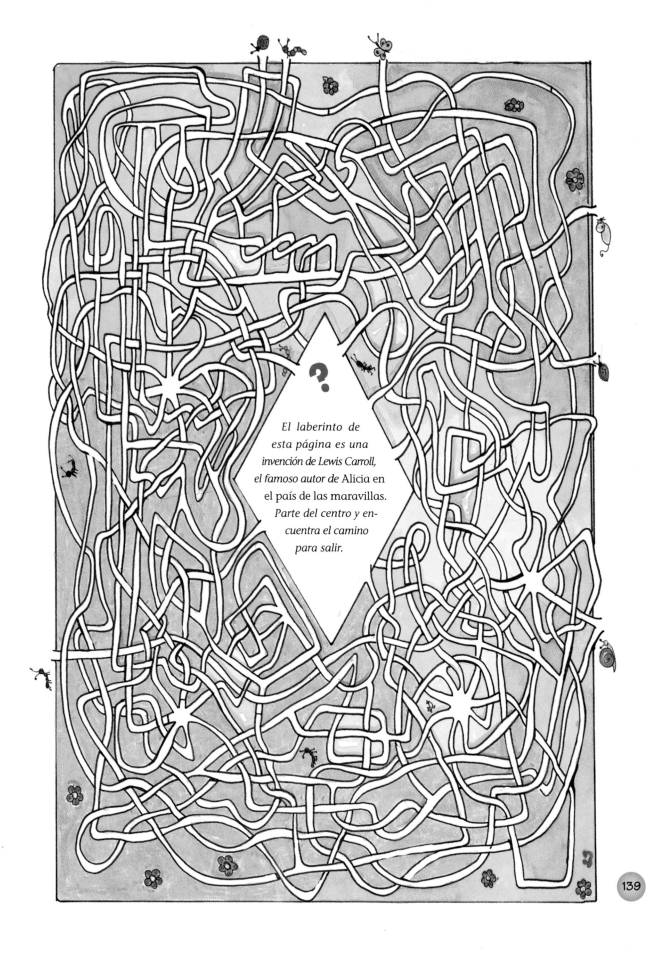

El laberinto de esta página es una invención de Lewis Carroll, el famoso autor de Alicia en el país de las maravillas. Parte del centro y encuentra el camino para salir.

Las dos imágenes reproducen la misma escena en una piscina. Parecen iguales, pero 20 detalles las diferencian. Observa bien y encuéntralos. ¡Buena caza!

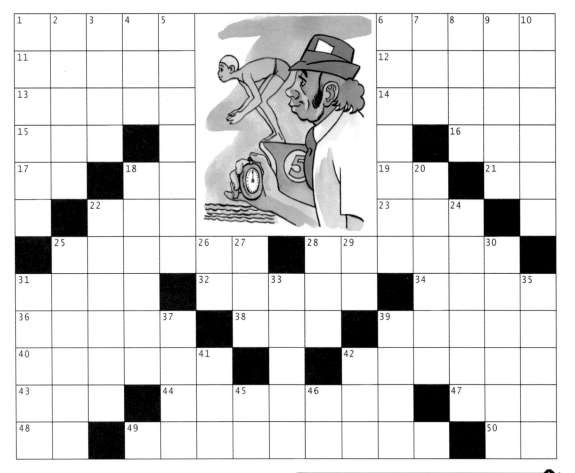

The crossword grid with numbered cells:
Row 1: 1 2 3 4 5 | 6 7 8 9 10
Row 11 | 12
Row 13 | 14
Row 15 | 16
Row 17 | 18 | 19 20 | 21
Row 22 | 23 | 24
Row 25 | 26 27 | 28 29 | 30
Row 31 | 32 | 33 | 34 | 35
Row 36 | 37 | 38 | 39
Row 40 | 41 | 42
Row 43 | 44 | 45 | 46 | 47
Row 48 | 49 | 50

CRUCIGRAMA EN LA PISCINA

HORIZONTALES: 1. Al revés, arácnido.
6. Fragmento. **11.** Al revés, dar. **12.** Equivocación. **13.** Bebida alcohólica. **14.** Personaje mitológico, hijo de Dédalo. **15.** Palabra culta que designa a un altar. **16.** Al revés, señoritas en inglés. **17.** Mil cien. **18.** Consonantes repetidas. **19.** Que existe. **21.** Al revés, grito para llamar a alguien. **22.** Cada una de las doce partes del año. **23.** Letra griega. **25.** Lugar donde el pintor coloca sus colores. **28.** Aviso de que se aproxima un peligro. **31.** Número que expresa que no hay ninguna cantidad. **32.** Al revés, sustancia que se pone en el agua de las piscinas. **34.** Disparo. **36.** Oso pequeño. **38.** Se atreve. **39.** Al revés, se usa para pescar cangrejos de agua dulce. **40.** Variedad de plátano. **42.** Nombre propio. **43.** Siglas de la antigua República Democrática Alemana. **44.** Al revés, pisa repetidamente. **47.** Cloruro sódico. **48.** Dos vocales fuertes. **49.** Darse prisa en hacer algo. **50.** Consonantes repetidas.

VERTICALES: 1. Al revés, sujeto un barco en el muelle. **2.** Al revés, verbo que designa el sonido de las ranas. **3.** Pata de rana. **4.** Comité Olímpico Internacional. **5.** Al revés, estilo de natación. **6.** Peine que se usa para asegurar el peinado. **7.** Al revés, sonido del grillo. **8.** Forma del verbo ser. **9.** Personaje enmascarado. **10.** Al revés, cosa que hace ir más lento. **18.** Objeto esférico que sirve para jugar. **20.** Recipiente de cocina. **22.** Mujer marinera. **24.** Te abstienes de hacer algo. **25.** Que pesa mucho. **26.** Inicio de toro. **27.** Objeto de juego que se hace rodar. **28.** Órgano que sirve para volar. **29.** Al revés, símbolo del cloro. **30.** Al revés, propietaria de la casa. **31.** Serpiente venenosa. **33.** Al revés, bolsa de mano. **35.** Al revés, que tiene claridad. **37.** Al revés, que no está enfermo. **39.** Molusco de concha cónica que vive asido a las rocas de las costas. **41.** Al revés, deletrea PA. **42.** Persona despreciable. **45.** Repetido, hermana. **46.** Afirmativo.

WHAT IS YOUR NAME?

He aquí a seis amigos en la piscina. Averigua el nombre de cada uno después de leer y observar atentamente su «look acuático».

SARA Zapatillas rojas, bañador a topos, gafas como las de Marta, gorro blanco y verde, albornoz amarillo.

IRENE Albornoz de un solo color, gorro verde, zapatillas rojas, bañador negro y gafas rojas y negras.

PABLO Gafas como las de Sara, bañador verde y amarillo, zapatillas como las de Mario, gorro blanco y azul, albornoz rojo.

PEDRO Bañador a rayas y gafas como las de Irene, gorro de un solo color, zapatillas como las de Mario y albornoz naranja.

MARIO Albornoz de un solo color, gorro a rayas, zapatillas azules, bañador a topos y gafas negras.

MARTA Gorro fantasía, bañador blanco y negro, gafas negras, zapatillas de un solo color y albornoz verde.

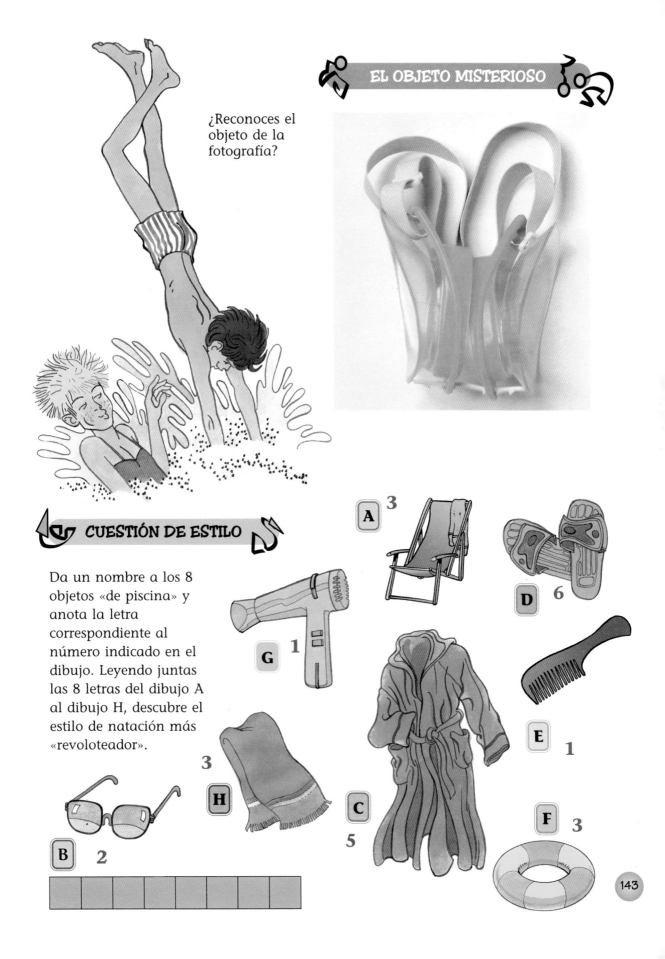

¿Reconoces el objeto de la fotografía?

CUESTIÓN DE ESTILO

Da un nombre a los 8 objetos «de piscina» y anota la letra correspondiente al número indicado en el dibujo. Leyendo juntas las 8 letras del dibujo A al dibujo H, descubre el estilo de natación más «revoloteador».

A **3**

D **6**

G **1**

E **1**

H **3**

B **2**

C **5**

F **3**

143

Incluso en la oscuridad

Hay una barca que va por el mar
sin que nunca nadie la pueda parar;
gira la proa de poniente a levante,
se hace pequeña y se hace más grande;
por tres meses desaparece y se va al fondo,
y en un mes da la vuelta al mundo.

La luna y las fases lunares

Tengo un fruto todo redondo,
ni lo como ni lo mondo;
gira y nunca se ha parado.
Te lo he dicho y no te has enterado.

El mundo

Cuando llega la vieja
de cabello blanco
todos van en busca del viejo
de cabello rojo.

La nieve y el fuego

Nunca dice nada
si tú no hablas antes.

El eco

¿Cuál es la calle más alta del mundo?

La Vía Láctea

Si os digo quién soy
¡ya no sé quién soy!
Aunque soy de oro, no me veis.
Quién soy no me preguntéis.

El silencio

Estaba seguro de no errar
y se levantó en un vuelo;
pero cuando declinó
enrojeció y se escondió en el suelo.

El sol

Entra en el agua y no se moja,
choca contra el muro y no se rompe,
pasa entre espinas y no se pincha,
entra en casa sin llave,
va a la cárcel y se escapa.

El rayo de sol

Llegan de noche sin ser llamadas;
desaparecen de día sin ser robadas.

Las estrellas

Sólo existe antes de nacer,
y al nacer se muere.

Mañana

Adivina si lo sabes:
hay dos hermanas
que corriendo se miran
y nunca se tocan.

Las orillas de un río

Se sujeta con la boca,
de la boca viene y va.

La cuchara

¿Qué es esa cosa
que cuanto más se ve, menos se ve,
y cuando se ve bien
no se ve nada?

La oscuridad

Todos llevan alrededor una serpiente
con la boca grande y un solo diente
que se muerde la cola fieramente.

El cinturón

Se seca las lágrimas y dice que no.
¿Te parece difícil? ¡Piénsalo!

El limpiaparabrisas

Incluso a oscuras
sigue atrayendo.

El imán

Adivinad, sabios,
qué cosa es, que por todas partes
tiene dientes.

El sello de correos

Se embocan sin cuchara.

Los pasillos

A su paso todos
se quitan el sombrero.
También yo ante ti me lo quitaré
cuando la respuesta exacta escucharé.

El peine

En el pozo de agua hirviente
entran bastones y salen serpientes.

Los espaguetis

No soy pintor
pero hago retratos
a todas horas.

El espejo

Se planta, pero no crece.

El clavo

Toma un baño todo el año
pero no le hace ningún daño.

El pez

Relaciona las ocho palabras de la columna con su animal correspondiente de la lista inferior.

Leyendo las iniciales de los animales de arriba abajo, descubrirás un lugar ideal para pasar unas fenomenales vacaciones.

1. *Vista* . . . .

2. *Noche* . . . .

3. *Tela* . . . .

4. *Astucia* . . . .

5. *Hormigas* . . . .

6. *Peces* . . . .

7. *Miel* . . . .

8. *Veneno* . . . .

**abeja - águila - araña - murciélago -
nutria - oso - serpiente - zorro**

LA GRAN ENCINA

Observa en silencio, escondido detrás de un seto, el incesante va y viene de los animalillos que viven en esta gran encina y a su alrededor.

A *¿Cuántos y qué animalillos hay sobre el árbol y vuelan alrededor de su copa?*

B *Siguiendo su propio hilo, ¿cuál de las tres hormigas llegará al hormiguero, donde le espera su compañera?*

C *¿Qué rama deberá seguir el pichón para llegar al nido?*

D *¿Qué camino elegirá la abeja para llegar hasta el agujero donde tiene el panal?*

CÓMO QUEMAR UN BILLETE DE BANCO Y HACERLO REAPARECER EN UN LIBRO

MATERIAL *Bastará con un billete de banco, y un sobre.*

PREPARACIÓN

Antes de empezar el juego, apunta dentro de un sobre el número de serie de un billete de banco.

Supongamos que el número sea V02932598173. Suma las cifras; el resultado, 49, indica el número de página de un libro en el que esconder el billete.

Preséntate con el sobre en la mano izquierda y pide al público un billete del mismo valor. Fingiendo leer el número de serie del billete que tienes en la mano, dicta a un espectador el número del billete que previamente has metido en el libro. Lo leerás dentro del sobre.

Observa atentamente los bordes de la hoja: aparecerán los rostros de dos personas enfadadas.

Dobla el billete en cuatro partes y finge que lo introduces en el sobre, mientras que en realidad lo esconderás en la mano izquierda. Luego cierra el sobre.

Con el pretexto de sacar del bolsillo una caja de cerillas, guarda el billete. Deja el sobre en el cenicero y préndele fuego. La maravilla será enorme y no faltará quien proteste por haber quemado el billete. Invita entonces al espectador a que sume las cifras del número que escribió antes. El resultado será 49.

Llegados a este punto, manda a alguien a buscar el libro en la biblioteca y pide que lo abra por la página 49. El espectador encontrará no sólo un billete del mismo valor, sino además con el mismo número de serie.

Adivina el número

Un divertido juego matemático es el que tiene como procedimiento hacer que alguien realice una serie de operaciones sobre un número pensado por la misma persona; luego, a partir del resultado final de esas operaciones, se deduce el número pensado. Con este tipo de juegos es posible animar con éxito una fiesta, porque el hecho de adivinar un número pensado por otro o el de predecir un resultado, siempre supone un carácter mágico, sorprende y estimula la curiosidad. Propón estos juegos a tus amigos, a tus compañeros de escuela o en familia, y te aclamarán como mago de los números.

INCREÍBLE PERO CIERTO

- Piensa un número de dos cifras (por ejemplo, 73).
- Suma las dos cifras (7 + 3 = 10).
- Resta la cifra obtenida del número de partida (73 – 10 = 63).
- Si has obtenido un número de dos cifras, súmalas; si no es así, no es necesario que hagas ninguna otra operación (6 + 3 = 9).

¡El número resultante de esta secuencia de operaciones es siempre 9!

El juego se basa en la numeración posicional de base 10.
Con la letra **d** se indica el número que representa las decenas (naturalmente, la elección de la letra es arbitraria) y con la **u** el número que representa la unidad.
Entonces, el número N escogido para el juego puede escribirse del siguiente modo:
$$N = d \cdot 10 + u \cdot 1$$
Ahora realiza las operaciones indicadas por el juego con el número escrito de este modo:
- calcula la suma de las cifras: $d + u$
- calcula la diferencia entre el número que has pensado y la suma:
$$\text{Diferencia} = N - (d + u) = 10 \cdot d + 1 \cdot u - (d + u) = 10 \cdot d + 1 \cdot u - d - u = 9 \cdot d$$
De este cálculo se ve que la diferencia obtenida siempre es un número múltiple de 9, sea cual sea la cifra d.
Dado que se sabe que para todos los múltiplos de 9 la suma de las cifras es 9,

| 18 | → | 1 | + | 8 | = | 9 |
| 27 | → | 2 | + | 7 | = | 9 |
| . . . . |
| 81 | → | 8 | + | 1 | = | 9 |
| 99 | → | 9 | + | 9 | = | 18 | → | 1 + 8 = 9 |

el número final no podrá ser otro que ¡NUEVE!

- Pide a un jugador que escriba su fecha de nacimiento.
  Finge escribir secretamente en una hoja el número correspondiente.
- Pídele que añada el año de un acontecimiento importante en su vida.
  Finge que también completas la operación solicitada. En realidad, escribirás un número cualquiera.
- Añade el número de años transcurridos desde la fecha del acontecimiento importante.
- Invita al jugador a sumar su edad al número obtenido.

Mientras el espectador añade el número, escribe el total que ya conoces. Generalmente, casi nadie se da cuenta de que el total de estos cuatro números es siempre el doble del año en curso. Esto hace que el total se pueda predecir.

Sugiere borrar los cuatro números, dejando únicamente el total. Harás lo mismo en tu hoja de papel, ¡y las dos sumas, confrontadas, serán exactamente iguales!

Recuerda que cuando pidas a alguien que escriba su edad, ésta deberá ser calculada como si ya fuese el 31 de diciembre del año en curso.

Si el juego se propone a más gente, para esconder el truco y que resulte cada vez un total diferente, pide al jugador que añada a la suma un número sin importancia (por ejemplo, el día del mes, el número de personas presentes, el número de sillas, de cuadros, etc.).

PRODUCTOS Y SUMAS

- Piensa un número.
- Multiplícalo por cinco.
- Añade 6 al producto obtenido.
- Multiplica la suma por 4.
- Añade 9 al nuevo producto.
- Multiplícalo por 5.

Para conocer el número inicial, bastará restar 165 del último producto obtenido y dividir por 100 el resto.

¿Cuál es el colmo de un matemático?
¡Dejar abierto un paréntesis y pillar un resfriado!

PRIMERO Y ÚLTIMO

- Piensa un número.
- Añádele 3.
- Multiplícalo por 2.
- Réstale 4.
- Divídelo por 2.
- Réstale el número de partida.

Si has seguido correctamente los cálculos, el resultado es 1. En este juego puedes partir de cualquier número, y el resultado final será siempre 1. Parece magia, ¡pero simplemente es matemática!

EL CUMPLEAÑOS

- Multiplica por 5 el número del mes en el que naciste.
- Añádele 7.
- Multiplícalo por 4.
- Añádele 13.
- Multiplícalo por 5.
- Añade el día de tu nacimiento.
- Réstale 205.

La primera cifra del resultado corresponde a tu mes de nacimiento, y la segunda al día.

¿CUÁNTOS AÑOS TIENES?

- Escribe tu edad en una hoja de papel.
- Multiplícala por 4.
- Añádele 10.
- Multiplícala por 25.
- Resta el número de los días del año (365: año no bisiesto).
- Añade el dinero inferior a 100 dólares que lleves en el bolsillo.
- Añádele 115.

Las primeras dos cifras del resultado obtenido indican tu edad, las últimas dos el dinero que llevas en el bolsillo.

JUSTO LA MITAD

- Piensa un número.
- Dóblalo.
- Añádele 8.
- Calcula la mitad del resultado.
- Réstale el número que has pensado.

El resultado es 4, ¿verdad?
En este juego, el resultado final es siempre la mitad del número que añadiste al doble del número pensado.

COCIENTE MÁGICO

- Piensa un número.
- Réstale 1.
- Dobla la diferencia.
- Añádele el número pensado.

Para adivinar el número pensado basta con sumar el número 2 al resultado y dividirlo por 3: el cociente es igual al número pensado.

JUEGO DEL CINCO

- Piensa un número cualquiera.
- Añade el número inmediatamente sucesivo.
- Añade 9 a la suma.
- Divide el resultado por 2.
- Resta el número de partida.

El resultado de este procedimiento es siempre 5, independientemente del número de partida.

LA FAMILIA

- Multiplica tu edad por 2.
- Añade el número 10.
- Multiplícalo por 5.
- Añade el número de las personas de tu familia.
- Réstale 50.

En las cifras del resultado correspondientes a las centenas y decenas aparece tu edad, mientras que en las cifras de las unidades aparece el número de componentes de tu familia.

El tiempo de las manzanas

La madre de Luis telefonea a la maestra: «Señora maestra: le estaré muy agradecida si deja de entregar problemas a mi hijo como el que decía: "Si empleáis cincuenta segundos para comer una manzana, ¿cuánto tiempo necesitaréis para comer doce?" Espero que mi hijo pueda ir mañana al colegio. ¡Ahora está en la cama con una terrible indigestión!»

MONAGUILLO ROJO

MATERIAL *Un tebeo de al menos 250 páginas, una bolita de corcho de 8 cm de diámetro, lana de color negro, trozos de tela, un centro de tarta de aproximadamente unos 13 cm de diámetro, cinta de color amarillo, dos botones negros, papel charol de color rojo, cartón negro y rojo, un cepillo de dientes de madera, témpera de color rojo, barniz transparente, pegamento, tijeras, pincel y cartulina.*

El cuerpo

Dobla hacia dentro el extremo superior derecho de la página.

Lleva el extremo inferior a la derecha, hacia dentro, a lo largo de la base de la página.

Dobla longitudinalmente la página sobre sí misma (los dobleces saldrán mejor si alguien te ayuda sujetando firmemente las páginas ya dobladas). Cuando hayas terminado de doblar las páginas, arranca la cubierta.

Colorea el cilindro obtenido con témpera poco diluida en agua, de manera que las páginas queden bien cubiertas. Cuando se haya secado, extiende una mano de barniz transparente.

Forma el cuello del muñeco con el centro de tarta, rízalo y pégalo. Recorta 3 botones de tela y pégalos sobre el cuerpo rojo.

Los brazos

Forma 2 pequeños tubos de papel charol rojo. Complétalos con un trozo de centro de tarta.
Oculta la zona de enganche con un poco de cinta roja.

Encola en la parte interior de las mangas las dos manos recortadas de un trozo de cartón rosa.
Para la partitura musical, utiliza un cartoncillo doblado en forma de libro y pégalo en las palmas de las manos.

Los pies

La base del cuerpo está formada por un cartón negro redondo con la forma saliente de los pies, sobre la que aplicarás 2 botones negros para simular los zapatos.

La cabeza

Recorta los ojos y la boca del trozo de tela y pégalos en la bolita de corcho. Pinta las cejas con el pincel.

Haz la nariz con una aguja de cabeza redonda.

Para realizar los cabellos, enrolla al menos 50 vueltas de lana negra en una cartulina. Ata la lana por un lado y córtala por el otro. Encola los cabellos a la cabeza y recorta el flequillo.

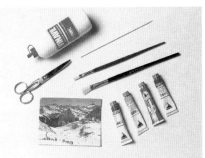

Clava la punta del cepillo, que antes habrás untado de pegamento, en la base de la cabeza de corcho. Une la cabeza con el cuerpo, introduciendo el otro extremo del cepillo en la parte superior del cuerpo, por encima del cuello.

Completa el modelo anudando un lazo de raso amarillo alrededor del cuello del monaguillo.

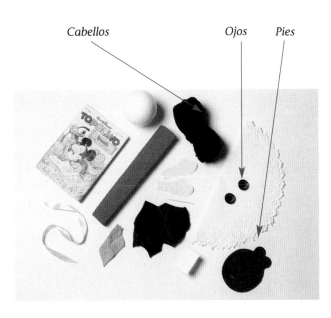

Cabellos   Ojos   Pies

LA CLEPSIDRA

Rellena el casillero según las definiciones, utilizando una sola vez todas las sílabas de la lista de abajo. ¿Qué nombre de criatura marina lees en las casillas coloreadas?

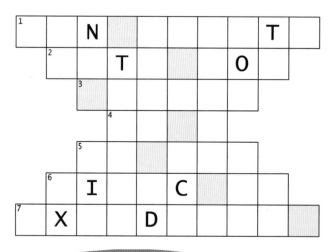

1. Extensión de tierra separada por océanos
2. Costado derecho de un barco
3. Barcos de gran tamaño
4. Pez del que se come la carne
5. Ser mitológico que habita en los mares
6. Cuaderno donde se apuntan las circunstancias de una navegación
7. Viaje con el fin de realizar una empresa

A - TE - DI - RA - NEN - CO - BI - QUES - BOR - ES - TUN - BU - CION - TI - CON - EX - NA - TA - SI - RE - TRI - PE

CUBÁCEO

¿A cuál de los cubos cerrados corresponde el cubo abierto?

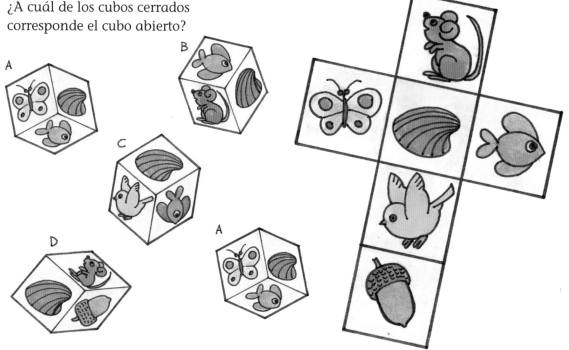

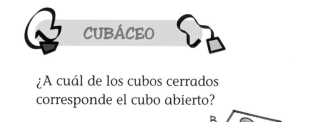

HELLO!

Si conoces la lengua inglesa, ¡este juego está hecho para ti! Relaciona cada figura con su nombre en inglés, buscándolo en la lista.

HAND **BUS**
ONE **FLOWER** **HOUSE**
RED **TREE** **SHOE**
TRAIN

JE M'APPELLE

¿Conoces la lengua francesa?
¿Sabrías atribuir correctamente a cada objeto su nombre en francés?

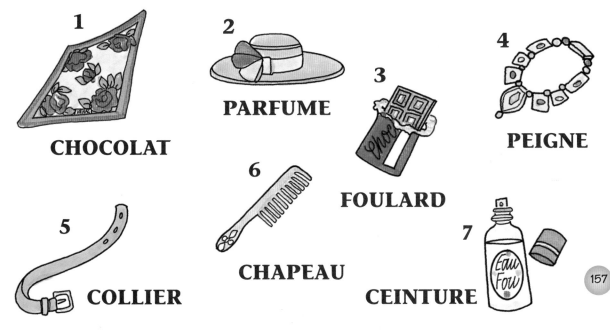

PARFUME

CHOCOLAT

PEIGNE

FOULARD

CHAPEAU

COLLIER

CEINTURE

La herencia

LOS TRES HIJOS DE UN COMERCIANTE ÁRABE HEREDAN DEL PADRE 17 CAMELLOS, A REPARTIR ENTRE ELLOS DEL SIGUIENTE MODO: LA MITAD PARA EL PRIMER HIJO, UN TERCIO PARA EL SEGUNDO Y UNA NOVENA PARTE AL TERCERO.

LA PARTICIÓN PARECE IMPOSIBLE DE REALIZAR SIN CORTAR LOS CAMELLOS EN PEDACITOS. ASÍ PUES, DECIDEN ACUDIR A UN JUEZ.

MMH...

LA DIVISIÓN ES SENCILLA Y SERÁ HECHA EQUITATIVAMENTE. PERMITID QUE AÑADA OTRO CAMELLO A LOS VUESTROS. DE ESTE MODO, DISPONDREMOS DE 18 CAMELLOS.

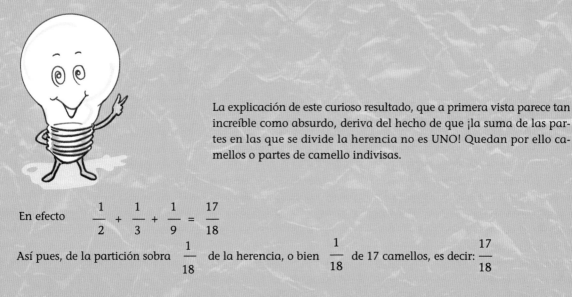

La explicación de este curioso resultado, que a primera vista parece tan increíble como absurdo, deriva del hecho de que ¡la suma de las partes en las que se divide la herencia no es UNO! Quedan por ello camellos o partes de camello indivisas.

En efecto $\dfrac{1}{2} + \dfrac{1}{3} + \dfrac{1}{9} = \dfrac{17}{18}$

Así pues, de la partición sobra $\dfrac{1}{18}$ de la herencia, o bien $\dfrac{1}{18}$ de 17 camellos, es decir: $\dfrac{17}{18}$

Así las cosas, el sabio y avispado juez ha pensado añadir a las partes de la herencia de los tres hermanos la fracción que faltaba para alcanzar la unidad, y así no tener que «cortar» los camellos.

Para realizar esta operación, el juez añadió «provisionalmente» un camello prestado.

	Partición 17 camellos	Herencia teórica	Partición 18 camellos	Herencia efectiva	Añadido
1.er hijo	1/2 de 17	8+1/2 camellos	1/2 de 18	9	1/2
2.° hijo	1/3 de 17	5+2/3 camellos	1/3 de 18	6	1/3
3.er hijo	1/9 de 17	1+8/9 camellos	1/9 de 18	2	1/9
Totales		16+1/18		17	17/18

Ahora, las cuentas cuadran:

- La suma de las partes añadidas es $\dfrac{17}{18}$, es decir, exactamente el sobrante de las divisiones hechas según las instrucciones del testamento.
- La suma de los camellos heredados por los tres hijos es 17, de modo que no sobra herencia.
- El camello tomado en préstamo puede devolverse.

¡No es exactamente así!

La maestra explica a sus alumnos un difícil problema. «Si un albañil —dice— emplea diez días en construir un muro, diez albañiles deberían construir el mismo muro en un día.»

Llama a Andrés para comprobar si ha entendido bien el problema, y le invita a plantear un ejemplo análogo.

El muchacho responde enseguida: un avión tarda diez horas para llegar a América, ¡diez aviones tardarán sólo una hora!

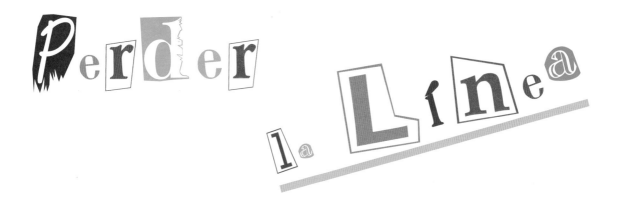
La figura A de esta página representa un rectángulo con siete segmentos verticales de igual longitud y una diagonal punteada que los atraviesa. Si cortáramos el rectángulo a lo largo de la diagonal y aproximáramos ambas partes de manera que la parte superior se desplazase un segmento hacia la derecha (como muestra la figura B), uno de los segmentos verticales desaparecería, quedando sólo seis. ¿Cómo es posible?

Para descubrir la solución, dibuja la figura en una hoja, recórtala y, después, aproxima las dos partes como se ha descrito antes.

? *¿Dónde se esconde el segmento que desaparece de vista?*

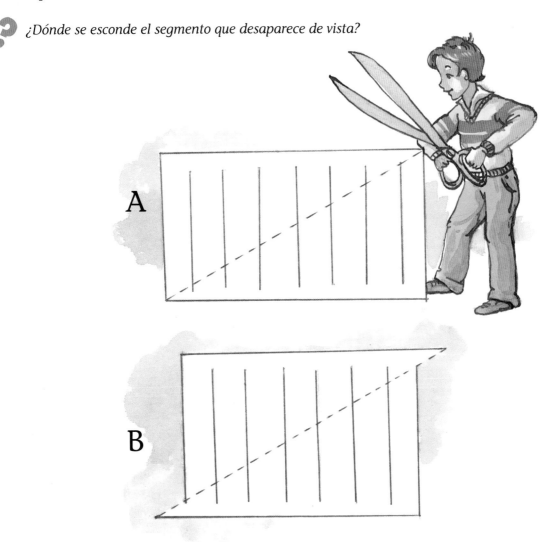

A

B

Salimos de excursión a caballo. ¿A qué raza pertenecen los caballos que montan los dos muchachos? Lo sabrás si lees dos veces en las casillas verdes, después de haber rellenado las casillas horizontales con las definiciones de la lista.

1. Planta con tronco y ramas 2. Valiente 3. Para labrar la tierra 4. Sonido agudo que hace el aire 5. Mamá 6. Termina 7. Pieza de metal puntiaguda 8. Perfume 9. Cuerpo celeste

 LOS OCHO INTRUSOS

En cada uno de los siguientes recuadros hay dos palabras intrusas: leyendo seguidas en el orden numérico las ocho iniciales de las palabras correctas, averiguarás qué hacen los muchachos que se ejercitan en la equitación.

1
ESTRELLA
LLUVIA
NIEVE

2

3 PUERTA
VENTANA
SILLA

4

5

6
LÁPIZ
GOMA
PAPEL

7

8
MAR
RÍO
OCÉANO

Una granja ofrece un montón de posibilidades para jugar al escondite. Cuatro mucha-chos han elegido el molino. ¿Quiénes son?

Descúbrelo completando el esquema en sentido vertical, según las definiciones. Lee a continuación sus nombres en las casillas coloreadas, siguiendo las flechas de izquier-da a derecha a partir de la hilera más alta.

1. Antigua ciudad italiana - 2. Cuatro años después - 3. Alimentar y cuidar a los niños - 4. Anillo - 5. Extravié - 6. La primera letra, en plural - 7. Capital de Bulgaria - 8. Al revés, ser-piente americana - 9. Diez y tres

LA MUCHACHA DEL MURO

¿Qué chica se esconde detrás del muro, confiando en no ser descubierta? Después de haber completado el esquema en sentido horizontal, podrás leer su nombre de izquierda a derecha en las casillas coloreadas, partiendo de la primera hilera.

1. *Que causa temor*

2. *Tranquilidad*

3. *Estómago del hombre y de los animales*

4. *Árbol pequeñito*

5. *Lengua*

6. *Continente*

SÚPER COLMENA

¿Qué camino deberá seguir la abeja para reunirse con su compañera en el panal? Escribe las cuatro palabras sugeridas en cada una de las dos colmenas enigmáticas, en las casillas alrededor de sus respectivos números.

COLMENA A
1. Sirena - **2.** Antena - **3.** Jarabe - **4.** Abejas

COLMENA B
1. Elixir - **2.** Pastel - **3.** Eterno - **4.** Turrón

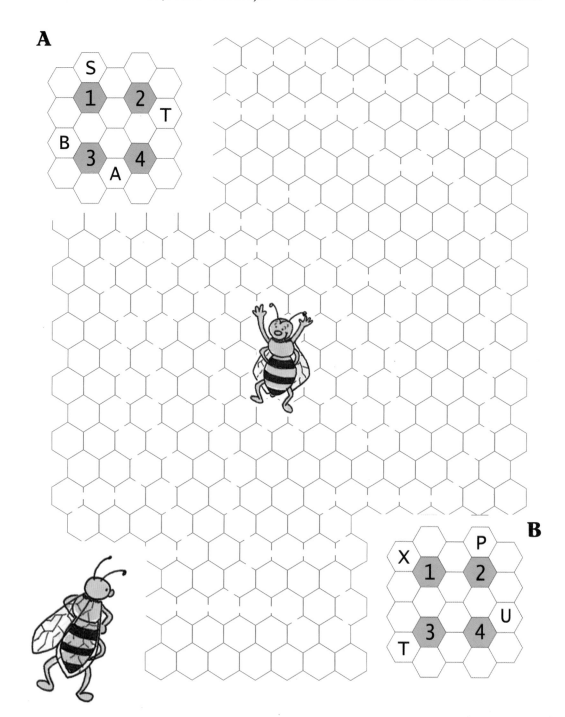

A

B

164

Reconstruye la imagen. ¿Qué aparece?

ÁREA DE JUEGOS

Coloca en las tres hileras las palabras correspondientes a las definiciones. Después, siguiendo las flechas, en las casillas coloreadas podrás leer hasta cuatro veces cuál es el lugar preferido por los muchachos para jugar.

1. *Estar apartado a cierta distancia*
2. *Unidad de temperatura*
3. *Exceso, desorden*

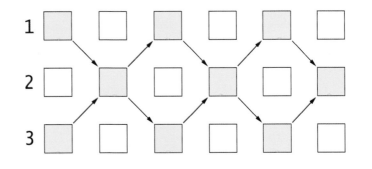

LOS ANTÓNIMOS EN EL CIELO

¿Qué se ve volando en el cielo? Descúbrelo leyendo seguidas y en el orden numérico las iniciales de los antónimos de las siguientes palabras.

1. SECO . . . . . .
2. SALIDA . . . . . .
3. PESADO . . . . . .
4. EXPIRAR . . . . . .
5. BARATO . . . . . .
6. DESORDEN . . . . . .
7. MUCHO . . . . . .
8. NADA . . . . . .
9. AMIGO . . . . . .
10. LENTO . . . . . .
11. CLARO . . . . . .

EN EL GALLINERO

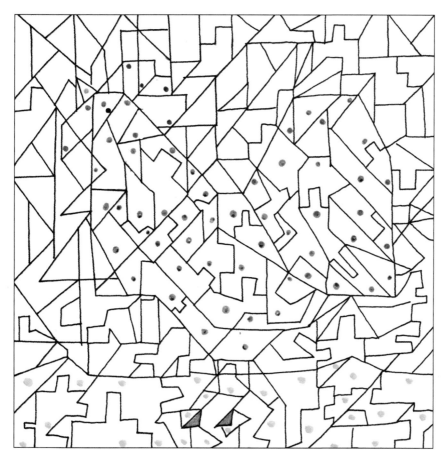

Si rellenas las zonas punteadas con los colores indicados, ¿qué aparece en el dibujo?

¿Dónde se ha escondido la gata Carlota? ¿Detrás de cuál de las cinco vallas se encuentra cómodamente acurrucada y sin ser vista?

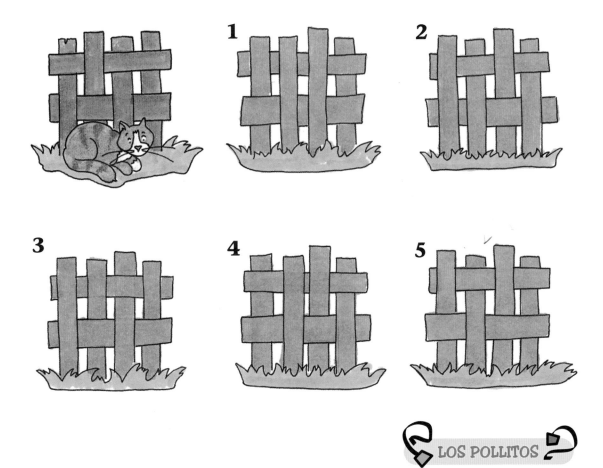

LOS POLLITOS

En el gallinero hay cincuenta pollitos repartidos en grupitos por aquí y por allá. Localiza en el esquema los seis números en letras cuya suma da cincuenta como resultado.

D S E N U V E
V I I S E C U
E I E U N A T
N T E Z O R O

SEIS SIMPÁTICOS ENCUENTROS

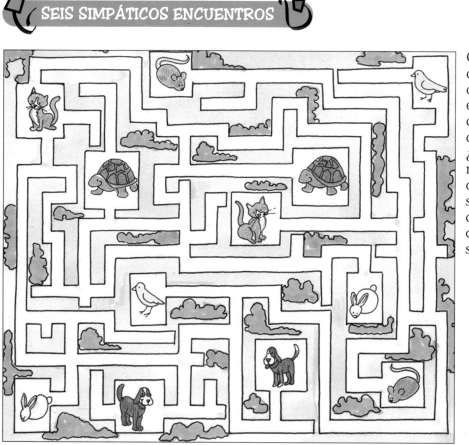

Cada animalillo quiere encontrarse con su amigo. ¿Qué recorrido deberán seguir para que sus caminos no se crucen?

EN EL PAJAR

Completa el esquema con las palabras correspondientes a las definiciones, procediendo de derecha a izquierda y en horizontal.
Leyendo las casillas coloreadas de arriba abajo, podrás saber el juego que tanto divierte a los muchachos en el pajar.

1. Inicial de consonante.
2. Al revés, voz con que se para el caballo.
3. Sin ella no ves.
4. Juntar.
5. Unidad de medida.
6. El que cuida un rebaño.
7. Territorio gobernado por un emperador.
8. Sucede cuando conviene.

En la segunda viñeta faltan dos herramientas respecto a la primera; en la tercera ha desaparecido algo que estaba en las anteriores; en la cuarta, alguien se ha llevado un objeto que en las otras tres estaba en su lugar. Averigua de qué instrumentos se trata.

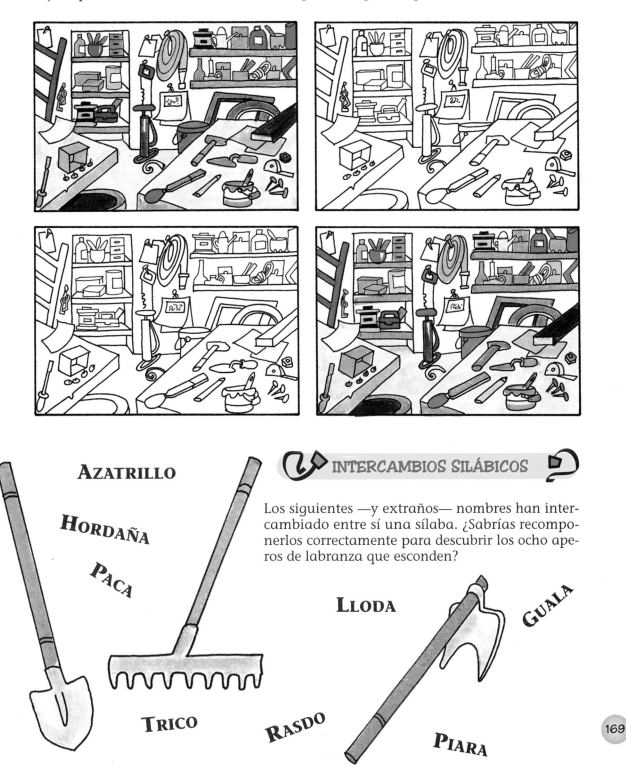

INTERCAMBIOS SILÁBICOS

AZATRILLO

HORDAÑA

PACA

TRICO

Los siguientes —y extraños— nombres han intercambiado entre sí una sílaba. ¿Sabrías recomponerlos correctamente para descubrir los ocho aperos de labranza que esconden?

LLODA

GUALA

RASDO

PIARA

169

Varios discos de distinto diámetro se colocan en un poste, del más grande al más pequeño empezando por abajo.

El problema consiste en trasladar la torre de discos a otro cualquiera de los dos postes libres, utilizando el menor número posible de movimientos y respetando las siguientes reglas:

1) los discos sólo se pueden mover de uno en uno

2) no se puede poner un disco mayor encima de otro más pequeño

Cuenta los movimientos

Para entender el juego y resolver el problema, observa en los siguientes dibujos los movimientos necesarios en dos casos sencillos: con dos y tres discos. Los discos están indicados con las letras A, B y C partiendo del situado más arriba, y los tres postes con los números 1, 2 y 3.

DOS DISCOS

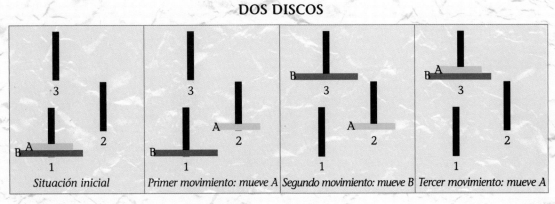

Con dos discos son necesarios tres movimientos.

TRES DISCOS

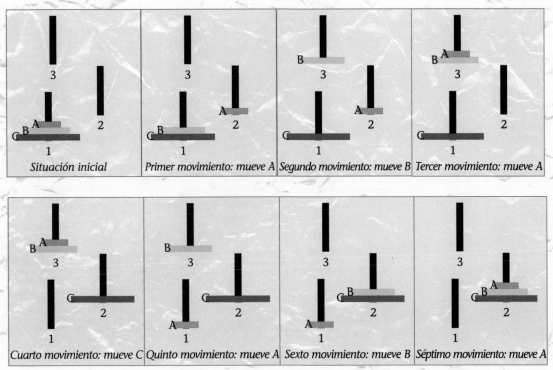

Con tres discos son necesarios un mínimo de siete movimientos.

171

Probando con diferentes números de discos es posible compilar la siguiente tabla, que proporciona las respuestas al problema.

NÚMERO DE DISCOS	NÚMERO DE MOVIMIENTOS
2	3
3	7
4	15
5	31
6	63
7	127
8	255
9	511
10	1.023

*Los matemáticos han dado una respuesta general al problema, descubriendo que con una torre de **n discos** el número mínimo de movimientos es de $2^n - 1$.*

Así pues, el número de movimientos se hace enorme a medida que aumenta el número de discos.

La estrategia

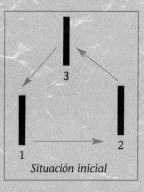

Situación inicial

Efectuando movimientos al azar, el problema del traslado de la torre se complica hasta tal punto que se corre el riesgo de no poder resolverlo.

Así pues, es útil encontrar una estrategia que nos lleve a la solución. Un procedimiento bastante simple es el siguiente.

El disco más pequeño se moverá alternativamente del siguiente modo: en un movimiento sí y en el siguiente, no, moviéndolo siempre en la misma dirección alrededor del triángulo formado por los tres postes.

Para el resto de movimientos, se realizará el único desplazamiento posible (siguiendo la regla que dispone que un disco grande no puede colocarse sobre otro más pequeño) que no suponga la intervención del disco más pequeño.

La secuencia de movimientos necesarios también puede determinarse mediante los números binarios. Volviendo al ejemplo de la torre con tres discos indicados con las letras A, B y C desde el más pequeño al más grande, se puede construir el siguiente esquema, en el que se incluyen los números binarios del 0 al 7. En las columnas colocaremos las letras A, B y C desde la derecha.

	C	B	A	
0	0	0	0	
1	0	0	1	A
2	0	1	0	B
3	0	1	1	A
4	1	0	0	C
5	1	0	1	A
6	1	1	0	B
7	1	1	1	A

Después escribiremos, al lado de cada hilera, la letra que corresponda al número 1 lo más a la derecha posible de cada número (A para el primero, B para el segundo...).

La secuencia de letras obtenida (de arriba abajo, ABACABA) constituye la secuencia de movimientos de los discos, como se puede comprobar si la comparamos con las figuras anteriores.

*La descripción original del juego es una versión simplificada de la mítica «Torre de Brahmán», en un templo de la ciudad india de Benarés. Esta torre estaba compuesta por 64 discos de oro, y los sacerdotes del templo debían trasladarlos a otra base. Según la leyenda, antes de que los sacerdotes hubiesen terminado su trabajo, el templo se habría convertido en polvo y el mundo habría desaparecido en una atronadora tormenta. La desaparición del mundo puede ponerse en duda, pero sí es cierto que el templo habría desaparecido. De hecho, la fórmula $2^{64} - 1$ da un número de 20 cifras equivalente a **18.446.744.073.709.551.615** movimientos. Suponiendo que los sacerdotes hubiesen trabajado sin descanso noche y día trasladando un disco por segundo, habrían necesitado muchos miles de años para concluir su trabajo.*

¿Cuál es el destino del viaje de estos chicos? Observa atentamente las ilustraciones.

QUIEN BUSCA, ENCUENTRA

Busca en la sopa de letras los nombres de los 12 objetos dibujados: los encontrarás en horizontal y vertical, hacia arriba o abajo, por la derecha o por la izquierda y sin cruzarse. Las letras sobrantes forman un precioso regalo para ti.

B	O	L	I	G	R	A	F	O	S
S	A	L	L	I	T	A	P	A	Z
A	L	I	N	T	E	R	N	A	B
R	R	M	O	C	H	I	L	A	G
A	C	E	P	I	L	L	O	A	O
M	Z	A	T	N	A	M	A	L	R
A	E	S	O	R	B	I	L	T	R
C	B	R	U	J	U	L	A	E	A
S	O	T	N	E	M	U	C	O	D
C	A	L	C	E	T	I	N	E	S

—¿Es cierto que el maquinista fue despedido porque entró en el despacho del jefe de estación sin llamar a la puerta?

—¡Absolutamente cierto!

—¡Pues me parece un castigo demasiado severo!

—¡Ya, pero es que entró con la locomotora!

Coloca los recortes en el casillero, ayudándote para ello con las letras que ya están incluidas en él. Obtendrás una poesía de Juan Ramón Jiménez de su libro *Piedra y cielo* (1919).

HACER LA MALETA

Compara las dos situaciones y encuentra siete objetos que faltan en la viñeta B porque ya están dentro de la maleta.

CÓDIGO DEL CORAZÓN

Sustituye cada número por una letra, de manera que a un mismo número siempre corresponda una misma letra. Podrás leer el mensaje que en el libro *El principito* deja el zorro a su amigo antes de partir.

—ADIÓS - —8 2 - 11 3 9 4 - 2
8 - 10 4 7 7 4—. - 2 6 12 2 - 2 6
- 13 3 - 6 2 14 7 2 12 4. - ES
MUY SENCILLO: - 6 4 8 4 - 6
2 - 17 2 - 18 3 2 16 - 14 4 16 -
2 8 - 14 4 7 1 10 4 16. - LO
ESENCIAL ES - 3 16 17 3 6 3 18
8 2 - 1 - 8 4 6 - 4 9 4 6.

¿ De Qué Juego ?

Ángel, Francisco, Pablo, Juan y Luis juegan en el mismo equipo de fútbol y son, aunque no respectivamente, portero, defensa, central, lateral y delantero centro. Se sabe que:

- Ángel es amigo de la hermana del portero y es compañero de clase del lateral.
- Francisco es hermano del delantero y, en las acciones de ataque, efectúa unas carreras estupendas.
- Pablo es hijo único y ya trabaja porque ha terminado sus estudios.
- Juan es compañero de clase del central, quien está muy disgustado porque su hermano no juega a fútbol.
- Luis no juega al ataque y ha dejado sus estudios por el deporte.

 Teniendo en cuenta estos datos, asigna a cada muchacho su puesto en el juego.

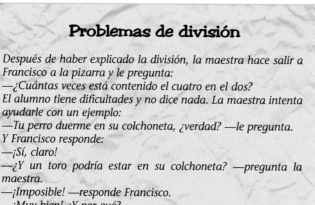

Problemas de división

Después de haber explicado la división, la maestra hace salir a Francisco a la pizarra y le pregunta:
—¿Cuántas veces está contenido el cuatro en el dos?
El alumno tiene dificultades y no dice nada. La maestra intenta ayudarle con un ejemplo:
—Tu perro duerme en su colchoneta, ¿verdad? —le pregunta.
Y Francisco responde:
—¡Sí, claro!
—¿Y un toro podría estar en su colchoneta? —pregunta la maestra.
—¡Imposible! —responde Francisco.
—¡Muy bien! ¿Y por qué?
—¡Porque mi perro le mordería!

La situación puede analizarse mediante una tabla de doble entrada (muchacho-posición), en la que, a través de las informaciones disponibles, se puedan ir descartando algunas combinaciones.

1.er dato «*Ángel es amigo de la hermana del portero y es compañero de clase del lateral*»; así pues, Ángel no es ni portero ni lateral.

	Ángel	Francisco	Pablo	Juan	Luis
Portero	NO				
Defensa					
Central					
Lateral	NO				
Delantero					

2.º dato «*Francisco es hermano del delantero, y en las acciones de ataque efectúa unas carreras estupendas*»; así pues, Francisco no es ni delantero ni portero.

	Ángel	Francisco	Pablo	Juan	Luis
Portero	NO	NO			
Defensa					
Central					
Lateral	NO				
Delantero		NO			

3.er dato «*Pablo es hijo único y ya trabaja*»; por lo tanto, no es ni portero ni delantero, ya que ambos tienen hermanos; tampoco es lateral, porque el lateral todavía va a la escuela.

	Ángel	Francisco	Pablo	Juan	Luis
Portero	NO	NO	NO		
Defensa					
Central					
Lateral	NO		NO		
Delantero		NO	NO		

4.º dato «*Juan es compañero de clase del central, que tiene un hermano que no juega a fútbol*»; así pues, Pablo no es central, ya que el central también va a la escuela: sólo puede ser defensa. Juan no es central; Francisco tampoco es central, ya que es el hermano del delantero y el central tiene un hermano que no juega a fútbol: es lateral.

	Ángel	Francisco	Pablo	Juan	Luis
Portero	NO	NO	NO		
Defensa	NO	NO	SÍ	NO	NO
Central		NO	NO	NO	
Lateral	NO	SÍ	NO	NO	NO
Delantero		NO	NO		

5.º dato «*Luis no juega al ataque y no va a la escuela*»; por lo tanto, no es delantero, ni central, ni defensa ni lateral: es, por exclusión, portero.

	Ángel	Francisco	Pablo	Juan	Luis
Portero	NO	NO	NO	NO	SÍ
Defensa	NO	NO	SÍ	NO	NO
Central	SÍ	NO	NO	NO	NO
Lateral	NO	SÍ	NO	NO	NO
Delantero	NO	NO	NO	SÍ	NO

LIMA

HIENA **ROSA** **DANIEL**

He aquí algunas divertidas propuestas de juegos para pasar el rato durante un largo viaje en automóvil.

La cadena

Se eligen 3 categorías (por ejemplo, animales, flores y nombres propios que empiecen con la letra «D») y, por turnos, cada jugador debe decir el nombre de un animal, de una flor y de un nombre propio que empiece con la letra «D»... Quien se equivoque tres veces queda eliminado.

Las canciones

Alguien empieza a cantar una canción; recorrido un kilómetro exacto, otro sigue cantando otra canción distinta; pasado un kilómetro, el tercero canta otra canción, y así sucesivamente. Pierde quien no sea capaz de encontrar una canción nueva tres veces seguidas.

Veo, veo

Mirando por la ventanilla, un jugador dice el nombre de un objeto que vea en ese momento, después otro jugador repite ese nombre y dice otro nuevo. Cuando un objeto deja de verse porque el auto lo ha dejado atrás, se dice: ya no veo aquel objeto, pero en cambio veo... y se nombran cosas nuevas. Queda eliminado quien, al listar en voz alta todos los objetos que no se ven y que estaban a la vista, olvida alguno.

MANAGUA

GUATEMALA

Desfile de ciudades

El primer jugador pronuncia el nombre completo de una ciudad y los otros jugadores, por turnos, deberán añadir el nombre de otra ciudad que empiece con las últimas letras de la ciudad anterior. Por ejemplo: Barcelona-Nantes-Tesalónica-Calcuta.

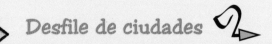

La letra robada

—..osa: acué..date del ..egalo pa..a la tía ..obe..ta.
—¿Cómo?
—P..ometiste comp..a.. un ..ecue..do a todos los pa..ientes.
Hablar omitiendo siempre una misma letra. Por ejemplo, la letra **R**.

Pasamano

La madre comprará caramelos, un tebeo... Cada vez se jugará con algo diferente.

Un jugador toma en su mano los caramelos. Cuando el padre, que conduce, diga «¡Ahora!», todos los pasajeros contarán lentamente hasta cinco: u..no, do..s, tre..s, cua..tro, cin..co.

Entonces, los caramelos pasarán de la mano de un jugador a la de otro, y se volverá a contar. De repente el padre, que mira al frente y no sabe en la mano de quién están los caramelos, ordenará «¡Alto!». Se quedará con los caramelos quien los tenga en la mano en ese momento.

El juego se retoma con otros premios.

El auto gemelo

El padre dice: «Os haré un regalo, si antes de acabar el viaje veis un auto del mismo tipo, marca, matrícula (provincia o primeras dos letras) que el nuestro, con los mismos pasajeros (un padre, una madre, dos hermanos...) a bordo.

El espejo

Se juega por parejas, mirándose a la cara. Las órdenes las dará un solo jugador.

Si la hermanita Alexia dice «Ojos», tócate la nariz, aunque ella, por ejemplo, se esté tocando los cabellos.

No se debe obedecer la orden: tócate una parte distinta a la nombrada por el conductor del juego.

¡Verás qué rápido se complica!

¿Qué medio de transporte para las vacaciones aparece uniendo los puntos del 1 al 18?

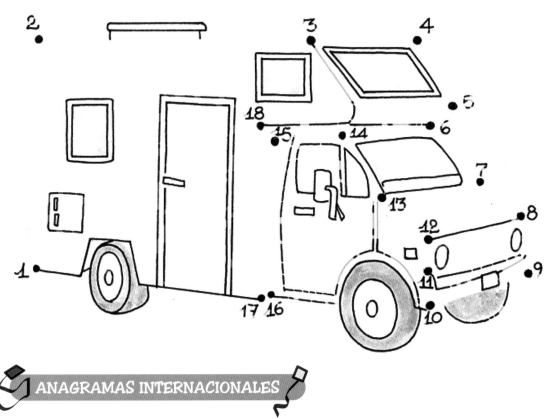

Usando una sola vez y en distinto orden todas las letras de cada una de las palabras marcadas en rojo, se obtienen adjetivos que completan las frases.

✈ **EN** Argelia vi un **GORILA** A _ _ _ _ _ _ _

✈ En Croacia mandaré una postal **O** una **CARTA** C _ _ _ _ _

✈ En Groenlandia el **SOL** es muy **GRANDE** G _ _ _ _ _ _ _ _ _

✈ En Madagascar compré una **GEMA** y un **CHAL** M _ _ _ _ _ _ _

Une las dos palabras indicadas con la X y la Y para formar el nombre de
lo que recibirás por tu cumpleaños.

LA SEGUNDA NOTA ES UN XX
UN FRANCÉS ES UN YYYY
Y ESPERO QUE ACEPTES
ESTE BONITO XXYYYY

LOS QUE SON MÍOS SON XXX
ES UNA INFUSIÓN EL YY
SI ME HACES COSQUILLAS ZZZ
Y TODO ESTO ES UN XXXYYZZZ

¿Qué hace?

FRASE: 5, 1, 8

Los Fernández acaban de mudarse a un bonito apartamento amueblado de seis habitaciones, y han traído consigo los cinco únicos muebles que poseen: una mesa, un armario, una cama, un sofá y una cajonera.

Estos muebles son tan grandes que en cada habitación sólo cabe uno de ellos; desafortunadamente, la empresa de mudanzas ha puesto la cama y el armario en habitaciones equivocadas. Para estudiar el mejor sistema de llevar los dos muebles a su sitio, el matrimonio ha dibujado sobre la mesa el plano del apartamento, colocando cinco objetos (que representan sus muebles) sobre cinco cuadrados (que representan las habitaciones). La botella representa la cama y el cepillo el armario.

> *Hay que trasladar los objetos de habitación, de uno en uno a una habitación adyacente y con el menor número posible de movimientos. ¿Quieres intentarlo?*

¿QUIÉN ES EL CULPABLE?

Cuatro muchachos de 2.º C son sospechosos de haber escondido las meriendas de sus compañeros. Éstas son sus respuestas a las preguntas del profesor encargado de la investigación.

Antonio: «He visto a Carlos y a Luis entrar en la clase antes de que sonase la campana, así que uno de ellos debe ser el culpable.»

Bernardo: «No he sido yo.»

Carlos: «Ha sido Luis; lo he visto con un extraño objeto en la mano.»

Luis: «Ha sido Bernardo, lo juro. Lo vi mientras huía.»

> *Si sólo uno de ellos miente, ¿quién es el culpable?*

Se puede preparar una tabla con las consecuencias de cada una de las declaraciones.

PERSONAJES		CONSECUENCIAS
Antonio	dice la verdad	Carlos o Luis son culpables
	miente	*ni Carlos ni Luis son culpables*
Bernardo	dice la verdad	Bernardo no es culpable
	miente	*Bernardo es culpable*
Carlos	dice la verdad	Luis es culpable
	miente	*Luis no es culpable*
Luis	dice la verdad	Bernardo es culpable
	miente	*Bernardo no es culpable*

A continuación, comparando las declaraciones, observa si pueden coexistir o si, por el contrario, se contradicen.

1.ª SITUACIÓN *Miente Antonio*

Entonces

Antonio miente	→	Carlos no es culpable y Luis no es culpable
Bernardo dice la verdad	→	Bernardo no es culpable
Carlos dice la verdad	→	Luis es culpable → **CONTRADICCIÓN**
Luis dice la verdad	→	Bernardo es culpable

2.ª SITUACIÓN *Miente Bernardo*

Entonces

Antonio dice la verdad	→	Carlos es culpable o Luis es culpable
Bernardo miente	→	Bernardo es culpable
Carlos dice la verdad	→	Luis es culpable → **CONTRADICCIÓN**
Luis dice la verdad	→	Bernardo es culpable

3.ª SITUACIÓN *Miente Carlos*

Entonces

Antonio dice la verdad	→	Carlos es culpable o Luis es culpable
Bernardo dice la verdad	→	Bernardo no es culpable
Carlos miente	→	Luis no es culpable
Luis dice la verdad	→	Bernardo es culpable → **CONTRADICCIÓN**

4.ª SITUACIÓN *Miente Luis*

Entonces

Antonio dice la verdad	→	Carlos es culpable o Luis es culpable
Bernardo dice la verdad	→	Bernardo no es culpable
Carlos dice la verdad	→	Luis es culpable
Luis miente	→	Bernardo no es culpable

En esta situación no existe ninguna contradicción. Por lo tanto, el culpable es Luis.

En Lógica, una afirmación o frase en la que se afirma a la vez una cosa y su contrario recibe el nombre de **CONTRADICCIÓN**:

A y no A

No podemos decir que sea cierto *A* y también su contrario, *no A*.

ESTÁ, PERO NO SE VE

Rellena los espacios con los colores sugeridos por los puntos. ¿Qué aparece?

Hans Christian Andersen

(1805-1875) Escritor de fábulas danés: *El patito feo, La sirenita, El traje nuevo del emperador, La pequeña vendedora de cerillas, Los cisnes salvajes, El vigilante de cerdos, Las zapatillas rojas, La reina de las nieves, El ruiseñor, La princesa y el guisante...*

NUBES

OIRRUGNE ED AÍD
OLBUN ED AÍD...

Para entender esta extraña frase, marca en el recuadro de hileras concéntricas los nombres de las nubes dibujadas, partiendo de la flecha. Después, lee las letras que sobren.

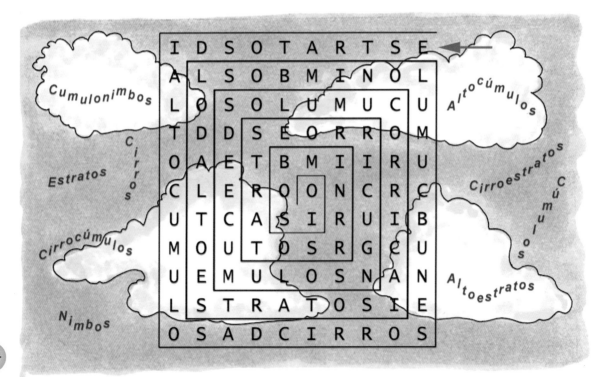

184

¡Estás en el país de Hans Christian Andersen! En el puerto de la capital te recibe la estatua de la Sirenita. ¿De qué país se trata? Lo descubrirás en la columna central.
Completa las partes A y B según las definiciones, dividiendo las palabras en tres sílabas, de modo que la última sílaba de A, en la columna central, coincida con la primera sílaba de B.

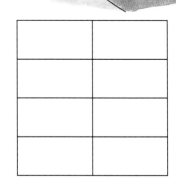

A

1	
2	
3	
4	

B

1	
2	
3	
4	

1. *No dejé hacer*
2. *Siete días*
3. *Molusco cefalópodo*
4. *Sonidos armoniosos*

1. *Moneda de uso corriente*
2. *Fruto del naranjo*
3. *Olla de metal*
4. *Rumiante con joroba*

¿QUÉ ES?

A **¿Qué es el fuselaje de un avión?**

1. Traje para pilotarlo
2. Dispositivo contra las corrientes
3. Parte ancha en la que se coloca la carga

B **¿Qué es el steward de un avión?**

1. Quien atiende a los pasajeros de a bordo
2. Un viejo modelo de avión inglés
3. Sistema de radar de un aeropuerto

C **¿Qué es el balanceo de un avión?**

1. Instrumento para el aterrizaje
2. Ruido del motor
3. Oscilación sobre el eje longitudinal

¿Has vivido alguna vez la emoción de un vuelo en globo aerostático? ¿Cómo se llama su tipo de vuelo? Lee la respuesta en las cuatro columnas coloreadas del esquema, después de haberlo completado según las definiciones y en sentido horizontal.

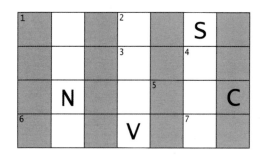

1. *Percibo con los ojos*
2. *Labor que está cosiéndose*
3. *Campeón*
4. *Poseen*
5. *El reloj hace ... tac*
6. *Animal en estado de desarrollo*
7. *Primera nota musical*

EL JUEGO DE LAS SOMBRAS

Relaciona cada globo con su sombra.

Jacques-Etienne y Joseph-Michel Montgolfier, inventores e industriales franceses, vivieron en la segunda mitad del siglo XVIII. Se ocuparon del problema de la navegación aérea. El 4 de julio de 1783 lograron que un balón *(de unos 30 m de circunferencia)* lleno de aire caliente se levantara del suelo: había nacido el globo aerostático. En los meses siguientes, realizaron el primer auténtico viaje aéreo de la historia.

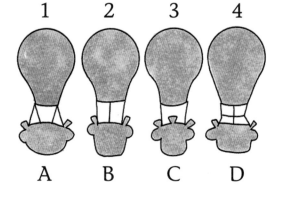

1   2   3   4

A   B   C   D

EN GLOBO POR EUROPA

Estás sobrevolando Europa en globo. ¿En qué país estás?

Para saberlo, marca en la sopa de letras las palabras de la lista, que hacen referencia a lo que ves desde el globo. Búscalas hacia arriba o hacia abajo, por la derecha o por la izquierda y sin cruzarse. Encontrarás la respuesta en las letras sobrantes.

dioses - Partenón - sirtaki - musaka - Olimpo - olivos - feta - vino - oráculo - lana

O	S	O	V	I	L	O	G
P	A	K	A	S	U	M	A
M	R	V	I	N	O	E	T
I	S	E	S	O	I	D	E
L	C	L	A	N	A	I	F
O	O	L	U	C	A	R	O
S	I	R	T	A	K	I	A
N	O	N	E	T	R	A	P

OTRA VEZ POR EUROPA

Otra vez sobrevuelas en globo Europa. ¿Sabes en qué ciudad estás? Podrás descubrirlo leyendo las 8 letras que tienen en común las 8 parejas de objetos dibujados.

3 ☐   1 ☐

2 ☐   6 ☐

5 ☐

7 ☐

8 ☐

4 ☐

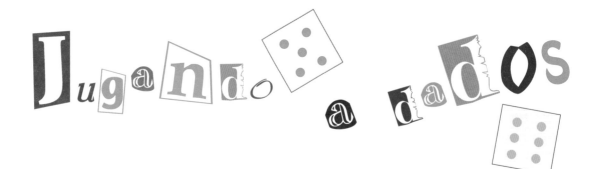

Jugando a dados

La fotografía de este dado se ha estropeado, y ahora hay una enorme mancha que oculta una parte.

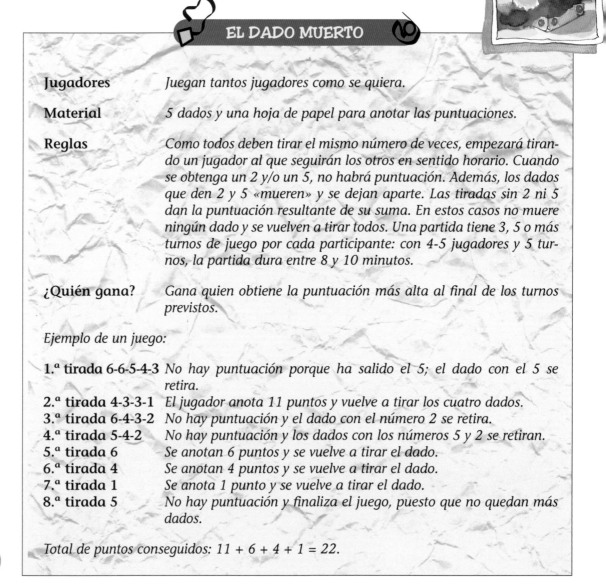

Reconstruye todas las caras del dado.

EL DADO MUERTO

Jugadores	*Juegan tantos jugadores como se quiera.*
Material	*5 dados y una hoja de papel para anotar las puntuaciones.*
Reglas	*Como todos deben tirar el mismo número de veces, empezará tirando un jugador al que seguirán los otros en sentido horario. Cuando se obtenga un 2 y/o un 5, no habrá puntuación. Además, los dados que den 2 y 5 «mueren» y se dejan aparte. Las tiradas sin 2 ni 5 dan la puntuación resultante de su suma. En estos casos no muere ningún dado y se vuelven a tirar todos. Una partida tiene 3, 5 o más turnos de juego por cada participante: con 4-5 jugadores y 5 turnos, la partida dura entre 8 y 10 minutos.*
¿Quién gana?	*Gana quien obtiene la puntuación más alta al final de los turnos previstos.*

Ejemplo de un juego:

1.ª tirada 6-6-5-4-3 *No hay puntuación porque ha salido el 5; el dado con el 5 se retira.*
2.ª tirada 4-3-3-1 *El jugador anota 11 puntos y vuelve a tirar los cuatro dados.*
3.ª tirada 6-4-3-2 *No hay puntuación y el dado con el número 2 se retira.*
4.ª tirada 5-4-2 *No hay puntuación y los dados con los números 5 y 2 se retiran.*
5.ª tirada 6 *Se anotan 6 puntos y se vuelve a tirar el dado.*
6.ª tirada 4 *Se anotan 4 puntos y se vuelve a tirar el dado.*
7.ª tirada 1 *Se anota 1 punto y se vuelve a tirar el dado.*
8.ª tirada 5 *No hay puntuación y finaliza el juego, puesto que no quedan más dados.*

Total de puntos conseguidos: 11 + 6 + 4 + 1 = 22.

Jugadores	*Juegan tantos jugadores como se quiera.*
Material	*Tres dados, una hoja de papel y un lápiz para cada jugador.*
Reglas	*Cada jugador dibuja en su hoja de papel un esquema como el que se reproduce en esta misma página. El juego consiste en tachar los números del esquema de cada jugador según la puntuación obtenida por los dados, pero siempre en el orden en que están escritos: primero los números del 1 al 12 y después del 12 al 1. Se sortea quién debe empezar y después se sigue por turnos siguiendo el sentido de las agujas del reloj. Un turno de juego consiste en una o más tiradas de los 3 dados, según sea el resultado obtenido. Si con una tirada se tacha por lo menos un número, se tiene derecho a tirar de nuevo los 3 dados y se continúa hasta que se consigue tachar todos los números. Por ejemplo: si en la primera tirada no se obtiene 1, el turno pasa al siguiente jugador, porque el primer número a tachar es precisamente el 1. Los dados pueden sumarse entre sí para obtener el número necesario, y un mismo dado puede utilizarse en más de una combinación.*
¿Quién gana?	*Gana el que tache primero todos los números de su esquema.*

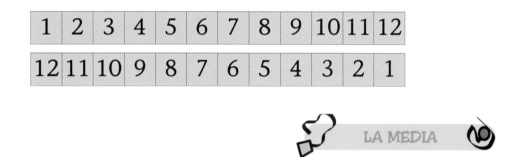

¿Cuál sería la media de resultados obtenidos por un dado lanzado en tiradas sucesivas? El cálculo es muy sencillo: el dado tiene seis caras, y éstas contienen un total de 21 puntos. Dividiendo 21 por 6 se obtiene la media estadística de cada tirada, es decir, 3,5. El juego se basa en la verificación de esta media estadística. De hecho, se juega con 3 dados, cuyo lanzamiento debería arrojar una media de 10,5 puntos.

Jugadores	*Juegan tantos jugadores como se quiera.*
Material	*3 dados y una hoja de papel para anotar las puntuaciones.*
Reglas	*Inicia el juego un jugador cualquiera, y los otros siguen su turno en sentido horario. Un turno de juego consiste en una sola tirada de los 3 dados y en el registro de la puntuación obtenida. Cuando todos los jugadores hayan efectuado 10 tiradas, se suman los puntos obtenidos por cada uno y vence quien se acerque más a 105. En caso de empate entre dos o más jugadores, se harán tiradas de desempate. Vence quien obtenga con dos tiradas la puntuación más cercana a 21 (2 × 10,5). Habrá empate incluso con puntuaciones distintas pero equidistantes de 105 (por ejemplo, 104 y 106, 103 y 107).*
¿Quién gana?	*Gana quien obtiene la puntuación total más cercana a 105 con 10 tiradas de los 3 dados.*

Fui al Parque de Atracciones con mis amigos. Nos divertimos en el tiro al blanco y en otros juegos de habilidad. Uno de esos juegos nos entusiasmó más que los otros, porque se podían ganar premios realmente atractivos. Se llamaba «El juego de los peluches» y consistía en derribar unos bonitos peluches golpeándolos con pelotas hasta totalizar los 50 puntos que daban derecho a un premio. Cada tiro costaba 0,50 céntimos y nos gastamos todo el dinero que llevábamos antes de saber qué peluche deberíamos haber derribado para sumar los 50 puntos.

Observa la puntuación de cada peluche y adivina cómo habríamos obtenido el premio.

LOS MALOS VECINOS

Érase una vez tres campesinos cuyas casas daban a un pequeño patio en común. Cada mañana encontraban un motivo u otro para pelearse: las gallinas de uno picoteaban demasiado cerca de la casa del otro, el perro de la casa más grande molestaba a los gatos de las otras dos, y así sucesivamente.

De manera que un día decidieron delimitar con precisión sus espacios respectivos: el propietario de la casa de la izquierda trazó un caminito vallado que lo conducía hasta la entrada de la derecha; el de la casa de la derecha trazó otro camino que llegaba hasta la entrada de la izquierda, y el campesino de la casa más grande trazó un tercer caminito que llevaba hasta la entrada de enfrente (la parte más baja del dibujo).

Traza en el dibujo el recorrido de los tres caminitos, pero de modo que ningún camino se cruce con los demás.

1	2			3	4	5	6			7	8
9			10						11		
		12				13					
14	15				16						
	17				18						
19				20						21	
22			23								
24			25					26			
27		28					29				

Juan llega resoplando a la estación:

—¿A qué hora sale el tren de las once cuarenta y cinco? —pregunta al jefe de la estación.

—A las doce menos cuarto —responde el jefe.

—¡Vaya! ¡Siempre con retraso!

HORIZONTALES: 1. Quiere. **3.** Parte del tejado que desvía el agua de la lluvia. **7.** Conozco. **9.** Afirmativo. **10.** Palabra de despedida. **11.** Al revés, diminutivo de Beatriz. **12.** Al revés, trabaja la masa. **13.** Observa. **14.** Que ha contraído matrimonio. **16.** Raíz comestible de una planta, en plural. **17. Ciudad donde se encuentra la estatua del dibujo. 19.** Al revés, hacer avanzar una barca. **20.** Al revés, lo pone en práctica. **22.** Rezar. **23.** Al revés, finalizo. **24.** Masa de agua salada. **25.** Da saltos. **26.** Sirve para hacer dormir a los niños. **27.** Al revés, sílaba que se repite para designar a una madre. **28.** Al revés, las vocales. **29.** Al revés, el día en que vivimos.

VERTICALES: 1. Al revés, hogar. **2.** Tercera nota. **3.** Al revés, operación policial que consiste en apresar de una vez un grupo de personas. **4.** Cítrico. **5.** Vocales fuertes. **6.** Al revés, señor. **7.** Al revés, más malos. **8.** Al revés, conoce. **10.** Al revés, revisa para asegurarse que está bien. **11.** Al revés, judía. **12.** Salir a la ventana. **13.** Que ha sido hecha con magia. **15.** Al revés, instrumento compuesto de una calabaza con granos en su interior. **16.** Al revés, están llevando a cabo una ofensiva. **18.** Diga. **19.** Capital de Italia. **21.** Al revés, sesenta minutos. **23.** Vocales de Rosario. **25.** Para detener un caballo. **26.** Sílaba de caro.

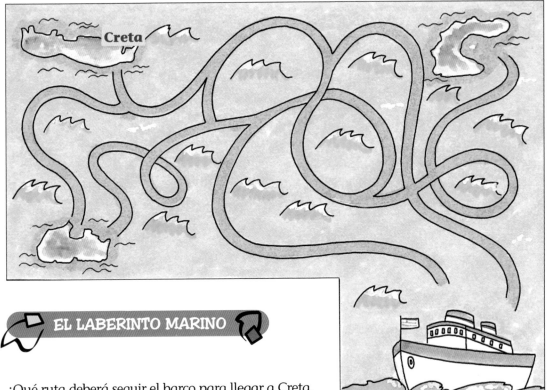

Creta

EL LABERINTO MARINO

¿Qué ruta deberá seguir el barco para llegar a Creta, primera escala en su crucero por el Mediterráneo?

QUIZHISTÓRICOQUIZHISTÓRICOQUIZHISTÓRICO

1. *¿Cuál es el nombre del mítico rey de Creta que hizo construir el laberinto?*
2. *¿En qué ciudad estaba?*
3. *¿Qué héroe griego salió del laberinto después de matar al Minotauro?*
4. *¿Quién le ayudó?*

El laberinto es un intrincado conjunto de pasadizos y salas que hace muy difícil encontrar la salida. Según el mito, el laberinto en el que estaba encerrado el Minotauro fue proyectado por Dédalo, famoso arquitecto griego.

La próxima ruta del crucero es por un estrecho del Mediterráneo cuyo nombre sabrás anagramando las letras de las casillas coloreadas del esquema, después de haberlo completado con los nombres correspondientes a las siete figuras.

EL HIJO DE ULISES

1. La isla de Ulises.
2. El poema de Homero que narra su viaje.
3. La mujer de Ulises.
4. Mujer-pez.
5. El cíclope más grande.
6. Lo construyó Ulises para esconder a los griegos.
7. La maga que convirtió en cerdos a los compañeros de Ulises.
8. La ciudad de Asia menor que arrasaron los griegos.

¿Recuerdas la leyenda del viaje de Ulises por el Mediterráneo?
¿Y el nombre de su hijo?
Completa el esquema en sentido horizontal y lee la respuesta en la columna coloreada.

193

El dominó de los animales

He aquí el set completo del juego «El dominó de los animales». Pon en fila todas las fichas empezando por la ficha de los dos pajaritos (en el centro del dibujo); deberás casar siempre dos partes iguales (ratón con ratón, pez con pez...) hasta que sólo quede la ficha de las dos moscas, abajo a la derecha. El juego sólo puede resolverse si una ficha queda fuera.

 ¿De qué ficha se trata?

La biblioteca

Te encuentras en la biblioteca pública de tu ciudad y pides al bibliotecario que te permita consultar los tres libros señalados con los números 1, 2 y 3.

Comienza donde está la flecha, marca el recorrido que conduce a los tres libros y regresa al dedo del niño, teniendo en cuenta que hay que recoger los libros en orden del número 1 al número 3, que los libros sólo pueden tomarse por la parte superior, y que no está permitido ni recorrer dos veces el mismo camino ni que se crucen dos recorridos ya trazados.

Estás en España y asistes a un espectáculo de baile.

? *Todas las bailarinas llevan vestidos diferentes menos dos de ellas. ¿Cuáles?*

¡CARAMBA, QUÉ HELADO!

Añade una sílaba en el centro de cada una de los siguientes tres emparejamientos silábicos (ponla en el círculo coloreado), de manera que resulten tres palabras con sentido en cada uno de los recuadros.

Leídas seguidas de arriba abajo, las tres sílabas formarán el nombre de una ciudad marítima española, y de una deliciosa variedad de helado.

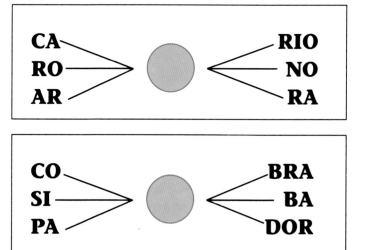

CA ——— RIO
RO ——— NO
AR ——— RA

CO ——— BRA
SI ——— BA
PA ——— DOR

RE ——— DA
CI ——— RRO
BRI ——— LO

Coloca las 8 palabras españolas correspondientes a las palabras italianas de la lista. En los círculos rojos, y siguiendo el orden numérico creciente de los pinchitos, podrás leer el nombre del baile español más famoso.

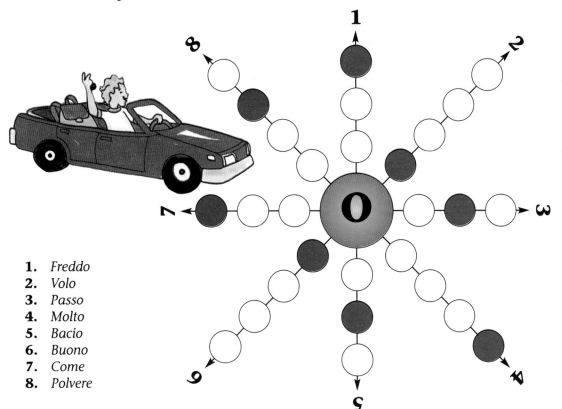

1. Freddo
2. Volo
3. Passo
4. Molto
5. Bacio
6. Buono
7. Come
8. Polvere

A LAS CINCO DE LA TARDE

El juego consiste en adivinar las palabras indicadas con la X , la Y y la Z, y después unirlas en una única palabra, que es la solución de la adivinanza.

Como la letra X es la plaza donde se hace la corrida
y el YY la segunda nota de la escala musical,
hago ZZ cuando cuentan una cosa divertida.
¿Cuál es el premio para un torero excepcional?

197

1	E	L				J	E	R	O
2	R	E					C	E	L
3	O	P	O						E
4	S			Y	O			S	C
5	U	B			E	N	D		T
6					O	Q	U	E	N
7	O	T	I					Y	U
8	N				T	E	N	D	

El viaje hacia el Norte es muy largo: se atraviesan montañas, llanuras, ríos y ciudades; se conocen ambientes y culturas distintas. Completa, línea a línea, las casillas vacías con las palabras correspondientes a las definiciones. Al final, podrás leer una frase de Italo Calvino muy apropiada para iniciar un largo viaje.

1. *Raíl por donde pasa el tren.*
2. *Figura geométrica con la base redonda.*
3. *Combustible que se obtiene del carbón.*
4. *Desprenda sudor.*
5. *Masa de agua que desemboca en el mar.*
6. *Al revés, mezcla de tierra y agua.*
7. *Al revés, niño.*
8. *Parte de la cabeza entre la frente y la barbilla.*

Dos bromistas se presentan en la taquilla de una estación.

—Quiero un billete para Sabacio —pide el primero.

El empleado consulta el libro de destinos y después, al no encontrar la localidad, pregunta a un compañero; éste tampoco conoce ninguna estación con ese nombre.

Ambos deciden llamar al jefe de estación, que decide contactar con la sede central de los Ferrocarriles del Estado; allí, tras una rápida consulta a los destinos internacionales, responden: «Destino desconocido.»

El vendedor de billetes, un poco avergonzado, dice:

—Lo siento mucho, pero no tenemos billete para Sabacio.

El bromista se gira hacia su compañero y le dice:

—Sabacio, no hay billete para ti.

EL FIORDO DE LOS MISTERIOS

¿Qué se esconde en el fiordo noruego? Descúbrelo uniendo los puntos, siguiendo su orden numérico.

Coloca las palabras relativas a las definiciones y dibujos en sus hileras y columnas correspondientes.

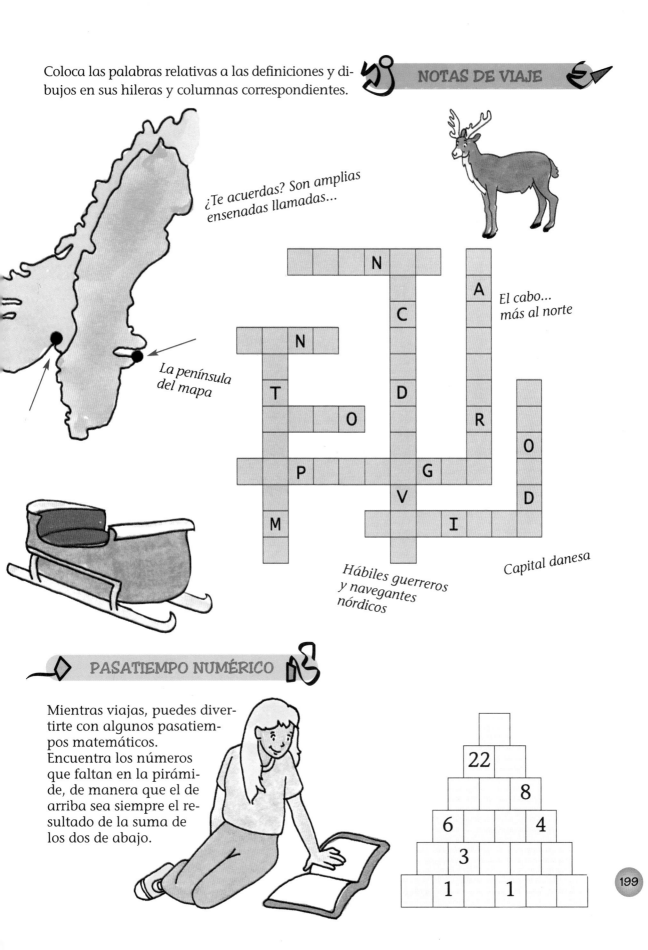

¿Te acuerdas? Son amplias ensenadas llamadas...

El cabo... más al norte

La península del mapa

Hábiles guerreros y navegantes nórdicos

Capital danesa

PASATIEMPO NUMÉRICO

Mientras viajas, puedes divertirte con algunos pasatiempos matemáticos.
Encuentra los números que faltan en la pirámide, de manera que el de arriba sea siempre el resultado de la suma de los dos de abajo.

199

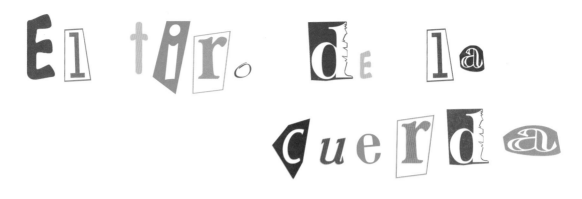

El tiro de la cuerda

¡El barrio está en fiestas! Hay baile, comida, risas y bromas. La comisión de fiestas ha preparado puestos gastronómicos y ha organizado juegos y torneos para que todos se diviertan. Hoy está prevista una gran competición de tiro de cuerda entre equipos de chicas y chicos del barrio.

Pero..., algunos grupos de muchachos participantes han empezado a discutir acerca de la formación de los equipos, y estudian cuáles serán las combinaciones vencedoras.

Los cuatro chicos del equipo A tiran con la misma fuerza que las cinco muchachas del equipo B.

Dos muchachas y un muchacho (equipo C) tiran con la misma fuerza que las dos gemelas (equipo D).

Ahora ha llegado el momento de la verdad: se enfrentan el equipo formado por las gemelas y tres chicas (equipo E) y el equipo formado por cuatro chicos y una muchacha (equipo F).

? *Observa la composición de los diferentes equipos, sigue sus entrenamientos, valora sus fuerzas... ¿Quién vencerá la competición entre el equipo E y el equipo F?*

Domingo, 28 de junio, 10 horas

Querido Felipe, te escribo para decirte que los días pasados en tu compañía han sido súper-súper fantásticos, y espero que volverás otra vez, antes de que se acaben las vacaciones.

El próximo viernes voy al mar, así que te escribiré desde allí para contarte cómo me va.

¡Ah! Se me olvidaba decirte que el pasado viernes te dejaste aquí tu chubasquero; espero que siga haciendo buen tiempo y que no tengas necesidad de él, pero si quieres puedes enviar a tu padre a buscarlo; ¿no me dijiste que el próximo miércoles tenía que pasar por aquí por motivos de trabajo? Ya me dirás algo al respecto.

¡Adiós!

Andrés

P.D. Estoy escuchando el último CD de los *U2*: ¡es fascinante! ¡Hay que oírlo para creerlo!

1. *¿Qué día olvidó Felipe su chubasquero?*
2. *¿Qué día pasará su padre a recogerlo?*
3. *¿Qué día partirá Andrés al mar?*
4. *¿De qué color es el chubasquero de Felipe?*

¿Qué número hay que escribir debajo de la cuarta diana para seguir una secuencia lógica?

¡No te dejes engañar por las apariencias!

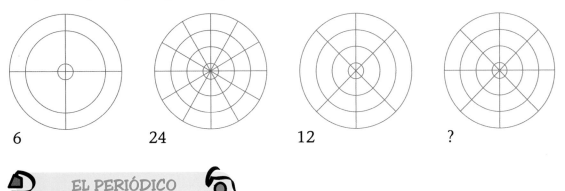

6   24   12   ?

¡Esto es lo único que ha quedado de mi periódico! ¡Una sola hoja! Mi hermano ha arrancado las páginas de deportes, mi hermana las de espectáculos, mi madre los artículos políticos y mi padre los horóscopos. Mi tía me pidió la página de reseñas literarias y la abuela la de las cartas al director... Todas las páginas del periódico eran del mismo tamaño que ésta: la única superviviente al saqueo de mi familia.

¿Cuántas páginas tenía el periódico completo?

REPORTAJE

En este diario de a bordo hay una cierta confusión. Localiza los 10 nombres equivocados y luego lee sus iniciales en el orden en que aparecen: leerás el nombre de uno de los monumentos más famosos de París.

«PARTIMOS DE TURÍN EN TREN HACIA PARÍS, DESPIDIÉNDONOS DEL RÍO QUE LA BAÑA: EL TRÉVERIS. DESPUÉS DE ATRAVESAR LOS ALPES DE OHIO POR EL TÚNEL DE USTICA, LLEGAMOS FINALMENTE A FRANCIA, EL PAÍS CUYA MONEDA ES EL RUBLO.

EL TREN ATRAVESÓ UN PUENTE SOBRE EL RÍO EBRO, CERCA DE LA CIUDAD DE INNSBRUCK, Y OTRO SOBRE EL RÍO FREJUS, YA CERCA DE PARÍS. LA VISTA DE LA CIUDAD ME CAUSÓ UNA GRAN EMOCIÓN, CON LA ALTA MOLE DEL FUJIYAMA. ¡NUNCA OLVIDARÉ LA BELLEZA DE LA CATEDRAL DE NOTRE ETIENNE Y DEL LOIRA, CON SUS PUENTES Y SUS BARCAZAS!»

UN DESEO A NO ELIMINAR

En París puedes visitar... Si quieres saberlo, pon en práctica el juego de adivinar el nombre de los 10 objetos y elimina después de cada palabra la letra indicada con el número de orden. Finalmente, escribe las 10 letras en el casillero.

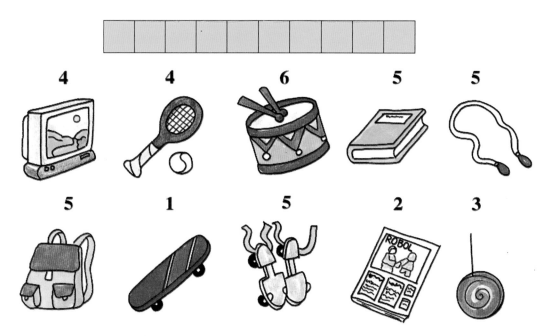

«Sus cabellos color zanahoria se apretaban en dos rígidas trenzas... La nariz parecía una pequeña patata salpicada de lentejas... Bajo la nariz se abría una boca decididamente grande, con una hilera de dientes blanquísimos y fuertes. Su vestido era original, y se lo había cosido ella misma. Lo cierto es que su primera intención era la de hacérselo azul, pero como sucedió que no tenía suficiente tela de ese color, tuvo que completarlo cosiendo retales por aquí y por allá. Un par de largos calcetines cubrían sus flacas piernas. Por último, no hay que olvidarse de sus zapatos, exactamente el doble de largos que sus pies: se los compró su padre en Sudamérica, así de grandes para que sus pies pudiesen crecer a su aire, y ella nunca quiso calzar otros zapatos.»

¿Cómo se llama el simpático personaje de la descripción y de qué historia es protagonista?

El personaje descrito es Pippi Calzaslargas, protagonista de la historia homónima de Astrid Lindgren.

SORPRESA EN LA OSCURIDAD

«Abajo, abajo, siempre más abajo. "¿Nunca terminará este salto al vacío? Quisiera saber cuántas millas habré recorrido... ¿estaré ya cerca del centro de la Tierra? Veamos: deberían ser unas 4.000 millas, creo... y luego... ¡quién sabe si caeré al otro lado de la Tierra! ¡Será divertido salir por el otro lado y encontrarme rodeada de gente que camina cabeza abajo!"

... Abajo, abajo, siempre más abajo. No había nada que hacer... y entonces ¡patatrac!, llegó al suelo y se encontró sobre un lecho de hierba y de hojas secas. La caída había terminado.

No se había hecho daño, y en un segundo ya estaba de pie. Miró hacia arriba: total oscuridad; pero ante ella se abría un largo pasillo, y pudo ver de nuevo al Conejo Blanco que corría.»

¿Quién se ha precipitado en el vacío y está a punto de seguir a un extraño Conejo Blanco con gafas? ¿En qué historia puedes leer la continuación de esta aventura?

El personaje es Alicia y la historia, escrita por Lewis Carroll, se titula Alicia en el país de las maravillas.

EL DIARIO

Cuando estés de vacaciones, escribe en tu diario las bromas, los problemas, las quejas, los imprevistos, los encuentros, el menú...

Describe el día de la partida y el de la llegada, las ciudades, los países, las localidades que visites en tu viaje.
A tu regreso, marca en la fotocopia de un mapa el itinerario que has seguido.
Para acordarte del tiempo atmosférico de tus vacaciones, puedes utilizar estos distintos símbolos.

Si estás de vacaciones y no tienes una cámara fotográfica ni sabes dibujar, entra en algún centro de promoción turística de la localidad en la que pases tus vacaciones y pide folletos, guías y programas de espectáculos.

Recorta las imágenes y encólalas en tu diario de a bordo.

Encola también las entradas de museos y los billetes de tren, flores y hojas secas, un pelo de la amiga que encontraste mientras dabas un paseo...

Recoge, en una caja decorada y protegida de las incursiones de cualquier extraño, conchas, piedrecillas y todos los objetos que no puedas conservar en las páginas del diario.

Con una grabadora y un micrófono, graba el canto de los pájaros, el mugido de una vaca, el rumor de una cascada y los cantos alrededor del fuego.

EL CUADERNO DE BITÁCORA

Se trata de un libro especial que se encuentra siempre a bordo de todos los barcos; en él se transcriben las noticias acerca de la vida a bordo de la embarcación y de los viajes realizados.

El juego de los Palotes

Jugadores Dos jugadores.
Materiales Una hoja de papel cuadriculada, un lápiz para cada jugador.
Preparación Se delimita sobre el papel cuadriculado una superficie rectangular con al menos 100 casillas.

Reglas Por turnos, los jugadores dibujan con un trazo de lápiz uno de los lados de una casilla. Quien dibuje el último lado de una casilla, completándola, pone en el centro de la casilla su símbolo (una cruz, un redondel...) y juega otra vez.

Obviamente, es posible cerrar más de una casilla con la misma jugada. Los lados que forman los bordes del tablero se consideran como ya cerrados: las casillas de los bordes se completan con tres trazos, y las de las esquinas con sólo dos.

¿Quién gana? Cuando todas las casillas se hayan completado, se cuentan los símbolos de cada jugador: vence el que sume más.

Variante Se usan tableros de juego con distintas formas y dimensiones: rectangulares, en cruz, octogonales... Una variante interesante es la llamada **Triángulos**. Se empieza a partir de una parrilla de puntos dibujados en una hoja de papel blanco, de manera que formen un gran triángulo. Por turnos, los jugadores enlazan con una línea dos puntos vecinos; quien cierre un triángulo lo marca con su signo y se sigue jugando.

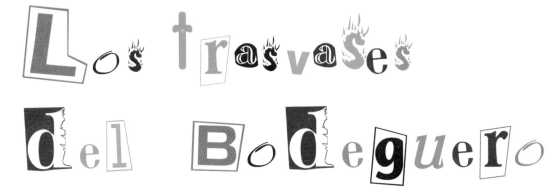

Los trasvases del Bodeguero

Un señor entra en una bodega para comprar 4 litros de vino. El bodeguero, a quien se le han roto todos los recipientes de un litro que suele emplear como unidades de medida, se ve obligado a apañarse de otra manera. Tiene a su disposición:

❋ un recipiente A lleno de vino, con 8 litros de capacidad

❋ un recipiente B vacío, de 5 litros de capacidad

❋ un recipiente C vacío, de 3 litros de capacidad

¿Cómo se las arreglará el bodeguero para dar al cliente 4 de los 8 litros de vino contenidos en el recipiente más grande, usando como medida sólo los tres recipientes A, B y C descritos arriba?

La solución es posible mediante una serie de trasvases, teniendo en cuenta la capacidad de los tres recipientes.

1.ª POSIBLE SOLUCIÓN

	A	B	C
✓ de los 8 litros de A, 5 se vierten en B	A = 3	B = 5	C = 0
✓ de los 5 litros de B, 3 se vierten en C	A = 3	B = 2	C = 3
✓ los 3 litros de C se añaden a los 3 de A	A = 6	B = 2	C = 0
✓ los 2 litros de B se trasvasan a C	A = 6	B = 0	C = 2
✓ de los 6 litros de A, 5 pasan a B	A = 1	B = 5	C = 2
✓ de los 5 litros de B, 1 se vierte en C y en B quedan 4 litros	A = 1	B = 4	C = 3

2.ª POSIBLE SOLUCIÓN

	A	B	C
✓ de los 8 litros de A, 3 se vierten en C	A = 5	B = 0	C = 3
✓ los 3 litros de C se vierten en B	A = 5	B = 3	C = 0
✓ de los 5 litros de A, 3 se trasvasan a C	A = 2	B = 3	C = 3
✓ 2 litros de C pasan a llenar B y en C queda 1	A = 2	B = 5	C = 1
✓ los 5 litros de B se añaden a los 2 de A y B queda vacío	A = 7	B = 0	C = 1
✓ el litro de C pasa a B	A = 7	B = 1	C = 0
✓ 3 litros de A pueden verterse en C, y en A quedan 4 litros	A = 4	B = 1	C = 3

★ La escalerilla de a bordo de un barco tiene 8 escalones, equidistantes entre sí 20 cm.
Tres escalones están bajo el agua. Sube la marea 20 cm. ¿Cuántos escalones quedan bajo el agua?

★ La suma de las edades de cuatro muchachos es 56.
¿Cuál será la suma de sus edades dentro de 11 años?

★ ¿Cuántas horas hay en un año: 8.760 - 20.304 - 48.600?

★ ¿Qué línea es más larga? ¿La línea A o la línea B?

★ Si sumergimos en café la esquina de un terrón de azúcar, ¿por qué se vuelve todo marrón?

FRASE: 2, 8   ¿Quién lo dijo?

209

¿CÓMO HACER UNA LECHUZA?

Materiales *Un plato de pizza de 30 cm de diámetro, tuercas y arandelas de latón de distintas medidas (diámetro de 4 a 16 mm), dos arandelas de 24 mm de diámetro, seis tornillos de latón de 15 mm, dos tapones de chapa, seis cáncamos de latón, una hoja de cartulina azul, tijeras, cola, cinta adhesiva.*

Recorta un redondel de cartulina de la misma medida que el plato. Dibuja y recorta otro redondel de 18 cm de diámetro, correspondiente al cuerpo de la lechuza. Con la cinta adhesiva, fija al plato el anillo de cartulina.

Prepara otros dos redondeles de cartulina, con un diámetro de 6 cm, y pégalos al plato con la cinta adhesiva como si fuesen los ojos.

Unta con cola vinílica la superficie libre del plato. Empieza la confección de la lechuza encolando las arandelas más anchas sobre la parte superior de la cabeza y alrededor de los ojos. Sigue hacia la parte inferior con las arandelas más pequeñas. Retira los dos redondeles pequeños de cartulina.

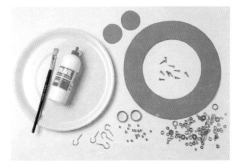

Construye los ojos encolando los dos tapones de chapa. Impregna su interior con cola e inserta las dos arandelas. Dibuja las cejas con las seis tuercas. Retira el anillo o redondel de cartulina.

Encola en el extremo inferior del cuerpo tres cáncamos para realizar así cada una de las dos patas.

La familia Ruiz no consiguió ponerse de acuerdo y, después de discutir durante todo el invierno, se dividió para pasar las vacaciones. La madre partió con Enrique, y el padre con Matilde, con distintas direcciones. Dado que se echaban de menos unos a otros, cada día encontraban una excusa para llamarse por teléfono.

Aquella mañana nació un desafío: «¿Quién sería capaz de preparar más rápido una deliciosa comida?» Mamá Julia y Enrique prepararon una salsa a los cuatro quesos; papá Juan y Matilde se dedicaron a la salsa con aceitunas y tomate. A las 12.45, las salsas estaban listas y las ollas llenas de agua aguardaban a ser puestas al fuego de los hornillos. Matilde llamó a Enrique:

—¿Ya habéis puesto el agua a hervir?

—Hace tres minutos.

—¿Y mamá ya ha echado sal al agua?

—Sí, justo al ponerla al fuego.

Tras colgar el auricular, Matilde corrió hacia su padre gritando entusiasmada:

—¡Papá, estoy segura de que hemos ganado! ¡Nuestra agua hervirá antes que la suya, estoy científicamente segura!

¿Por qué Matilde está tan segura de haber conseguido la victoria?

¿Y adónde han ido de vacaciones Matilde con su padre y Julia con su hijo?

En el país de Tortugópolis, tres tortugas entran en un bar y piden una cerveza a la tortuga-camarera. Pasan tres semanas y la cerveza no llega. Las tres tortugas esperan impacientes.

Después de un rato, la tortuga más grande dice a la más pequeña:

—¿Sabes qué te digo? No me gusta beber cerveza sin leer la prensa. ¡Ve a comprar el periódico, por favor!

La pequeña tortuga sale fuera. Al poco, llegan las cervezas y las otras dos esperan el regreso de la amiga.

Pasan otras tres semanas: la tortuga mediana pierde la paciencia y exclama:

—¿Sabes qué te digo? ¡Si la pequeña no viene con el periódico, nos bebemos la cerveza!

Entonces se escucha una vocecilla que sale de detrás de la puerta:

—¡Si vosotras os bebéis la cerveza, yo no voy a por el periódico!

El juego de los trenes

 GRANDES MANIOBRAS

El jefe de estación ha ordenado que se pese el vagón con destino a Bari, y que se lleve a lavar el destinado a Rho, pero los maquinistas han intercambiado por error sus destinos. Usando la única locomotora motriz disponible, hay que llevar ambos vagones a su correcto emplazamiento, y conducir de nuevo la locomotora motriz a su posición de partida. La motriz mide 9 metros y cada vagón, 5 metros.

Hay tres vías: la vía X mide 5 metros, la Y 15 metros, y la Z más de 30. La plataforma giratoria, en cambio, sólo mide 9 metros.

? *¿Cómo se puede cumplir la orden del jefe de estación con el menor número de desplazamientos?*

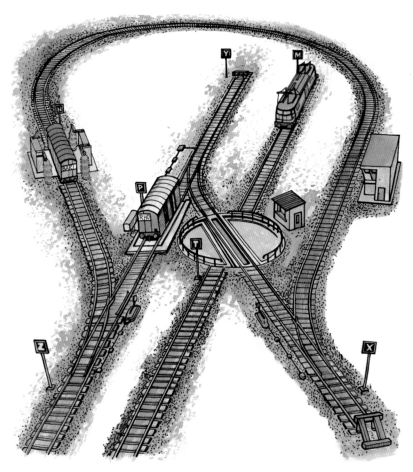

Lancashire, Inglaterra, línea Manchester-Liverpool, 20 de agosto de 1845.
Un tren compuesto de locomotora y tres vagones se encuentra con otro tren formado por una locomotora y cuatro vagones. Afortunadamente, el encuentro se produce en las cercanías de una vía muerta, lo que permitirá a ambos convoyes proseguir sus respectivos viajes, después de haber realizado una serie de maniobras.

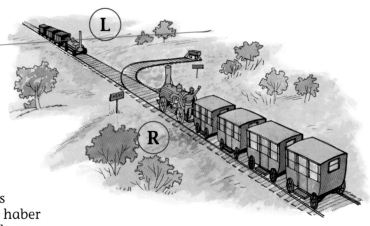

Sabiendo que en la vía muerta sólo hay espacio para un vagón o una locomotora, y que los vagones no pueden engancharse delante de las locomotoras, ¿cuántas inversiones de dirección se deberán efectuar para que los dos trenes puedan partir hacia sus respectivos destinos?

UN TRIÁNGULO DE VÍAS

Un triángulo ferroviario está formado por la vía principal AB y dos vías muertas secundarias, AD y BD. Si una locomotora que viaja de A hacia B da marcha atrás en la vía BD y después vuelve a avanzar pero por la vía AD, cuando se encuentre de nuevo en la vía AB habrá invertido la dirección de su avance.

El maquinista debe retirar el vagón amarillo de la vía AD y llevarlo a la vía BD; del mismo modo, debe llevar el vagón rojo de BD a AD, para acabar regresando la locomotora a su sentido de marcha anterior. Y todo con sólo 10 maniobras.

¿Lo conseguirá, teniendo en cuenta que más allá del punto C, la vía muerta sólo tiene espacio para un vagón o para la locomotora, y que una maniobra consiste en enganchar o desenganchar un vagón?

PANAL ENIGMÍSTICO

Un momento de relax bajo la sombrilla es ideal para un juego enigmístico como este panal, en el que deberás incluir siete palabras de seis letras cada una, empezando por la flecha.

1. Pieza de ropa de cama.
2. Tipo de carruaje.
3. Plátano.
4. Siete días.
5. Vendedora de miel.
6. Persona comprensible, bondadosa.
7. Red que se ata entre dos árboles para descansar.

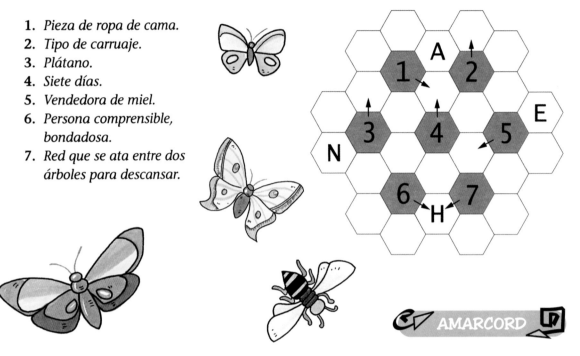

AMARCORD

Algunos niños juegan con la arena y con... Une los puntos, siguiendo la numeración, y lo sabrás.

Antes de empezar el juego procúrate un dado y algún tipo de ficha para los jugadores: piedrecillas de distinto color, pequeñas conchas de formas desiguales, caparazones de caracol, botones, tapones...

Reglas de juego Cada jugador tira el dado y mueve su ficha tantas casillas como indique el número que le haya salido. Algunas casillas presentan situaciones particulares que determinan avances, retrocesos o paradas del jugador.

1 Cada vez que encuentres la oca, pasa adelante doblando el número obtenido con el dado.

2 En el número 6 hay un puente que te conduce directamente al número 12.

3 En el número 19, donde se encuentra la posada, te pasas un turno sin jugar.

4 En el número 31 encuentras el pozo: quédate allí hasta que otro jugador caiga en la misma casilla.

5 En el número 42 te quedas atrapado en un laberinto y debes retroceder hasta la casilla 39.

6 En el número 52 te encuentras en una barca de la que sólo podrás descender cuando te alcance otro jugador.

7 En la casilla número 58, la muerte te obliga a volver a la casilla número 1.

8 Quien sobrepase el número 63 volverá hacia atrás contando al revés; y si llegase a una oca, retrocederá el doble de casillas respecto al número que le hubiese salido.

Ideas para jugar de un modo nuevo También puedes jugar corriendo, saltando, dibujando, cantando... Por ejemplo:

1 Cuando llegues a una casilla en la que haya dibujado un medio de transporte, date una vuelta dando saltitos, arrastrándote por el suelo o de rodillas.

2 En las casillas de la oca, imita a un cantante, un actor, un personaje de cómic...

3 En la casilla del helado... ¡invita a helado a tus amigos!

4 Si llegas a la posada, los otros jugadores deberán ofrecerte un refresco, un caramelo...

5 En la casilla número 55, el guardia te examina del código de circulación.

6 Quien llega a la casilla 34 deberá cantar la canción «Viejo zapato...»

7 Quien llega a la casilla de los enamorados (60), besará a alguien o recibirá un beso.

Inventa otras situaciones divertidas y originales con tus amigos, recordando que lo importante es divertirse juntos.

219

¿A qué objetos y animales están atadas las cuerdas de Alejandro, Valentina y Enrique?

Sustituye una letra en las palabras de la lista, a fin de obtener los nombres de los objetos dibujados. Escribe las once letras nuevas en las casillas amarillas: leyéndolas de arriba abajo, descubrirás qué tipo de vacaciones están pasando Valentina, Enrique y Alejandro.

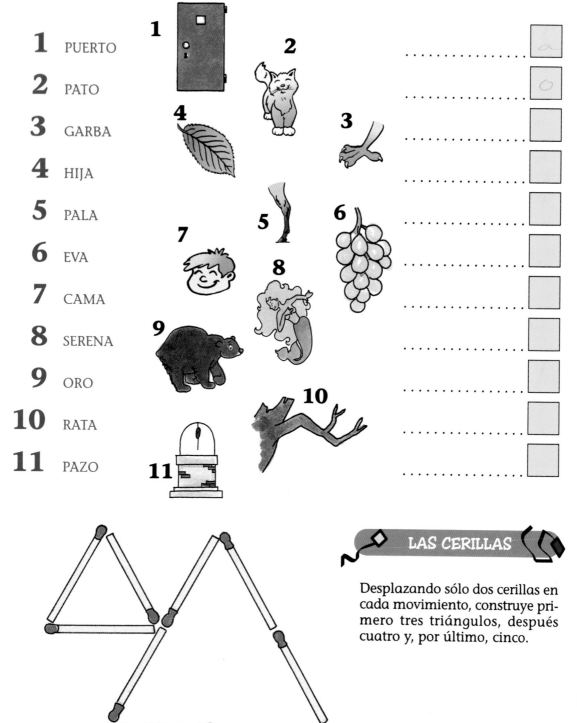

1 PUERTO

2 PATO

3 GARBA

4 HIJA

5 PALA

6 EVA

7 CAMA

8 SERENA

9 ORO

10 RATA

11 PAZO

LAS CERILLAS

Desplazando sólo dos cerillas en cada movimiento, construye primero tres triángulos, después cuatro y, por último, cinco.

221

El elefante

y el ratón

El domingo pasado fui al zoo y vi un magnífico elefante, alto, imponente, con su larga y ondeante trompa, sosteniendo una animada conversación con un pequeño ratoncito. Nunca antes había podido observar una escena igual. Había visto jirafas y lagartijas paseando juntas bajo el sol, cachorros de león jugando al escondite con las hormigas, y cebras dejándose peinar las crines por los monos, pero nunca me había encontrado con un elefante y un minúsculo roedor conversando tan alegremente. Me detuve a observarles, y comparando sus respectivas masas corporales, me preguntaba cuánto podrían pesar. «Juntos —me dije— el elefante y el ratón podrían pesar una tonelada y 100 gramos, y en este caso, el elefante pesaría una tonelada más que el ratón.»

¿Pero cuánto pesa cada uno de los animales?

1.ª información   🐘 + 🐁 = 1 tonelada + 100 gramos

  Peso elefante   Peso ratón

2.ª información   🐘 = 🐁 + 1 tonelada

  Peso elefante   Peso ratón

Introduce la segunda información en la primera, SUSTITUYENDO el peso del elefante expresado en la primera con el resultado que ofrece la segunda:

🐘 + 🐁 = 1 tonelada + 100 gramos

De modo que se obtiene: 🐁 + 1 tonelada + 🐁 = 1 tonelada + 100 gramos

🐘 = (🐁 + 1 tonelada)

Así pues: 🐁 + 🐁 = 100 gramos

222

PESO DEL RATÓN = 50 gramos   **PESO DEL ELEFANTE** = 1 tonelada + 50 gramos

HORTALIZAS DE TEMPORADA

Hoy mi verdulero, que sabe cuánto me apasionan los quiz matemáticos, me ha plantea-do el siguiente juego: tienes dos balanzas con sus respectivos platos en perfecto equilibrio.

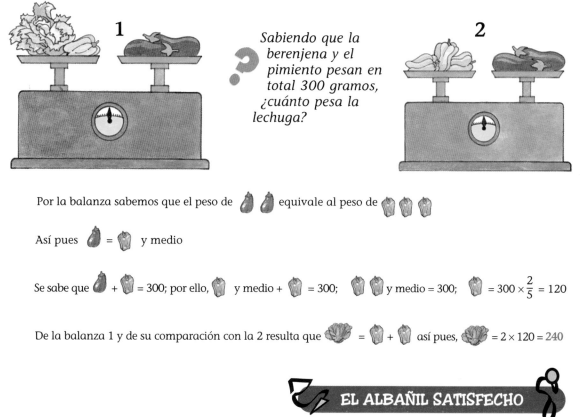

Sabiendo que la berenjena y el pimiento pesan en total 300 gramos, ¿cuánto pesa la lechuga?

Por la balanza sabemos que el peso de 🍆🍆 equivale al peso de 🫑🫑🫑

Así pues 🍆 = 🫑 y medio

Se sabe que 🍆 + 🫑 = 300; por ello, 🫑 y medio + 🫑 = 300; 🫑🫑 y medio = 300; 🫑 = $300 \times \dfrac{2}{5} = 120$

De la balanza 1 y de su comparación con la 2 resulta que 🥬 = 🫑 + 🫑 así pues, 🥬 = $2 \times 120 = $ **240**

EL ALBAÑIL SATISFECHO

Imagina una obra, en la que un albañil prepara los ladrillos, mezcla la cal, trabaja con arena. Y cuando acaba la semana, las columnas y la bóveda, hijas de la cal, de la are-na, de la sabiduría y de las manos, muestran su imponente presencia...
¿Sabrías resolver con la misma seguridad este quiz?

1. *Un ladrillo pesa un kilo más medio ladrillo. ¿Cuánto pesa el ladrillo?*
2. *Si ponemos un ladrillo en una balanza y ésta se equilibra con tres cuartas partes de un ladrillo más doscientos gramos, ¿cuánto pesa el ladrillo?*

LA TRAMPA

Un gato y medio comen un ratón y medio en un minuto y medio.

¿Cuántos gatos harán falta para comer 60 ratones en 30 minutos?

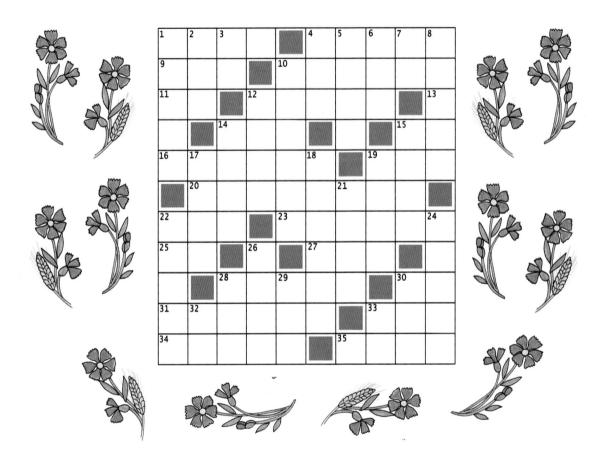

HORIZONTALES: 1. Interrupción de actividades - **4.** Al revés, probar - **9. Flor heráldica representada en la ilustración** - **10.** Cítrico parecido a la naranja - **11.** Voz que ordena - **12.** Objeto para dibujar - **13.** Segunda letra del abecedario - **14.** Letras de casa - **15.** Al revés, dios egipcio - **16.** Jugo de la aceituna - **19.** Al revés, uno con un nudo - **20.** Que lo tiene todo en su sitio - **22.** Femenino de oso - **23.** Privación de la razón - **25.** La mitad de mamá - **27.** Consonantes de raros - **29.** Al revés, querido - **31.** Contesta - **32.** Al revés, emitir - **34.** Al revés, combustible que alumbra - **35.** Deleita - **36.** Figura geométrica.

VERTICALES: 1. Ataque masivo de insectos - **2.** Al revés, penetración del mar en la costa - **3.** Al revés, siglas de señor - **4.** Al revés, preposición que multiplica - **5.** Al revés, composición en verso - **6.** Cara - **7.** Contracción - **8.** Serpiente - **10.** Postre de cumpleaños - **12.** Al revés, indicador de las emisoras de radio - **14.** Número de cantidad nula - **15.** Unir con nudos - **17.** Objeto - **18.** Muy grande - **19.** Al revés, expulso sudor - **21.** Al revés, cajón de madera - **22.** Al revés, olor - **24.** Compañero - **26.** Al revés, costado - **29.** Organización de las Naciones Unidas - **30.** Quiere - **31.** Regalan - **33.** Al revés, ofrece - **34.** Voz para detener al caballo.

Ésta es la familia que vive en la granja.
¿Quién es el tío de Susi? ¿Quiénes son los nietos
de la abuela Fulvia?
¿Cuántos hijos tiene el señor Augusto?
¿Quién es la mujer de Antonio?
¿Cuál es el grado de parentesco
entre el señor Tulio y Susi?
¿Quién es la mujer
de Marco?

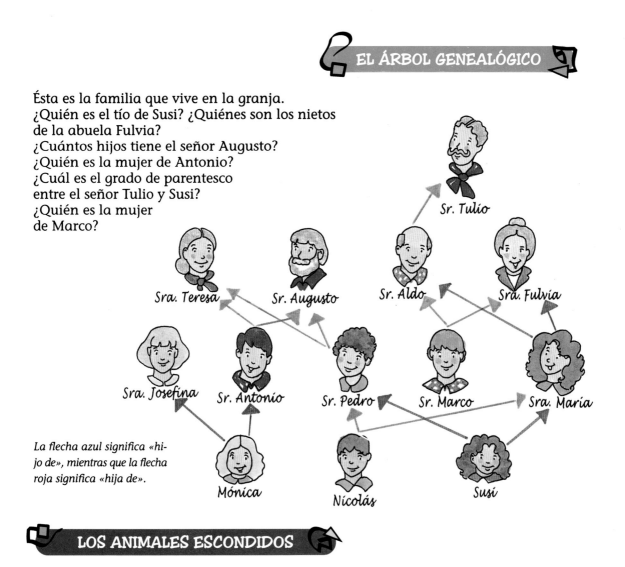

La flecha azul significa «hijo de», mientras que la flecha roja significa «hija de».

LOS ANIMALES ESCONDIDOS

He aquí seis animales que puedes ver en la granja. Para descubrir sus nombres, quita o
sustituye las letras indicadas en el nombre de cada dibujo representado.
Recuerda que F̸ = suprime la F; etc.

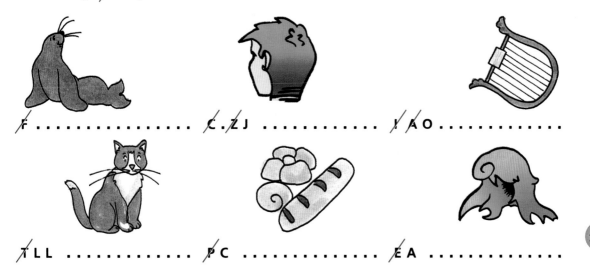

F̸ . . . . C̸ . Z̸ J . . . . Y̸ A O . . . .

T̸ L L . . . . P̸ C . . . . E̸ A . . . .

El rastreo

Estás buscando a tu cachorro, que jugando se ha escondido en algún lugar de este parque. Empieza tu camino siguiendo la dirección de la flecha y pasa a través de todos los recuadros sólo una vez, hasta alcanzar el seto de arriba, a la derecha. Muévete paralelamente a las líneas de los recuadros, y cuando cambies de dirección (de horizontal a vertical), describe un ángulo recto.

¿Qué recorrido debes seguir para encontrar a tu perro describiendo 17 ángulos rectos?

El Juego de las Cinco Cruces

Jugadores Juegan dos personas.

Material Una hoja de papel cuadriculado y un lápiz para cada jugador.

Reglas Un jugador utiliza los círculos, otro las cruces. Por turnos, se coloca el propio símbolo sobre una cualquiera de las intersecciones de la cuadrícula. Cada vez que un jugador completa una alineación de cinco símbolos, verticales, horizontales o diagonales, se anota un punto.

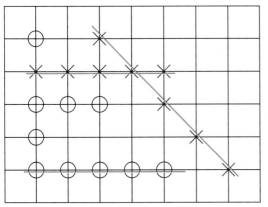

¿Quién vence?
Agotado el espacio de juego, el que haya ganado más puntos es el vencedor.

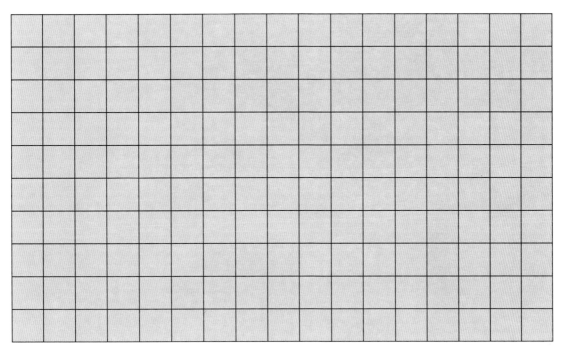

EL POSTRE

¿Te apetece este suculento postre como conclusión de una deliciosa cena a base de platos típicos del campo? Si procedes del siguiente modo, su nombre aparecerá en las casillas numeradas: localiza en cada frase la letra incorrecta y coloca la acertada en la casilla del número correspondiente.

11	1	3	4	6	2	7	10	8	12	4

1. *A cabello regalado, no le mires el diente.* . . . .
2. *A buen amigo, buen adrigo.* . . . .
3. *Carta echala no puede ser retirada.* . . . .
4. *Arco en el cielo, agua en el sualo.* . . . .
5. *Cien retranes, cien verdades.* . . . .
6. *Cada mochuero a su olivo.* . . . .
7. *De padres gatos, hijos mininas.* . . . .
8. *Cuando el gato no está, los ratones se comen el hueso.* . . . .
9. *Cada oveja con su pateja.* . . . .
10. *El que algo quiere, algo le cuenta.* . . . .
11. *El que siembra cormentas, recoge tempestades.* . . . .
12. *Agua lleva cuando el río siena.* . . . .

ETIQUETAS

Coloca en fila las palabras como en el juego del dominó, partiendo de la señalada por la flecha («cine») y observando atentamente la parte inicial y final de las polabras: ¿qué te dicen sus iniciales, leídas juntas de la primera a la última?

SANO → CINE   ASTRO

OLIVOS   ELOGIAN   ORAL

NIDO   LISTA

LA SOPA JULIANA

¿En qué mes del año tomaremos una sopa juliana? Descúbrelo en la columna verde, después de colocar en el casillero las palabras correspondientes a las ocho hortalizas dibujadas.

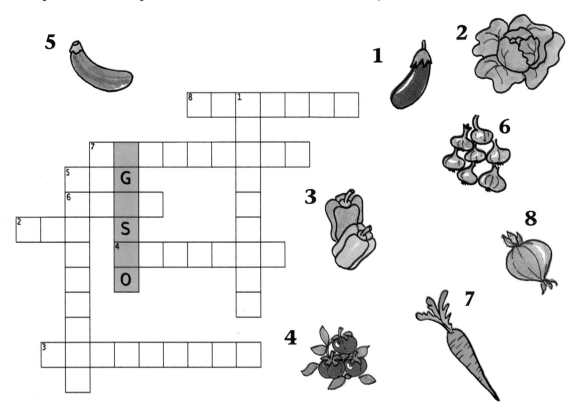

Los hijos del señor Amílcar

En casa del señor Amílcar Eraclima, que vive en el número 36 de la calle Marconi, se presenta un empleado del ayuntamiento que prepara el censo municipal. A la pregunta sobre el número de hijos y sobre su edad, el señor Amílcar responde de un modo un poco bromista: «Tengo tres hijos, de los cuales dos son gemelos y, caso extraño, el producto de su edad coincide con el número de mi casa.» El empleado del ayuntamiento, prestándose al juego, hace algunas cuentas y pide nuevas informaciones, ya que las que posee no le bastan para cumplimentar sus módulos. Entonces, el señor Amílcar añade que la suma de las tres edades es impar, y que su hijo mayor tiene los ojos azules.

¿Cuáles son las edades de los hijos del señor Amílcar?

La pregunta del problema es que determines la edad de los tres hijos; para ello, debes encontrar tres números enteros.

DATOS DEL PROBLEMA	**USO DE LOS DATOS**
1.º Dos de los tres hijos son gemelos	Dos de los tres números son iguales.
2.º El producto de la edad es igual al número de la casa, es decir, 36. 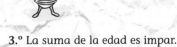	Descomponiendo el 36 en números primos, obtenemos que $36 = 1 \cdot 2 \cdot 2 \cdot 3 \cdot 3$ y dado que dos de los tres números deben ser iguales, las posibles ternas de números que pueden resolver el problema son: 1 – 1 – 36 2 – 2 – 9 3 – 3 – 4 1 – 6 – 6
3.º La suma de la edad es impar.	De las cuatro ternas anteriores, quedan sólo: 2 – 2 – 9 1 – 6 – 6 (De hecho, 1 + 1 + 36 = 38, número par, y 3 + 3 + 4 = 10, número par)
4.º El mayor tiene los ojos azules.	De la frase *El mayor...* se deduce que el hijo no gemelo es el más grande; así pues, la terna que resuelve el problema es: 2 – 2 – 9

UN NUDO DE DÍAS

Esta mañana, yendo a la escuela, mi amigo Pedro y yo nos desafiamos a jugar con rompecabezas y quiz ¡hasta ponernos la piel de gallina! Hubo uno en concreto que todavía no hemos sido capaces de resolver. ¿Nos ayudas? ¡Es éste!

¡Cuando pasado mañana sea ayer, entonces «hoy» distará del domingo tanto como el día que era «hoy», cuando el día de anteayer era mañana!

UN AUTOMOVILISTA PERPLEJO

Un señor conduce su automóvil y se da cuenta de que el número que marca el cuentakilómetros, **15.951**, es un número palíndromo (es decir, que se puede leer tanto desde la derecha como desde la izquierda).

«¡Qué extraño! —se dice—. ¡Quién sabe cuánto tiempo tendrá que pasar antes de que esto suceda otra vez!» Sin embargo, sólo dos horas después el cuentakilómetros marca otro número palíndromo.

¿A qué velocidad ha viajado el automovilista durante estas dos horas?

HACED LAS CUENTAS

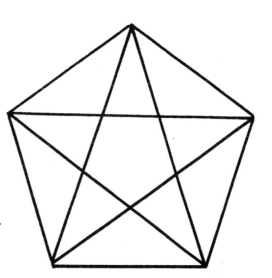

Observa el pentágono regular de la derecha.

¿Cuántos triángulos ves?

No hace mucho, en mi pueblo se formó un extraño grupito que se reunía en el bar en tardes alternas. Aparte de los inscritos en él, nadie entendía exactamente por qué se formó ese círculo. El único factor común aparente era que todos hablaban de «escuadra». Una tarde, algunos muchachos, picados por la curiosidad, se sentaron a una mesa cercana para escuchar las extrañas conversaciones de los socios afiliados al círculo.

«Para mí, la escuadra lo es todo —decía Roberto—. No podría vivir sin ella, y tampoco ninguno de los que trabajan conmigo. ¿Os podéis imaginar el desastre?» A su lado, Antonio decía: «Para mí, la escuadra es un objetivo a alcanzar. Desde la mañana y hasta la noche, me someto a un esfuerzo continuo, me controlo continuamente ante el espejo... Por fortuna, me ayudan un buen médico y una dieta estricta.» «No me habléis de escuadras —murmuraba Julio sacudiendo la cabeza—. A mí, la escuadra me vuelve loco. Por ella me sacrifico en cuerpo y alma; por la escuadra recorro kilómetros y kilómetros, pero por suerte me proporciona muchas satisfacciones. De todos modos, con la escuadra siempre intento trabajar lo mejor posible.» Felipe cerraba el círculo de la conversación: «La escuadra y yo formamos un único equipo. No hay nada que nos asuste, no hay problema que no resolvamos, tanto si la tensión disminuye como si la presión aumenta. Gracias a la escuadra, tenemos siempre la situación bajo control.»
¿De qué trabajan Roberto, Antonio, Julio y Felipe?

«Apenas tenía siete días cuando escapé a la condición de ser humano. Hui por la ventana de noche, y volé sobre los techos de las casas hacia los Jardines. Era increíble que pudiese volar sin tener alas, pero sentía unos enormes deseos de hacerlo, y cualquiera de nosotros seríamos capaces de volar si estuviésemos seguros de nuestra capacidad de hacerlo...»
¿Quién es este niño que sabe volar y en qué libro se explican sus aventuras?

El niño es Peter Pan y el libro en el que se cuentan sus aventuras es Peter Pan en los jardines de Kensington, de James Matthew Barrie.

1 ¿Cuál es la república más antigua de Europa?

2 Los siete colores del arco iris son el amarillo, el rojo, el azul, el verde, el naranja, el índigo, y...

3 Los siete enanitos se llaman Feliz, Gruñón, Dormilón, Tímido, Tontín, Estornudo, y...

4 Los nueve planetas del sistema solar son la Tierra, Plutón, Neptuno, Urano, Saturno, Júpiter, Marte, y...

5 ¿Cuántos años puede vivir una oca?

6 ¿Cuántos ojos tienen las arañas?

7 ¿A qué altura pueden llegar las cigüeñas en vuelo?

8 ¿Por qué las serpientes mueven la lengua continuamente?

9 ¿Cuándo se introdujo el uso de las campanas en las iglesias?

10 ¿Qué país fue el primero en disponer la obligatoriedad de las matrículas en los automóviles?

11 ¿Cuál fue la primera línea ferroviaria que entró en servicio?

12 ¿Qué longitud tenía originalmente la Gran Muralla china?

JEROGLÍFICO LITERARIO

FRASE: 3, 6, 2, 5   ¿Qué lees?

¿Verdadero o falso?

En uno de mis emocionantes viajes en búsqueda de lugares extraños, llegué a un pueblo llamado Verlandia. Hablando con el propietario de un bar, vine a saber que, sorprendentemente, el pueblo estaba habitado por dos grupos de personas: el grupo de los sinceros, que siempre decía la verdad, y el grupo de los mentirosos, que siempre hablaba en falso. Como quería encontrar un guía turístico fiable, pregunté lo siguiente al primero que encontré: «¿A qué grupo perteneces?» El guía me respondió que pertenecía al grupo de los sinceros.

Como dudaba, quise ponerle a prueba y lo envié a que preguntase a otro guía a qué grupo pertenecía. El primer guía volvió a mi encuentro y me dijo que también el segundo guía había dicho pertenecer al grupo de los sinceros. La respuesta que me dio el primer guía me convenció de su sinceridad.

? *¿Qué razonamiento he seguido para estar tan seguro?*

LAS TRES CAJAS

En la fiesta de mi cumpleaños, organicé pasatiempos y juegos que divirtieron a todos. Uno de estos problemas proponía a los jugadores que leyeran los mensajes escritos en tres cajas coloreadas, a fin de adivinar en cuál de las tres se ocultaba una pelotita.

? *He aquí los tres mensajes: adivina dónde se encuentra la pelotita, sabiendo que al menos uno de los mensajes es verdadero y al menos uno es falso.*

La pelotita no está en la caja roja.	La pelotita no está en esta caja.	La pelotita está en esta caja.

1.ª hipótesis *La pelotita está en la caja verde*	☐ mensaje 1 verdadero ☐ mensaje 2 verdadero ☐ mensaje 3 falso	**Ninguna contradicción**
2.ª hipótesis *La pelotita está en la caja roja*	☐ mensaje 1 falso ☐ mensaje 2 falso ☐ mensaje 3 falso	**Contradicción**
3.ª hipótesis *La pelotita está en la caja azul*	☐ mensaje 1 verdadero ☐ mensaje 2 verdadero ☐ mensaje 3 verdadero	**Contradicción**

Así pues, la pelotita está en la caja verde.

Un rey que se disponía a elegir a su primer ministro sometió a sus tres candidatos a una prueba.

Puso un sombrero en la cabeza de cada uno, pero lo hizo de tal modo que ninguno de los interesados pudiera ver el color, y después, dijo: «Los sombreros que tenéis en la cabeza son de color rojo o negro. Ahora, que cada uno observe el sombrero de los demás y levante una mano si ve al menos un sombrero negro.» Obviamente, cada candidato levantó la mano. El rey preguntó entonces al primero de qué color era el sombrero que llevaba puesto; éste respondió que no disponía de elementos suficientes para para saberlo, y lo mismo respondió el segundo candidato.

El tercero, en cambio, afirmó que estaba seguro de que su sombrero era negro, y argumentó su respuesta de manera convincente.

 ¿Cuál fue su razonamiento lógico?

El barón de Frilandia ha sido raptado por un grupo de rebeldes, y ahora se encuentra prisionero en la terrible Roca de Montenegro, en una celda con dos puertas. El barón, sin embargo, conoce el secreto de su celda: éste es que una de las puertas conduce a un pasadizo secreto que comunica con el exterior, mientras que la otra puerta lleva a una celda aún más húmeda y oscura que la suya.

Para saber cuál es la puerta de la salvación, el prisionero sólo puede hacer una pregunta a uno de los guardianes.

¿Qué pregunta debe hacer?

En un pueblo viven tres hermanos gemelos llamados Mario, Lucas y Esteban. Mario y Lucas son conocidos por su costumbre de mentir, mientras que Esteban, en cambio, siempre dice la verdad. Un día me encontré por la calle con uno de los tres hermanos y quise descubrir si se trataba de Mario.

 ¿Qué pregunta le hice para adivinarlo, teniendo en cuenta que su respuesta sólo podía ser un sí o un no?

Asigna un nombre a cada uno de los dibujos y tacha en los recuadros las letras que lo componen. Leyendo las letras sobrantes en el orden numérico de las casillas, descubrirás el nombre de una conocida localidad turística española.

1

C	A	B
A	L	L
O	T	O

2

P	R	A
R	R	R
L	M	E

3

C	E	R
A	Z	E
S	E	M

4

N	A	R
J	N	A
A	O	L

5

S	E	C
A	D	O
R	I	N

6

G	A	L
O	S	L
A	N	I

Tres amigas se encuentran en la playa. Para conocer sus nombres, inserta en el centro de las seis flores la sílaba necesaria para que puedas leer palabras con sentido completo, yendo desde cada pétalo hacia su opuesto. Las sílabas que añadas, leídas en su orden numérico, contienen la respuesta.

1 CA / MA / NO / ÑO

2 BA / PA / TA / LLA

3 TO / PI / NO / LLA

4 E / BA / NA / NO

5 EN / TO / LO / GO

6 CO / SA / DO / DOR

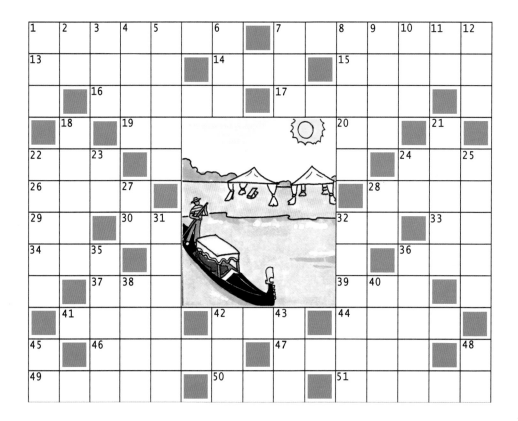

HORIZONTALES: 1. País de los rumanos - **7. Embarcación de la ilustración** - **13.** Mece para que se duerma - **14.** Existía - **15.** Al revés, barca de remos muy estrecha - **16.** Perteneciente a la boca - **17.** Bebida alcohólica hecha a base de manzana - **19.** Sexta nota - **20.** Vocal repetida - **22.** Noble inglés - **24.** Al revés, perro - **26.** Casa hecha de hielo - **28.** Mancha en la piel - **29.** Artículo masculino singular - **30.** Al revés, preposición - **32.** Dos veces - **33.** Al revés, inicio de nada - **34.** Sonido de campana - **36.** Enfado - **37.** Al revés, abreviatura de Teodoro - **39.** Punto en fútbol - **41.** Instrumento para lanzar flechas - **42.** Al mismo nivel - **44.** Vigila desde un punto alto - **46.** Construcción hecha para vigilar - **47.** Ni ahora ni después - **49.** Representación que combina la música y el teatro - **50.** Carece de algo - **51.** Fabulista griego.

VERTICALES: 1. Al revés, emperador ruso - **2.** Al revés, nombre de la letra *q* - **3.** Al revés, sonido de una bomba - **4.** Al revés, astro nocturno - **5.** Al revés, ponen laca - **6.** Comprenda el significado de un escrito - **7.** Estado de la materia que no es sólido ni líquido - **8.** Se desplazan por el agua - **9.** Tuesta - **10.** Al revés, salida del aparato digestivo - **11.** Artículo femenino - **12.** Al revés, juego de tablero con nombre de animal - **18.** Nombre hecho con iniciales - **21.** El contrario de introducir - **22.** 6 + 1 - **23.** Consonantes de rulo - **24.** Al revés, preposición - **25.** Pelos blancos - **27.** Uno - **28.** 3,1416 - **31.** Alfombra - **32.** Pelos encima del labio - **35.** Punto cardinal que señala la brújula - **36.** Sin sufrir daño - **38.** Al revés, acción de rozar - **40.** Al revés, valla hecha de matas - **42.** Cabeza de ganado - **43.** Santo - **45.** Negación - **48.** Grito para avisar a alguien.

ESCULTURAS DE ARENA

¡Viva! Hoy se ha organizado en la playa un concurso de esculturas de arena. ¿Qué prenda no hay que olvidar para ir a la playa? Encuentra en la sopa de letras las palabras de la lista. Búscalas en cualquier dirección (incluso superpuestas). Leerás la respuesta en las letras que sobren.

R	O	D	A	E	C	N	O	R	B
A	S	O	M	B	R	I	L	L	A
Ñ	O	B	C	O	L	C	H	O	N
A	L	L	A	O	T	O	L	O	P
C	A	A	C	A	M	A	H	Ñ	E
A	L	A	P	A	R	E	N	A	L
C	A	R	A	Q	U	E	T	A	O
U	D	O	R	B	A	R	C	A	T
B	R	O	D	A	T	O	L	F	A
O	R	A	S	T	R	I	L	L	O

BARCA   RAQUETA
PALA   CUBO
RASTRILLO   POLO
ARENA   FLOTADOR
COMETA   CAÑA
TOALLA   SOL
SOMBRILLA   BRONCEADOR
COLCHÓN   PELOTA
HAMACA

HAY ALGO NUEVO

Este año, algo ha cambiado en el paisaje marino. Descubre las 9 diferencias.

Las paradojas de la Lógica

El dilema ilustrado en las páginas anteriores representa una situación que en lógica matemática recibe el nombre de **paradoja**.

Una paradoja puede ser considerada como un razonamiento que parece contradictorio, pero que debe ser aceptado; también puede considerarse como un razonamiento que parece concreto, pero que lleva a una contradicción.

Estaremos ante una **contradicción** cuando en un discurso se afirme una cosa y también su contraria, o bien cuando en un razonamiento se extrae como conclusión una afirmación y, al mismo tiempo, su negación. En el caso concreto de la **historia del cocodrilo**, el animal, haga lo que haga, no mantiene la palabra dada. Si devora al niño, hará que la madre haya dicho la verdad: así pues, si se come el niño, no mantiene su palabra; si lo devuelve a la madre, hará que ésta se haya equivocado y, en consecuencia, tendrá que comerse al niño y, con ello, no mantendrá la palabra dada.

la nota 🐊

Otra versión del mismo tipo de problema fue la planteada por el matemático francés P. E. B. Fourdain, que en 1913 formuló la siguiente paradoja. En uno de los lados de una nota escribió: «La proposición escrita en el otro lado de esta nota es cierta»; mientras que en el otro lado escribió: «La proposición escrita en el otro lado de esta nota es falsa.»

La lógica matemática 💡

*Es la disciplina que se ocupa de verificar la exactitud de los razonamientos. La lógica se desarrolló inicialmente gracias a los filósofos griegos, entre los cuales el mayor representante fue **Aristóteles** (384-322 a.C.), y hasta los siglos XVII y XVIII estuvo incluida en los estudios de humanidades. El filósofo y científico alemán **Gottfried Leibniz** (1646-1716) fue el primero en relacionar la lógica de los filósofos con los métodos de la matemática. Su idea más original fue construir un instrumento lingüístico universal, un lenguaje artificial, con el que describir y analizar cualquier razonamiento, permitiendo así llegar a conclusiones ciertas, prácticamente calculadas. Su trabajo fue retomado por el matemático inglés **George Boole** (1815-1864), que estableció las bases del cálculo lógico.*

*Un ulterior desarrollo de los estudios de lógica matemática o lógica formal fue el protagonizado por el matemático alemán **Friedrich Frege** (1848-1925) y por el filósofo inglés **Bertrand Russel**l (1872-1970).*

*Más recientemente, los estudios del lógico estadounidense **Kurt Gödel** (1906-1978) y del matemático inglés **Alan Turing** (1912-1954) crearon las premisas teóricas para el nacimiento de las primeras calculadoras y de la informática.*

El barbero

Otra contribución al estudio de estas situaciones fue la proporcionada por el filósofo y matemático inglés Bertrand Russell, en los primeros años del siglo XX.

En sus estudios sobre la teoría de conjuntos, Russell encontró una contradicción, de la que la «paradoja del barbero» ofrece un ejemplo pintoresco: pensando en la existencia de un conjunto cuyos elementos fuesen todos los conjuntos existentes, y no objetos individuales, se preguntó si este conjunto de conjuntos se pertenecería a sí mismo.

Uno de los habitantes de un pueblo es barbero: el único barbero de la localidad. Se trata de un hombre bien afeitado, que afeita únicamente a los hombres del pueblo que no se afeitan solos. La pregunta es: «¿Quién afeita al barbero?» Si se afeita él mismo, actúa en contra de la premisa según la cual él afeita a todos los hombres del pueblo que no se afeitan solos. En cambio, si no se afeita, actúa en contra de la premisa según la cual afeita a todos los hombres que no se afeitan solos.

En la práctica, estamos tratando con dos conjuntos de hombres del pueblo: los que se afeitan solos y los que no se afeitan solos, y a los cuales afeita el barbero. El problema efectivo es: ¿a qué conjunto pertenece el barbero?

La paradoja reside en el hecho de que el barbero, pese a ser uno de los habitantes del pueblo, no puede pertenecer a ninguno de los dos conjuntos, ya que su presencia en cualquiera de ellos genera contradicción.

Todos estos razonamientos se cierran en un círculo vicioso del que no parece haber vía de salida, y pueden esquematizarse en la siguiente estructura:

> **SI sí, ENTONCES no;**
> **y SI no, ENTONCES sí**
> o bien
> **SI verdadero, ENTONCES falso;**
> **y SI falso, ENTONCES verdadero**

El mentiroso

Una versión más antigua (originaria de la filosofía griega del siglo VI a.C.) de este tipo de razonamiento es la representada por la «paradoja del mentiroso».

Se pide a un mentiroso (es decir, a alguien que nunca dice la verdad) que responda a la siguiente pregunta: «¿Mientes cuando dices que mientes?»

Si el mentiroso responde «Sí, estoy mintiendo», no está mintiendo porque si un mentiroso dice ser un mentiroso y, efectivamente, lo es, dice la verdad y automáticamente deja de ser un mentiroso; si por el contrario la respuesta es «No», es cierto que está mintiendo y, en consecuencia, es un mentiroso.

Escribe delante de cada palabra de la siguiente lista uno de los grupos de letras contenidos en los globitos, de manera que obtengas nuevas palabras con sentido. Lee las letras que añadas en el orden numérico y descubre cuatro juegos muy divertidos.

1 . . . . RA
2 . . . . BO
3 . . . . ADRO
4 . . . . PETA
5 . . . . ABLE
6 . . . . MISA
7 . . . . ÑO
8 . . . . CADA
9 . . . . BINADO
10 . . . . TALLA

CANTAR EN DIAGONAL

¿Quién es la cantante cuya canción está retransmitiendo la radio? Su apellido aparecerá en la columna coloreada, una vez hayas completado las casillas en sentido horizontal, siguiendo las definiciones.

1. Botijo, recipiente para agua - 2. Habitante de las Canarias - 3. Bulbo de sabor picante - 4. No son caros - 5. Guerra - 6. Ciudad de Andalucía - 7. Opuesto a poniente.

Paseando por la playa se descubren cosas extrañas. ¿Qué has encontrado en tu paseo? Léelo en las casillas coloreadas, después de completar el casillero con los nombres de los objetos dibujados.

—Perdone, Lucía. ¿Usted limpia el pescado antes de cocinarlo?
—¿Para qué, si se ha pasado la vida en el agua?

JEROGLÍFICO DOMINGUERO

FRASE: 2, 7, 3, 2, 5   ¿Cuándo vuelves?

¿Qué ropa me pongo?

Enrique tiene un armario más bien escaso: sólo dispone de 1 par de pantalones, 2 chaquetas y 4 camisas.

? *Combinando de distinta forma estas 7 piezas de ropa, ¿de cuántas formas distintas puede vestirse?*

El número de las distintas combinaciones posibles, que se obtiene de la operación 2 × 2 × 4, es 16. En efecto, Enrique dispone de dos pantalones para cada una de sus 2 chaquetas, lo que le permite 4 posibles combinaciones de chaqueta y pantalón. Para cada una de estas combinaciones, Enrique puede elegir cualquiera de sus 4 camisas. En total, Enrique tiene **16 combinaciones** de chaqueta-pantalón-camisa (4 × 4 = 16). Estas 16 posibilidades pueden representarse gráficamente mediante un árbol cuyas ramificaciones indican las distintas combinaciones de las 7 piezas de ropa.

CHAQUETAS	PANTALONES	CAMISAS	COMBINACIONES

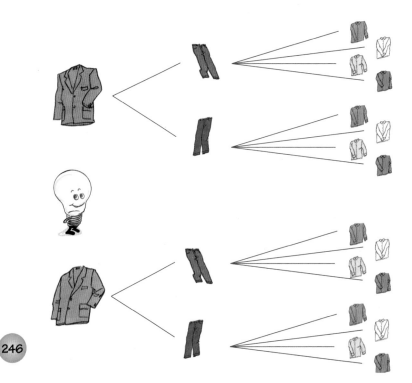

- Ch. roja, p. rojos, c. azul
- Ch. roja, p. rojos, c. blanca
- Ch. roja, p. rojos, c. amarilla
- Ch. roja, p. rojos, c. verde

- Ch. roja, p. azules, c. azul
- Ch. roja, p. azules, c. blanca
- Ch. roja, p. azules, c. amarilla
- Ch. roja, p. azules, c. verde

- Ch. verde, p. rojos, c. azul
- Ch. verde, p. rojos, c. blanca
- Ch. verde, p. rojos, c. amarilla
- Ch. verde, p. rojos, c. verde

- Ch. verde, p. azules, c. azul
- Ch. verde, p. azules, c. blanca
- Ch. verde, p. azules, c. amarilla
- Ch. verde, p. azules, c. verde

UN LIBRO AMIGO

Partiendo de la flecha y avanzando en sentido inverso al de las agujas del reloj, lee una letra y salta dos: obtendrás el título de un libro tan divertido como sorprendente.

UN LIBRO DE AVENTURAS

¿Has descubierto ya el placer de leer libros de aventuras? Escribe en el diagrama, en sentido horizontal, las palabras correspondientes a las definiciones. En las columnas coloreadas leerás el título de una apasionante novela de Julio Verne.

1. Curva en forma de huevo - 2. Unta con brea - 3. Materia que expulsan los volcanes - 4. María Teresa - 5. Versos - 6. Insecto originario de América y muy extendido en África, parecido a la pulga - 7. Aro de metal - 8. Uno - 9. Nombre masculino - 10. Tabique - 11. Capitán del *Nautilus* - 12. Espanto - 13. Válvula eléctrica que consta de un ánodo y un cátodo - 14. Utilizo.

CINTAS ENTRECRUZADAS

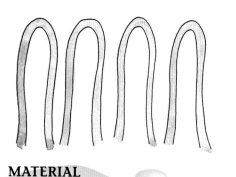

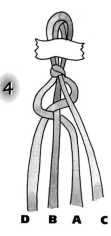

1

Dobla los hilos por la mitad y anúdalos.

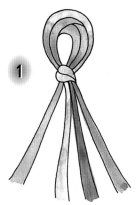

2

A B C D

Fija el ojal y trabaja siempre alrededor del hilo de color contrastado, que deberá estar firme y bien tenso.

MATERIAL

Prepara 3 hilos del mismo color de 70 cm de largo, y otro hilo también de 70 cm pero de un color que contraste.

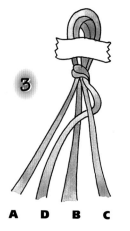

3

A D B C

Pasa D por debajo de C y luego por encima de B.

4

D B A C

Pasa A por encima de D y por debajo de B.

5

D C B A

Pasa C por debajo de A y por encima de B.

Una señora observa un niño que camina por la acera con una maleta.

—Pequeño, ¿a dónde vas? —le pregunta con una sonrisa.

—¡Me he escapado de casa! —responde el niño con aire decidido.

—¿Y a dónde quieres ir? ¡Es la tercera vez que te veo pasar por aquí con la maleta...!

Luisito observa a la señora y, cándidamente, le confiesa:

—Es que mi madre no me deja atravesar solo las calles. ¿Me ayudaría usted a cruzarla, señora?

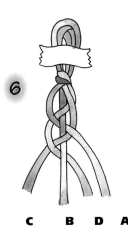

6

C   B D A

Pasa D por encima de C y por debajo de B.

7

A

C   B   D

Enlaza y aprieta bien los hilos alrededor de B. Continúa hasta que el brazalete alcance a rodearte la muñeca. Fija los extremos libres con un nudo.

El padre, la madre y Pedrín se agarran a un mástil, mientras el barco se hunde en las profundidades marinas. El padre murmura: «Te lo advertí, María... ¡Te dije que ese maldito berbiquí que regalaste a tu hijo nos traería problemas!»

Para cerrar el brazalete, anuda los extremos libres en el ojal.

EL FOSO

La arena es una enorme pizarra en la que escribir y dibujar. Es un material dúctil para modelar y construir.

La profundidad del foso de playa debe ser escasa, para evitar accidentes. La trampa se disimula disponiendo una cubierta de ramas ligeras, o bien cubriéndola con un periódico o disimulándola con una capa de arena. Puede ser la excusa para conocer a un chico o a una chica, en cuyo auxilio acudiremos muy amables. Naturalmente, sólo confesaremos la broma cuando haya pasado una larga temporada.

UNA PISTA PARA JUGAR

Con la arena se pueden construir fosos, canales, presas de agua, islas, el cuerpo humano, la sombra del cuerpo humano, retratos imaginarios, animales, esfinges, dragones, castillos, fortalezas, montañas, volcanes, decoraciones, laberintos, pistas para jugar a canicas (bolitas), autódromos, flippers, campos de mini-golf... Se pueden usar conchas, astillas, guijarros, plumas, chapas de refrescos...

Se puede construir una bonita pista sobre la arena de la playa utilizando el trasero de un amigo o amiga de buen peso. Escoge un lugar en el que la arena conserve cierta humedad. La pista puede tener forma de anillo, de doble anillo, con cruces o rectilínea. No te detengas durante la operación, o de lo contrario se formarán baches en la pista. Pueden jugar muchas personas a la vez: cada jugador tira su canica (bolita) tres veces.

Decide si dejarás la canica (bolita) en el lugar al que llegue o si, por el contrario, la dejarás apartada en el borde de la pista hasta que vuelva a ser tu turno de tiro.

EL VOLCÁN

Construye un enorme montículo de arena a última hora de la tarde, cuando casi todos han regresado ya a sus casas y el sol empieza a ponerse. No está permitido pedir prestada la pala al socorrista, pero sí que es posible utilizar alguna paleta. La arena debe estar muy húmeda y consistente.

Cuando el montículo esté listo y bien prensado, excava una galería lateral en su base hasta llegar al centro. En él deberás abrir un espacio más ancho: el horno. Tendrás que estirarte en el suelo e introducir todo el brazo por la galería, para poder ensanchar las paredes con la mano. Crea el cráter agujereando con un bastón largo la cima del montículo.

Para entonces, casi se habrá hecho de noche. Alimenta el horno con bolas de papel de periódico bien secas y no demasiado prensadas. Del volcán saldrá una columna de humo visible incluso desde muy lejos. Cuando acabe el espectáculo, no olvides retirar las cenizas.

CASTILLOS DE ARENA

Los castillos de arena se levantan a última hora de la mañana o, en los días muy calurosos, al final de la tarde. Se protegen con un foso y un puente levadizo, y no deben estar al alcance de la marea. Toma como ejemplo el castillo de la bruja de Blancanieves o el del rey Arturo. El castillo nunca debe ser pisado accidentalmente, sino que debe ser destruido por iniciativa del niño más pequeño, aunque no forme parte del grupo de constructores.

Es inútil dejar el castillo intacto durante la noche. Nadie lo ha encontrado nunca a la mañana siguiente.

UN BAÑO DE SINÓNIMOS

¡Es la hora del baño! ¡Vamos al agua! ¿Cómo nos alejaremos de la orilla? Obtendrás la respuesta escribiendo un sinónimo al lado de las palabras de la columna; búscalos en las palabras propuestas y, cuando hayas acabado, lee juntas las iniciales de arriba abajo.

COSTA . . . .

ÁNCORA . . . .

BORRASCA . . . .

ISLOTE . . . .

BARCO . . . .

NAVE

ISLA

PLAYA   TEMPESTAD   ANCLA

EL ESCAPARATE

En este escaparate se han perdido los slips de dos biquinis y el sostén de otro. Observa atentamente y adivina de cuáles.

Un niño se ha perdido en la playa: ayúdalo a llegar hasta la sombrilla donde sus padres se resguardan del sol. ¿Cuál de los hilos crees que deberá seguir?

PIZZA CIFRADA

¡Esta noche nos reunimos todos para cenar una súper pizza! Para saber qué pizza pedirán los muchachos, sustituye cada número por una letra. Ayúdate con las definiciones, de manera que a cada número le corresponda una misma letra. Podrás leer la respuesta en la columna enmarcada.

A	2	1	7	2	6
B	5	10	1	8	9
C	3	1	10	11	1
D	12	8	6	9	8
E	11	6	8	11	1
F	1	10	4	8	1
G	7	1	10	11	4
H	1	10	1	2	4

A Ciervo de Disney
B Semilla
C Naipe
D Matrimonio
E Líquido para escribir
F Partículas que forman una playa
G Cuarto planeta
H Nacido en Arabia

Hoy vamos a El Viejo Bucanero, un restaurante cercano al puerto, famoso por sus suculentos platos a base de pescado. ¿Qué pediremos como primer plato? Podrás leer la respuesta en la línea coloreada, después de completar cada columna con la letra que falta para que resulten palabras con sentido completo.

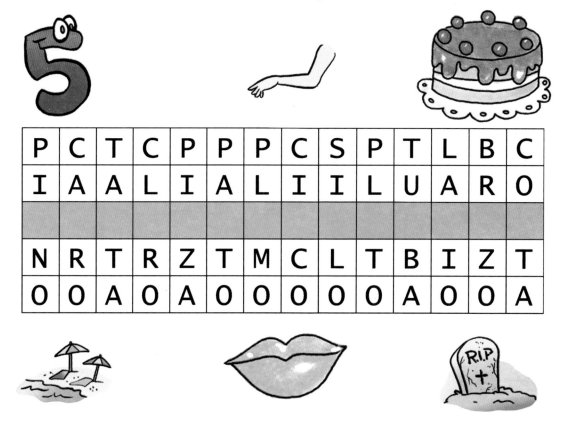

P	C	T	C	P	P	P	C	S	P	T	L	B	C
I	A	A	L	I	A	L	I	I	L	U	A	R	O
N	R	T	R	Z	T	M	C	L	T	B	I	Z	T
O	O	A	O	A	O	O	O	O	O	A	O	O	A

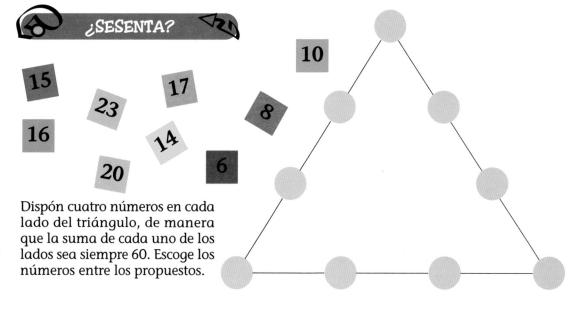

¿SESENTA?

15 17 23 10 8 16 14 6 20

Dispón cuatro números en cada lado del triángulo, de manera que la suma de cada uno de los lados sea siempre 60. Escoge los números entre los propuestos.

255

CINCO AGRADABLES INTRUSOS

Hoy hace un día estupendo para una excursión. Pero, ¿qué excursión haremos? Elimina en cada casillero las letras que forman los nombres de los cinco elementos del paisaje. Las letras que sobren, leídas de izquierda a derecha, te darán la respuesta.

1	2	3	4	5
P A R	I L A	P P A	M O N	A B T
A U E	R G L	S O E	Ñ A T	I B C
L N M	G O U	Z O O	A E N	O I E

LAS INICIALES ANIMALESCAS

Volviendo de la excursión, descubres que te has dejado algo olvidado. ¿De qué se trata? Para descubrirlo, coloca en el casillero las iniciales de los nombres de los ocho animales.

Las dos palabras escondidas bajo las X sólo difieren por la posición del acento en la letra señalada en color rojo. ¿Cuáles son?

ESTUVE HABLANDO CON EL CANTANTE
HASTA QUE **XXXXXX**
CUÁL ERA EL **XXXXXX** CORRECTO
DE LA CANCIÓN.

ANAGRAMA

Las dos palabras a adivinar están formadas por las mismas letras, pero dispuestas en un orden distinto.

ES UN PERRO TAN GOLOSO
QUE CUANDO ENTRA EN UNA PASTELERÍA
SIEMPRE LO **XXXX**
PORQUE SI NO SE COME TODA
LA **XXXX** QUE ENCUENTRA.

INVITACIÓN GRÁFICA

Esta tarjeta contiene un mensaje cifrado de seis palabras. ¿Qué hay escrito en él? Para saberlo, basta dar su nombre a los dibujos y luego leer las iniciales.

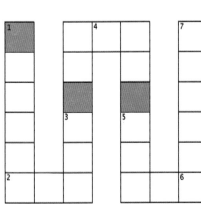

Ésta es la pista que algunos muchachos han excavado en la arena para jugar con sus canicas de colores. ¿Quién ganará la partida? Su nombre aparece en las casillas coloreadas, leídas de izquierda a derecha. Si rellenas correctamente el casillero, comprobarás que las palabras correspondientes a las definiciones tienen distinto significado según se lean de izquierda a derecha, o al revés.

1. *Grano para hacer paellas*
2. *Antipatía*
3. *Primer hombre*
4. *Suerte*
5. *Unir con una cuerda*
6. *Da saltos*

7. *Sentimiento de afecto*
8. *Superior de un monasterio*
9. *Escuchar*
10. *Rezar*
11. *Unen con nudos*
12. *Plantígrado (femenino)*

BEACH VOLLEY

Cuatro equipos compiten en el torneo de *beach volley*. El nombre del equipo vencedor se obtiene uniendo las letras que se han «colado» en los siguientes cinco términos técnicos del juego.

1. **ÁEREA DE JUEGO**

2. **PELLOTA**

3. **VOILEIBOL**

4. **CAMBIO DE PELOCTA**

5. **SPUNTO**

6. **SNET**

¡Cuántos distintos tipos de peces, moluscos y crustáceos hay expuestos en las tiendas del mercado! Pero hay un intruso: lee su nombre después de eliminar los 11 nombres de peces en la sopa de letras. Empieza el recorrido por donde indica la flecha.

C	I	D	R	A	S	O	D	A
A	N	N	A	C	E	B	E	U
L	A	G	T	S	O	G	C	G
A	B	R	I	I	F	N	R	N
M	A	E	N	N	L	A	E	E
A	C	J	O	D	E	L	P	L
R	A	O	A	T	U	N	A	E
P	L	A	O	O	S	T	R	U
U	L	P	O	A	R	E	N	Q

Elige la respuesta que creas correcta para cada una de las siguientes preguntas sobre tres criaturas marinas.

A. ¿QUÉ ES UN BESUGUETE?
1. *Crustáceo*
2. *Pez*
3. *Molusco*

B. ¿CUÁL ES EL NOMBRE CIENTÍFICO DEL COTO?
1. *Piscis magnus*
2. *Magna magna*
3. *Cottus gobio*

C. ¿QUÉ PEZ TIENE CABEZA DE CABALLO?
1. *Hipocampo*
2. *Céfalo*
3. *Dragoncillo*

Es por la tarde y la gente está abandonando la playa, pero llegan algunos chicos bien provistos de bocadillos, refrescos y un radiocasete para celebrar un picnic nocturno a la orilla del mar. ¿De qué grupo inglés son las canciones que sirven de fondo musical? Para descubrirlo, añade las letras que faltan a las siguientes palabras inglesas, y después léelas siguiendo el orden numérico de 1 a 10.

1. HOU■■E

2. AP■LE

3. SH■P

4. I■E CREAM

5. TR■E

6. E■G

7. R■NG

8. STA■

9. ■EMON

10. ■UN

JUGANDO AL ESCONDITE VESPERTINO

Jugando al escondite en la playa cuando casi es ya de noche, se hace más difícil identificar a los jugadores. ¿Quién se esconde detrás de la caseta? ¿Cuál de las 5 figuras completa la primera figura de la izquierda?

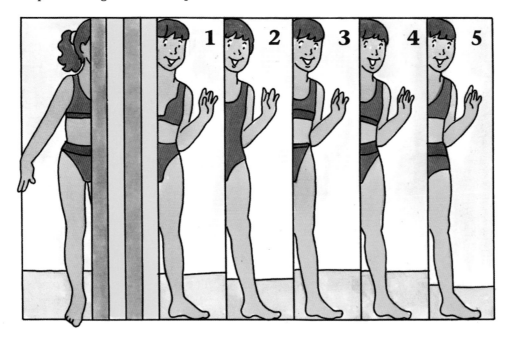

Es una espléndida noche, cuajada de estrellas. Estirado en la playa con la nariz hacia arriba, ¿qué constelaciones eres capaz de reconocer?
Compón con las letras que hay en las estrellas el nombre de la constelación.

POLVO DE ESTRELLAS

Siguiendo las definiciones, completa el esquema estrellado, y uniendo las 5 letras de las casillas coloreadas obtendrás el nombre de una famosa estrella. El número al final de cada definición indica de cuántas letras está formada la palabra correspondiente.

1. *Mar de Venecia (9)*
2. *Pequeña embarcación a remos (5)*
3. *Superficie de arena junto al mar (5)*
4. *Movimiento del mar (5)*
5. *Ciudad española con un importante puerto en el Mediterráneo (9)*
6. *Tranquila (5)*

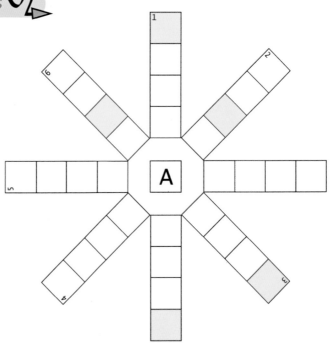

LA BOTA VIEJA

Alguien ha colocado desordenadamente en el armario todas las botas del grupo excursionista. Ayuda al muchacho a encontrar la bota gemela a la que tiene en la mano. Observa los detalles con mucha atención.

EN LA MOCHILA

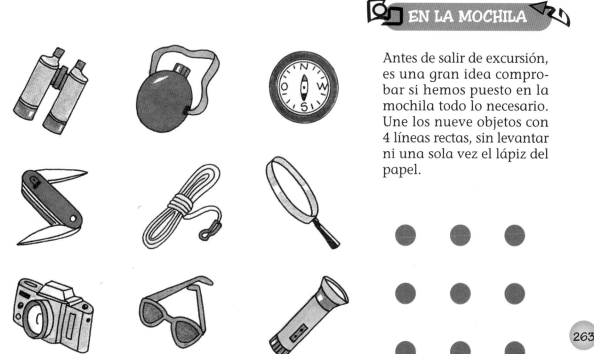

Antes de salir de excursión, es una gran idea comprobar si hemos puesto en la mochila todo lo necesario. Une los nueve objetos con 4 líneas rectas, sin levantar ni una sola vez el lápiz del papel.

Criptografía

La criptografía es un sistema de escritura secreta que se emplea para formar un texto comprensible sólo para quien conoce la clave.

Hay tres tipos de criptografía: **por sustitución**, cuando cada letra, sílaba o palabra es sustituida por los elementos de un código establecido de antemano; **por transposición**, cuando las letras del texto se cambian de lugar según una clave; **mixta**, cuando se utilizan simultáneamente los dos sistemas descritos.

Hoy en día la criptografía, usada desde tiempos muy antiguos, se utiliza ampliamente en la comunicación militar, bancaria y privada, sobre bases matemáticas. Un conjunto ordenado de símbolos, denominado mensaje **en claro**, se transforma en otro conjunto de símbolos denominado **mensaje cifrado**, de tal modo que su comprensión resulte muy difícil (cuando no imposible) para una persona que desconozca la clave que permite descifrarlo.

La serie de operaciones necesarias para pasar del mensaje en claro al mensaje cifrado y viceversa se denomina respectivamente **algoritmo de cifrado y algoritmo de descifrado**.

Código con sustitución de las letras del alfabeto

Un código muy práctico consiste en situar las letras del alfabeto en su orden correcto y escribir en el lugar que ocupa una letra concreta la que le precede en el orden alfabético (es decir, la situada inmediatamente a su izquierda) o la que le sigue (es decir, la situada a su derecha).

Por ejemplo: codificando a la izquierda (es decir, usando las letras precedentes), **ÁRBOL** se convierte en **Z Q A Ñ K**; en cambio, codificando a la derecha (es decir, usando las letras siguientes), se transforma en **B S C P LL**.

Código numérico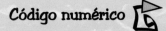

Uno de los códigos más sencillos consiste en numerar del 1 al 29 las letras del alfabeto, sustituyendo las decenas con un punto y las veintenas con dos puntos. Para codificar y descodificar un mensaje, bastará con escribir el alfabeto y debajo los números correspondientes de las letras, así:

A	B	C	CH	D	E	F	G	H	I	J	K	L	LL	M
1	2	3	4	5	6	7	8	9	.0	.1	.2	.3	.4	.5

N	Ñ	O	P	Q	R	S	T	U	V	W	X	Y	Z
.6	.7	.8	.9	:0	:1	:2	:3	:4	:5	:6	:7	:8	:9

Con este sistema, la palabra **ÁRBOL** se codifica así: 1 :1 2 .8 .3

Códigos rápidos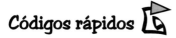

Palabras cortadas Divide las palabras de modo diferente al habitual.
Por ejemplo: en vez de escribir EFECTUAR ACCIÓN CONTACTO, escribe EFE CTU ARAC CIONCO NTA CTO.

Palabras al revés *Escribe las palabras en sentido inverso. VEN ENSEGUIDA se convierte en NEV ADIUGESNE.*

Frases al revés Empezando por la última palabra, invierte toda la frase que compone el mensaje. Por ejemplo: en vez de escribir TE ESPERO DELANTE DEL SEMÁFORO, escribe OROFAMES LED ETNALED OREPSE ET.

Código jaula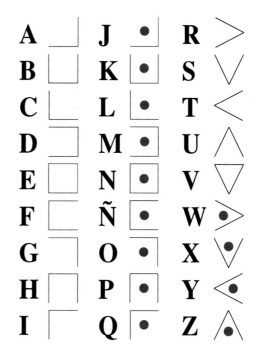

A	J •	R
B	K •	S
C	L •	T
D	M •	U
E	N •	V
F	Ñ •	W •
G	O •	X •
H	P •	Y •
I	Q •	Z •

Alfabeto Morse

A	• —	N	— •
B	— • • •	O	— — —
C	— • — •	P	• — — •
D	— • •	Q	— — • —
E	•	R	• — •
F	• • — •	S	• • •
G	— — •	T	—
H	• • • •	U	• • —
I	• •	V	• • • —
J	• — — —	W	• — —
K	— • —	X	— • • —
L	• — • •	Y	— • — —
M	— —	Z	— — • •

Primera letra añadida *Divide el mensaje en grupos de tres letras y añade una letra cualquiera al principio de cada grupo. Si el último grupo tuviese menos letras, añade al final otras cualesquiera hasta alcanzar el número de cuatro. ZPÁS HAME PELE LNCA ÑRGO YAHO QRAX quiere decir PÁSAME EL ENCARGO AHORA.*

Última letra añadida Añade una letra cualquiera al final de cada grupo de letras. En el caso de que el último grupo contenga un número inferior, añade al final las necesarias para llegar a cuatro.
Para decir AYÚDAME puedes escribir, por ejemplo, AYUV DAMD EKSV.

Letras cambiadas *Cambia la última letra de cada uno de los grupos de tres letras con la primera del grupo siguiente. El mensaje VENDRÉ A BUSCARTE A LAS TRES se convierte en VED NRA EBS UCR ATA ELS ATE RS.*

267

Descodifica el mensaje. A cada nota corresponde siempre una misma letra.

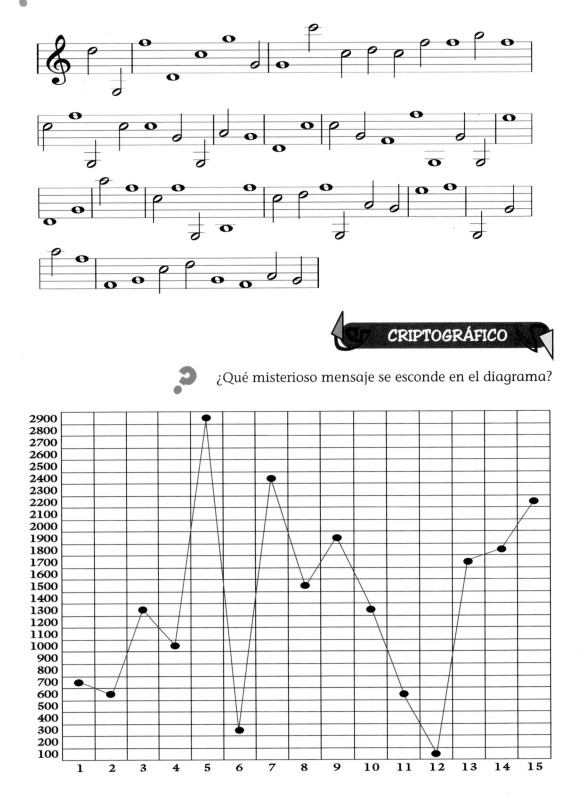

CRIPTOGRÁFICO

¿Qué misterioso mensaje se esconde en el diagrama?

Descodifica el mensaje. A cada flor corresponde una misma letra.

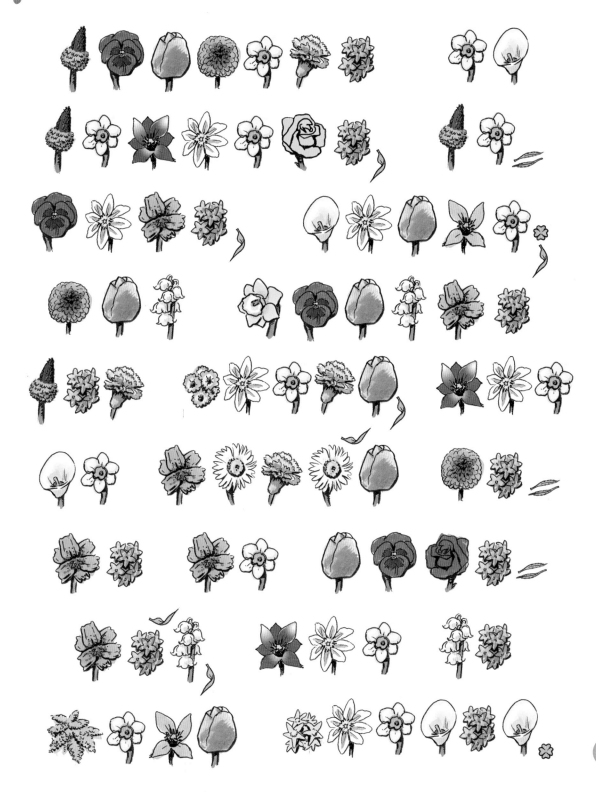

LAS TRES PUERTAS

La pasada noche tuve un sueño de lo más extraño. Me había perdido en el interior de un lúgubre y terrorífico castillo y, buscando desesperadamente una vía de salida, llegué a una habitación en la que había tres puertas. Una misteriosa voz me decía que detrás de una de las puertas había sal, y que lo que podía leer en la puerta era verdad. Detrás de otra de las puertas había pimienta, y lo que estaba escrito en la puerta era falso.

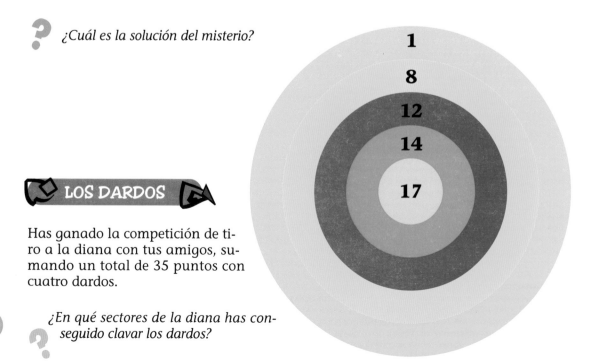

1 La pimienta está detrás de la puerta 2.

2 La sal no está detrás de esta puerta.

3 El zumo de limón no está detrás de esta puerta.

Finalmente, detrás de la tercera y última puerta había zumo de limón y el mensaje escrito en la puerta podía ser verdadero o falso. Sólo podría salir del castillo si era capaz de adivinar detrás de qué puerta se encontraban respectivamente la sal, la pimienta y el zumo de limón. Mientras buscaba la respuesta al misterio, me desperté, pero me quedó la curiosidad de saber cómo habría podido salir de aquella tensa situación. El dibujo representa las tres puertas, tal y como aparecían en mi sueño.

? *¿Cuál es la solución del misterio?*

LOS DARDOS

Has ganado la competición de tiro a la diana con tus amigos, sumando un total de 35 puntos con cuatro dardos.

? *¿En qué sectores de la diana has conseguido clavar los dardos?*

1

8

12

14

17

Foto de grupo

Andrea, Bibí, Carlos, Daría y Enrique, cinco buenos amigos, se encuentran después de mucho tiempo y deciden hacerse una foto de grupo para celebrar su reencuentro.
Se colocan uno al lado de otro, pero siguiendo un orden preestablecido.

?
1. *¿Cuántas fotografías pueden tomarse con distintas maneras de colocarse los amigos?*
2. *¿En cuántas fotos estarán juntos Andrés y Daría?*

1.ª RESPUESTA

Piensa en la colocación en fila de los 5 personajes.

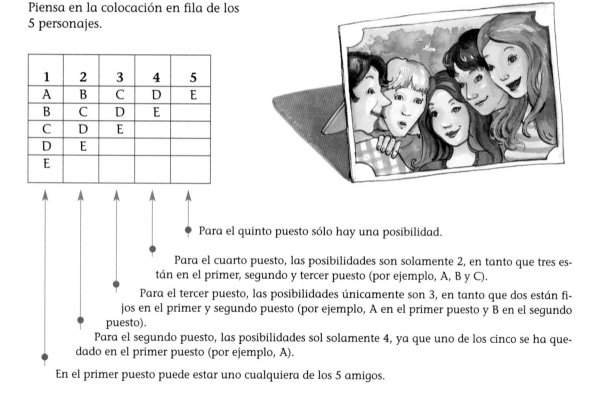

1	2	3	4	5
A	B	C	D	E
B	C	D	E	
C	D	E		
D	E			
E				

Para el quinto puesto sólo hay una posibilidad.

Para el cuarto puesto, las posibilidades son solamente 2, en tanto que tres están en el primer, segundo y tercer puesto (por ejemplo, A, B y C).

Para el tercer puesto, las posibilidades únicamente son 3, en tanto que dos están fijos en el primer y segundo puesto (por ejemplo, A en el primer puesto y B en el segundo puesto).

Para el segundo puesto, las posibilidades sol solamente 4, ya que uno de los cinco se ha quedado en el primer puesto (por ejemplo, A).

En el primer puesto puede estar uno cualquiera de los 5 amigos.

En definitiva, el número de combinaciones posibles de los 5 amigos —y por lo tanto de fotos distintas— es: $5 \times 4 \times 3 \times 2 \times 1 = $ **120**

2.ª RESPUESTA

Piensa que pones en un saco a Andrea y a Daría. Las 4 entidades (los otros 3 amigos y el saco) pueden alinearse de $4 \times 3 \times 2 \times 1 = 24$ formas diferentes (según el razonamiento anterior).
Después, este número se multiplica por 2, ya que si sacamos a Andrea y a Daría del saco, se puede decidir cuál de ellas dos será colocada en el primer puesto. Así pues, existen **48** fotos diferentes con Andrea y Daría una al lado de la otra.

EL TIOVIVO

Betty, Daniel, Jaime, Leonor, Marcos, Paulina, Roberto y Silvia desean dar una vuelta en el tiovivo, que está formado por tres caballos, dos automóviles, un platillo volante, un camión y una diligencia. El encargado del tiovivo está muy perplejo, porque los niños le plantean exigencias muy concretas.

- Roberto quiere un caballo.
- Betty quiere estar al lado de Jaime y montar en un automóvil.
- Leonor quiere estar entre Marcos y Roberto.
- Paulina quiere estar al lado de Marcos, pero no a caballo.
- Daniel quiere montar en el platillo volante.
- Silvia quiere estar al lado de Daniel.

Ayuda al encargado del tiovivo a satisfacer las exigencias de los niños.

EL TELÉFONO

En aquella autopista, los teléfonos estaban instalados a intervalos regulares. Cuando mi automóvil se detuvo debido a una avería en el motor, me dirigí hacia el sur y encontré un teléfono después de caminar 500 metros. Desafortunadamente, no funcionaba. Me pregunté entonces si, para caminar lo menos posible, era mejor seguir hacia el sur o volver hacia el norte. Después de reflexionar un poco, tomé mi decisión.

¡Adivina cuál fue!

ESTÁ, PERO NO SE VE

Estos dos dados son idénticos.

Teniendo en cuenta que en todos los dados la suma del valor numérico de las caras opuestas es igual a 7, ¿cuál es la puntuación de la cara señalada por la flecha?

Arriba y abajo con los números

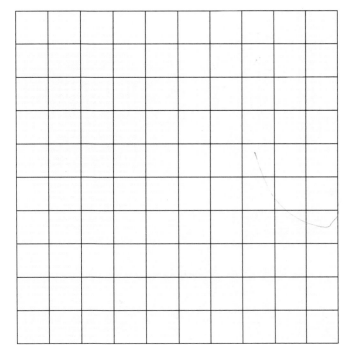

	Jugadores	El juego es un solitario.
	Preparación	*Dibujar en un folio cuadriculado un tablero de 100 casillas.*
	Objetivo	*Rellenar las cien casillas con los números del 1 al 100.*

Reglas *El juego se inicia con el número 1 y se continúa en orden creciente con todos los demás números hasta llegar al cien. Se parte de una cualquiera de las casillas. El siguiente número, si se ubica en la misma línea (en horizontal) o sobre la misma columna (en vertical), debe estar separado por dos casillas; si se coloca en diagonal, basta con que haya una casilla de distancia.*

QUITARSE EL CHALECO SIN
SACARSE LA CHAQUETA

He aquí el modo más sencillo para quitarse el chaleco sin sacarse la chaqueta.

No hay que tener miedo de admitir un error; es como decir que hoy eres más sabio que ayer.

Un montón de piedras deja de ser tal cuando alguien las observa teniendo en mente la idea de una catedral.

8

9

10

11

12

Nadie ha creado nunca algo grandioso de manera improvisada.

13

Forma el número 21 con seis de las siguientes cifras

1	1	1
3	3	3
5	5	5
7	7	7
9	9	9

Para obtener la suma exacta hay que girar la página. Así los tres nueves se convierten en tres 6 que, sumados a los tres 1, dan como resultado 21.

Descubre en esta imagen los trece elementos ajenos al paisaje.

El siguiente juego te propone el nombre de una cordillera muy famosa como lugar de vacaciones estivales e invernales. Sabrás cuál es cuando, una vez completado el esquema, leas las casillas coloreadas. El nombre aparece dos veces (una por cada color).

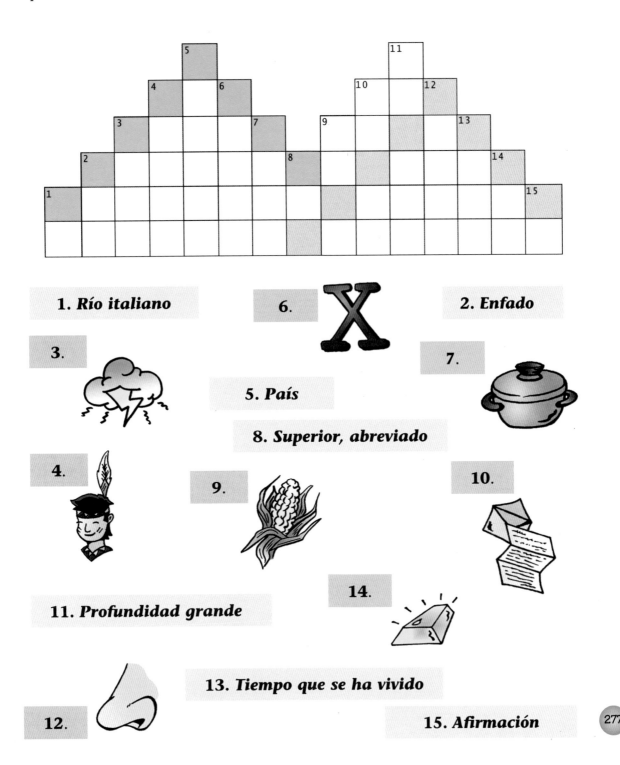

1. Río italiano

6.

2. Enfado

3.

5. País

7.

8. Superior, abreviado

4.

9.

10.

11. Profundidad grande

14.

13. Tiempo que se ha vivido

12.

15. Afirmación

EL ÁRBOL DE LAS NOTICIAS

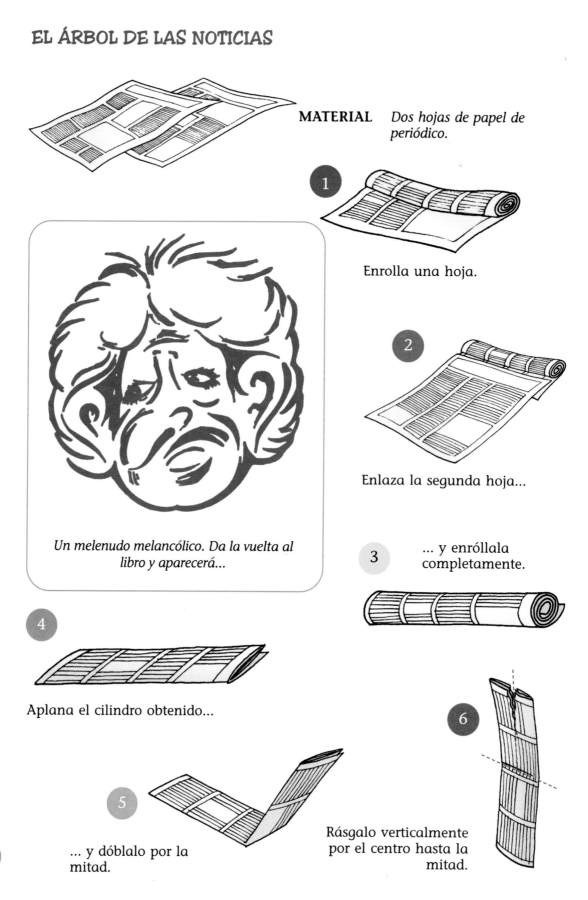

MATERIAL   *Dos hojas de papel de periódico.*

1 Enrolla una hoja.

2 Enlaza la segunda hoja...

3 ... y enróllala completamente.

Un melenudo melancólico. Da la vuelta al libro y aparecerá...

4 Aplana el cilindro obtenido...

5 ... y dóblalo por la mitad.

6 Rásgalo verticalmente por el centro hasta la mitad.

HARRY HOUDINI

(1874-1926) Es el artista más sensacional de todos los tiempos, gracias a su excepcional habilidad demostrada al liberarse en poquísimo tiempo de cadenas, camisas de fuerza, esposas, cajas cerradas con clavos... Totalmente atado de manos y pies y enfundado en una camisa de fuerza, se hizo colgar de un rascacielos como si fuese una bandera, sobre las calles de Nueva York. Consiguió liberarse de sus ataduras en un tiempo récord, así como soltarse del mástil del que pendía atado por una cuerda (¡además, una sierra circular se aproximaba inexorablemente a la cuerda!). También se hizo atar sobre la boca de un cañón, cuyo mecanismo de disparo estaba conectado a un mecanismo de relojería programado para activarse tras quince minutos. Le bastaron seis minutos para liberarse y, una vez libre, él mismo disparó el cañón.

No fumaba, no bebía, cada mañana tomaba un baño de agua helada. Sus pies eran tan ágiles que con ellos era capaz de tomar una aguja y enhebrar un hilo. Murió a causa de un accidente banal. En su memoria, los magos norteamericanos actúan cada 31 de octubre en hospitales y residencias de ancianos.

7

8

Ábrelo y junta las dos partes obtenidas.

9

Rasga en dos partes hasta la mitad.

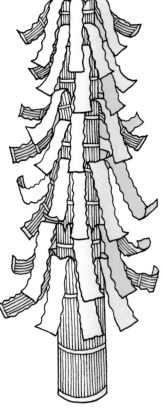

Humedece el dedo e introdúcelo en el agujero. Extrae mágicamente el árbol girando despacio la mano.

11

10

Dispón ordenadamente las tiras, dejando libre el orificio central.

Los Cuadrados mágicos

Dibuja un cuadrado compuesto por nueve casillas iguales, como el de la siguiente tabla.

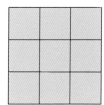

Considera los primeros nueve números (1, 2, 3, 4, 5, 6, 7, 8, 9) y colócalos en las casillas de tal manera que las sumas de los dispuestos en horizontal, en vertical y en diagonal arrojen el mismo resultado.

Una figura como ésta recibe el nombre de **cuadrado mágico**.

Un cuadrado mágico es una disposición cuadrada en n filas y n columnas de números enteros positivos de 1 a n^2, colocados sin repeticiones en cada una de las casillas como en un tablero, de manera que la suma de cada fila, de cada columna y de las diagonales, arroje un resultado fijo. El número n establece el orden del cuadrado.

Una disposición de números (u otros símbolos) en filas y columnas como en un tablero recibe el nombre de tabla o matriz.

Ésta, por ejemplo, tiene 2 filas y 3 columnas. Cada elemento de la matriz se distingue indicando primero la fila y después la columna. Si el número de filas y de columnas es idéntico, se tiene una matriz cuadrada.

El cuadrado que has construido es una disposición de 3 filas y 3 columnas de números del 1 al 9 (3^2); es, por lo tanto, de orden 3.

Un cuadrado de 4 filas y 4 columnas con números del 1 al 16 (4^2) es un cuadrado mágico de orden 4.

El origen de los cuadrados mágicos es desconocido. En el pasado, su construcción era un pasatiempo para aficionados y curiosos. Dado que los antiguos atribuían cualidades mágicas a ciertos números, fue natural pensar que estos cuadrados tuviesen poderes misteriosos. Parece que los primeros en descubrir las fascinantes propiedades de los números fueron los chinos del siglo IV a.C. Se sabe, además, que los números se usaban como propiciadores de fortuna en la India y en algunas zonas del mundo árabe.

La construcción de un cuadrado mágico es bastante complicada y obliga a realizar bastantes pruebas.

He aquí una posible solución del juego, aunque no la única.

Suma

4	9	2	15
3	5	7	15
8	1	6	15

Suma

15	15	15	15

Para obtener otros cuadrados mágicos que den siempre un resultado de 15, puedes probar de cambiar entre sí la posición de dos filas o columnas (teniendo en cuenta que el número 5 debe quedar siempre en el centro).

Puedes construir otros cuadrados mágicos multiplicando todos los números del cuadrado por una constante. Naturalmente, la suma no será 15 y los números no serán los comprendidos del 1 al 9.

He aquí un cuadrado mágico de orden 4:

Suma

1	15	14	4	34
7	9	6	12	34
10	8	11	5	34
16	2	3	13	34

Suma

34	34	34	34	34

Este último cuadrado mágico tiene alguna propiedad especial.

La constante 34 puede obtenerse también sumando cuatro números del cuadrado tomados de otro modo; por ejemplo, sumando los cuatro números de cada ángulo o sumando los cuatro números del cuadrado central.

A prueba de bombas

Un estudioso de estadística explicó a un amigo por qué no tomaba nunca aviones.

—He calculado la probabilidad de que haya una bomba a bordo —dijo el científico— y si bien esta posibilidad es baja, es demasiado elevada como para que esté tranquilo.

Un par de semanas después, el amigo se encontró al científico en un avión.

—¿Cómo es que has cambiado tu teoría? —le preguntó.

—¡Oh, no he cambiado mi teoría! Es que después he calculado la probabilidad de que a bordo haya dos bombas: ésta es tan baja como para que esté tranquilo. ¡Así que siempre viajo con mi propia bomba encima!

Una ciudad celebra sus fiestas. Llegan los campeones del ciclismo. Todos los niños corren para aplaudirles. ¿A qué ciudad llegan los ciclistas? La respuesta aparecerá en la fila coloreada, después de completar el esquema en sentido vertical.

1. *Letra de victoria.*
2. *Dos.*
3. *Temperatura alta.*
4. *Objeto que se lleva encima para alejar el mal.*
5. *Ventana abierta en el techo.*

6. *Traer a la memoria.*
7. *Dar por bueno.*
8. *Vía urbana.*
9. *Movimiento compulsivo.*
10. *Consonante de dedo.*

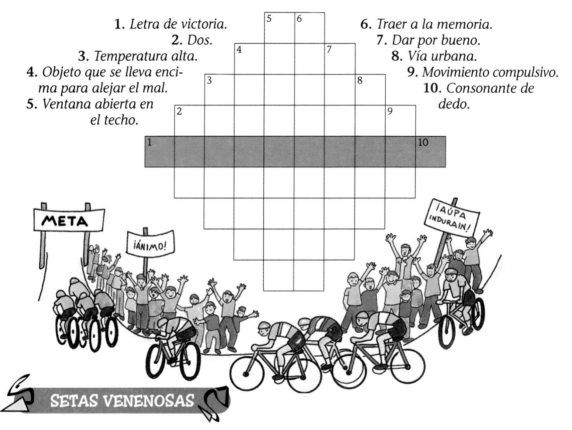

SETAS VENENOSAS

Coloca en las casillas vacías de las cuatro filas horizontales las palabras correspondientes a las definiciones. Lee a continuación todas las letras del esquema y obtendrás los nombres de las tres setas ilustradas en el dibujo. Dale a cada seta su nombre. ¿Cuál de las tres setas es venenosa?

1. *Diez veces cien.*
2. *Propietaria.*
3. *Patria de Ulises.*
4. *Naipes que recoge quien gana la mano.*

1	A	R			A
2	R	I	A		
3	N				
4	L	A			

CINE Y FÚTBOL

Voy al cine. ¿Quieres saber qué película hay en cartel? Asocia correctamente los nombres de las selecciones nacionales con los jugadores de fútbol, lee las ocho iniciales siguiendo el orden numérico y obtendrás la respuesta.

LA PIRÁMIDE

¿De qué tema se conversa hoy en el pinar? Léelo en las casillas coloreadas, de la más alta a la más baja, después de completar el esquema.

1. Eme.
2. Unidad.
3. Plantígrado.
4. Punta más elevada de una montaña.
5. Firmamento.
6. Persona de buen trato.
7. Utensilio para llevar los libros a la escuela.
8. Estado de América del Sur.
9. Chaqueta de tela.
10. Compositor de La consagración de la primavera.

EL RAMO DE FLORES

Algunas flores de montaña están protegidas, así que está prohibido arrancarlas. En cada fila se esconde el nombre de una de ellas. Léelos después de tachar los nombres de las hortalizas ilustradas en los dibujos.

1. G U G I E N S A C I A N T E N S A
2. E S P P R I A M U R R A L G O S A
3. C E R O D B O D E N O D R O L L A
4. E D E L C O L I W E I S F L O R S
5. L E N I C G R I H U T E G A L L A

QUE VIENE DE LA MONTAÑA

Dale a cada flor su nombre, buscándolo en el juego anterior.

1 ⬚⬚⬚⬚⬚⬚⬚⬚
....

2 ⬚⬚⬚⬚⬚⬚⬚
....

3 ⬚⬚⬚⬚⬚⬚⬚⬚⬚⬚
....

4 ⬚⬚⬚⬚⬚⬚⬚⬚⬚
....

5 ⬚⬚⬚⬚⬚⬚⬚⬚⬚
....

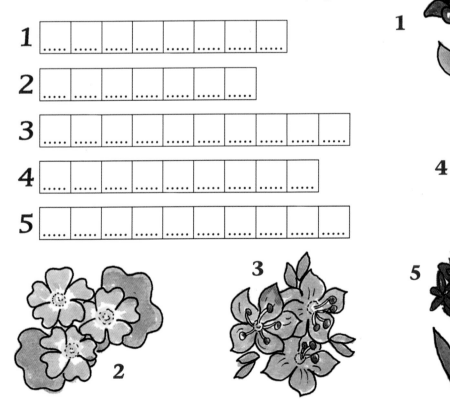

¿Qué cantan con los amigos alrededor del fuego? Une los grupos de letras partiendo de la hoja señalada por la flecha.

¿Qué animalillo aparece en la mágica atmósfera del bosque al atardecer? En cada recuadro, busca qué sílaba tienen en común los objetos dibujados, y escríbela en las casillas. Después lee las 5 sílabas de izquierda a derecha.

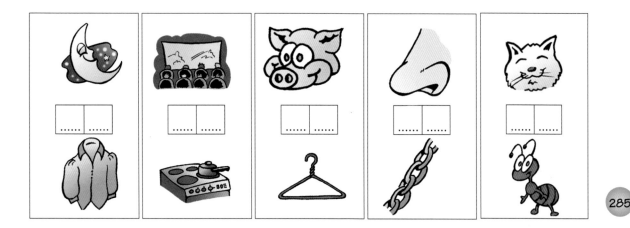

A menudo, la abuela me cuenta cosas de su infancia. En su pueblo vivía una familia compuesta por el padre, la madre y quince hijos nacidos a intervalos de un año y medio todos ellos.

Antonieta, la hija mayor, era la gran amiga de mi abuela, pero tenía que ocuparse de sus hermanitos y tenía poquísimo tiempo para estar con ella.

La abuela recuerda con nostalgia aquellos tiempos y aquella amistad.

Sin embargo, en 1960 la familia se trasladó a la ciudad, y la relación con Antonieta se convirtió en epistolar.

«Pero... ¿cuántos años tenía entonces Antonieta?
—se pregunta la abuela—. Recuerdo que a menudo me decía riendo que tenía ocho veces la edad de Federico, el hermano más pequeño.»

¿Cuál era la edad de Antonieta el año en que partió la abuela?

DESAYUNO PARA TRES

Cada mañana me desayuno con un zumo de naranja, un yogur y una crujiente rebanada de pan tostado, bien untada con mantequilla y miel. El problema es que mis dos hermanos y yo nos encontramos en la cocina a la misma hora, y todos tenemos las mismas prisas por tostar nuestras rebanadas y no llegar tarde a la escuela. Los tres queremos ser los primeros en tostar la rebanada, pero la tostadora sólo puede contener dos rebanadas de pan a la vez... De manera que a menudo acabamos peleándonos.

Aún no hemos sido capaces de encontrar el sistema para organizarnos mejor, y sin embargo yo he pensado que si la tostadora emplea 30 segundos en tostar un lado de la rebanada y éstas son tres (**A**, **B**, **C**), por fuerza tiene que existir el sistema que permita tostar los dos lados de las tres rebanadas en 1 minuto y medio, en lugar de en 2 minutos.

¿Cómo puede hacerse?

DISCOS VOLADORES

En este dibujo hay diez casillas, en las que se han dispuesto alternativamente discos azules y rojos entre las posiciones 1 a 8.

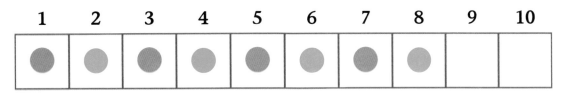

El juego consiste en reagrupar todos los discos rojos y todos los discos azules, moviendo dos fichas a la vez. Se pueden saltar tantas casillas como se quiera, moviendo siempre dos discos a la vez y dejándolos en el mismo orden en que estaban: si se toma un disco rojo y uno azul y el rojo está a la izquierda, en las nuevas casillas el disco rojo deberá seguir situado a la izquierda. El juego puede ser resuelto en cuatro movimientos, llevando todos los discos azules a las casillas 3 al 6, y las rojas a las casillas 7 a 10.

Te será más sencillo resolver el problema si utilizas las fichas del juego de damas o bien 8 monedas de dos distintos tipos.

LAS CUATRO TENISTAS

El año pasado, Silvia, Miriam, Sara y Teresa siguieron un curso de tenis, pero dadas sus distintas obligaciones de estudios y trabajo, no pudieron asistir al mismo número de lecciones.
Teresa asistió al doble de lecciones que Sara, Miriam a cuatro veces más clases que Silvia, pero tres menos que Teresa. Silvia, en total, asistió a 15 clases.

¿A cuántas clases fue Sara?

PROPINA DOMINICAL

Es domingo. Marta, Miguela y Ana van al cine para ver una película de su actor preferido. La madre, además del dinero para la entrada del cine, ha dado a las tres hermanas una cantidad a repartir equitativamente entre las tres y que cada cual podrá gastar como prefiera.
Marta, la hermana mayor, entrega su parte a las dos hermanas, pero Ana se da cuenta de que Miguela tiene el doble de dinero que ella y, a su vez, Miguela descubre que Marta tiene el doble que el suyo.

Si Ana tiene 6 monedas, ¿cuántas monedas debería tener cada una de las tres hermanas si la división se hubiera realizado de manera correcta?

¿CUÁNTAS VACAS?

¿Cuántas vacas pueden verse desde la telecabina? Búscalas en el dibujo y cuéntalas.

V V A C A C V A C A A V
A A C A V A V A C A C A
C V A C A V A C A V A C
A V A C A V A A V A V A
A A A C A V V C C A C A
C C V V A C A V A A C A
A A A A C A V A V A V A
V A C V A C A C A C V A
C C A V A C A A C A A C
V A A C A C A V A V C A
A V A C A V V A C A A V
A C A V V A C A A C A V

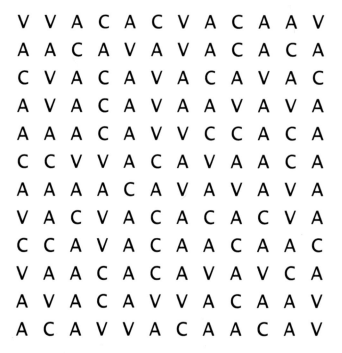

¡MUUUUH!

¿Cuántas vacas hay en la sopa de letras? Cuéntalas buscándolas en horizontal, en vertical, hacia la derecha, hacia la izquierda, en diagonal, e incluso superpuestas.

El bosque regala frutos deliciosos. Cinco amigos han recogido un cesto de fresas, frambuesas, mirtos, grosellas y moras. ¿Cómo pueden dividir los frutos en cinco partes iguales? Ayúdales, pero recuerda que cada parte debe contener los mismos frutos.

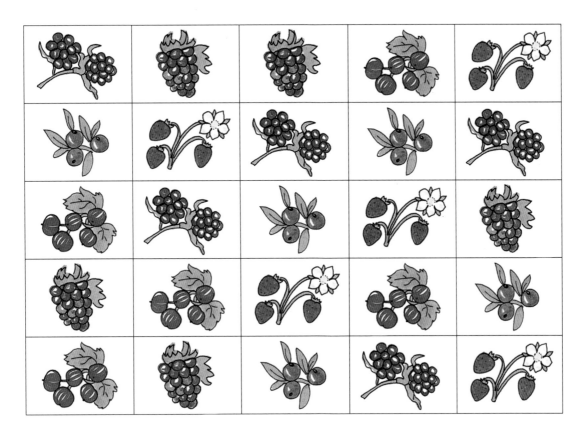

LA SOLUCIÓN DE LOS NUDOS

En la montaña siempre es útil saber hacer nudos con las cuerdas. ¿Quieres aprender? Si tiras de los extremos, dos de los nudos se deshacen, pero otros dos se cierran, ¿cuáles?

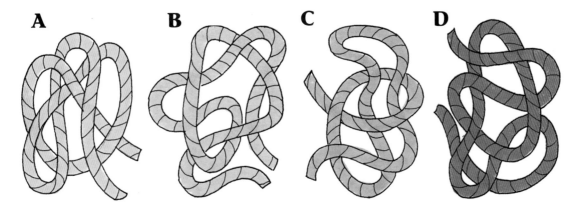

EN EL BOSQUE

En el bosque puedes encontrar palitos para preparar los pinchitos.

... Una hoja gigante que usar como paraguas, o bellotas que puedes utilizar como dados.

Para construir una cerbatana, necesitarás una caña de plástico o de bambú. Enrolla una hoja de papel en forma de cono e insértala en la caña. ¡Buen soplido!

El material para construir un tirachinas. Busca un trozo de madera bien dura y que tenga forma de horca.
Recorta los elásticos de una recámara de rueda de bicicleta , y de la cubierta un rectángulo. El montaje es muy sencillo, pero debe ser muy seguro. Ejercítate con botellas o botes pero, ¡por favor!, nunca lo hagas con pájaros.

BARQUITOS

En un aserradero, procúrate un trozo de corteza de árbol gruesa. Con una navaja puedes modelar barcas, naves, trasatlánticos, el juego del dominó...

El aire de la montaña y la fascinación del bosque dan unas enormes ganas de jugar. Todos conocen las reglas del juego del pañuelo o del tiro de la cuerda, pero ¿cómo se juega a los números o a la lucha de pañuelos?

JUGAR A LA LUCHA DE PAÑUELOS

Un pañuelo fijado (¡¡pero no atado!!) en la cintura, y la lucha puede empezar.

Objetivo: quitar el pañuelo al adversario. Un dinámico juego scout.

NÚMEROS

Ante todo, se preparan cartoncillos en los que se escribe un número de tres o cuatro (dificilísimo) cifras. Después, se atan a la frente con una goma elástica.

Objetivo: capturar la bandera del equipo adversario.

¡Pero atención! Si alguien es capaz de leer el número escrito en tu cartoncillo, eres prisionero.

Está prohibido esconder el cartoncillo con los cabellos o con sombreros o gorras, pero podéis caminar de dos en dos, frente contra frente, o esconderlo detrás de un tronco o bien contra el suelo.

PLANETAS Y ESTRELLAS

❓ Invierte cuatro símbolos de este casillero, de dos en dos, de manera que cada fila, cada columna y las dos diagonales mayores contengan los cinco símbolos.

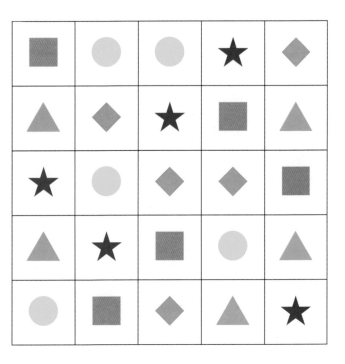

EL JUEGO DE LOS OFICIOS

Nicolás es taxista, Alicia es sastra, Daniel es pintor. ¿Alejandro es abogado, peluquero o editor?

❓ *¡Adivina la profesión que le corresponde por lógica!*

LA AGENDA

La suma de las cifras de las dos páginas de la agenda es igual a 10.

❓ *¿Cuál es el número mínimo de páginas que debemos girar para tener de nuevo un total de 10 en ambas páginas?*

Todas estas astillas de madera tienen el mismo grosor. Todas se apoyan o sobre la superficie de base o sobre otras dos astillas. Pero una astilla está apoyada sobre otras tres.

¿Qué astilla es?

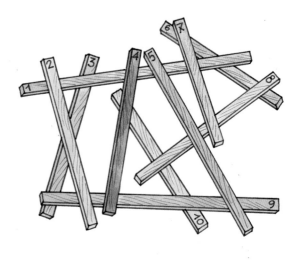

LAS BANDERAS

Éstas son las banderas de cinco países diferentes. Cada color ha sido codificado con una cifra y cada cifra representa el mismo color. Las cinco banderas pertenecen a cinco de estos países: Bélgica, Costa de Marfil, Guinea, Irlanda, Italia y Mali. Éstos son los colores de las banderas de seis países:

Bélgica	*Negro, amarillo, rojo*
Costa de Marfil	*Naranja, blanco, verde*
Guinea	*Rojo, amarillo, verde*
Irlanda	*Verde, blanco, naranja*
Italia	*Verde, blanco, rojo*
Mali	*Verde, amarillo, rojo*

¿Cuál es el país que no está representado?

TRABAJO EN NEGRO

¿Qué espacios hay que ennegrecer para obtener el dibujo del número que corresponde al número de espacios ennegrecidos?

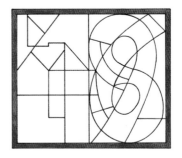

FRASE: 4, 3, 2, 4   Este chico es conocido...

LA BICI DESMONTADA

A esta bicicleta le faltan 8 piezas para que pueda funcionar. Búscalas en las páginas del libro y nómbralas.

CÓMO REPARAR UNA RUEDA PINCHADA

En la bolsa de herramientas debes tener: un trozo de papel de lija, un trozo de cubierta, una cámara de aire, palancas de extracción, una llave de bulones con varios agujeros, un trozo de alambre, una lámpara de recambio, un destornillador, cola adhesiva y parches.

1

Con las palancas, levanta la cubierta de la rueda.

2

Extrae la recámara de aire. Para encontrar el agujero, ínflala y sumérgela en una palangana llena de agua. Las burbujas de aire te indicarán dónde está el agujero.

3

Limpia con el papel de lija la zona alrededor del agujero. Pon algunas gotas de cola adhesiva sobre el parche. Déjalas secar, seca luego la recámara de aire y después aplica el parche sobre el agujero.

4

Busca con los dedos si dentro de la cubierta quedan restos de vidrio, clavos o espinas, y retira lo que encuentres.

5

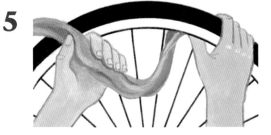

Vuelve a colocar la recámara de aire.

6

Vuelve a poner la cubierta en la rueda. Antes de inflar la recámara de aire, muévela un poco de manera que no quede aprisionada por la cubierta en algunos puntos y, cuando la infles, se pinche nuevamente.

VIAJE POR EUROPA

Busca en la sopa de letras 12 ciudades europeas entre las que se indican en el mapa, leyéndolas en cualquier dirección.

¿Cuál es la ciudad del mapa que no figura en la sopa de letras? ¿Qué novela de Julio Verne aparece en las letras sobrantes?

N	V	L	O	N	D	R	E	S	I
I	A	S	A	L	E	S	U	R	B
L	V	I	E	N	A	J	E	A	A
B	L	C	A	G	A	R	P	M	E
U	P	A	R	I	S	N	T	O	R
D	O	D	I	R	D	A	M	R	D
E	U	G	A	H	N	E	P	O	C
E	L	L	I	S	B	O	A	A	T
I	E	R	R	N	I	L	R	E	B
A	A	M	S	T	E	R	D	A	M

Julio Verne (1828-1905) autor francés de novelas de aventura y ciencia ficción: *Los hijos del capitán Grant, Veinte mil leguas de viaje submarino, La vuelta al mundo en 80 días.*

ACRÓSTICO PARA EL EXTRANJERO

1						
2						
3						
4						
5						
6						
7						
8						
9						

Rellena en horizontal el esquema, siguiendo las definiciones: en la columna coloreada podrás leer el nombre del documento que se utiliza para viajar al extranjero.

1. Gratificación por un servicio
2. Detalles de un decorado
3. Hijo de mi hermano
4. Espacio elevado
5. Vigilante de la puerta
6. Respuesta de los dioses
7. Publicación periódica con ilustraciones
8. Actividad productiva
9. Contrincante

LABERINTO CICLISTA

La bici está en el jardín, lista para montarse en ella: ¿quieres acompañar a la niña hasta la bicicleta?

LAS MONEDAS

Relaciona correctamente el nombre de cada país con el de su moneda. Después, lee en orden numérico las letras coloreadas: encontrarás algo que debes llevar para el viaje.

1. HUNGRÍA		DINAR
2. IRÁN		MARCO
3. GUINEA		PESO
4. KUWAIT		DÓLAR
5. FINLANDIA		FRANCO
6. MÉXICO		FLORÍN
7. NUEVA ZELANDA		RUPIA

297

Bosques de oro

Si me remiro,
tú me remiras,
si me retiro, tú te retiras.
Tres, dos, uno,
no me adivina ninguno.

El espejo

¿Cuál es la bestia
que tiene cien patas
y no muerde
y va por bosques negros,
bosques de oro
y bosques blancos?

El peine

Busco la tierra
y acabo siempre en el mar.
Y, sin embargo,
nunca
aprendo
a nadar.

El ancla

Tengo algo por todos conocido
que de día está lleno
y de noche vacío.

El zapato

¿Cuál es el lugar
donde las subidas y bajadas
son llanas,
los ríos no tienen agua,
el mar se cruza a pies secos
y en un abrir y cerrar de ojos
se va de una a otra ciudad?

El mapa geográfico

No tengo piernas,
no tengo ojos,
pero corro siempre.
No tengo alas,
no tengo plumas,
pero vuelo como el viento.
Unos me mandan aquí o allá,
otros me dan golpes,
pero yo vuelvo
siempre con las manos vacías.

La pelota

Pesca y
repesca,
dime cuál es
la cosa
que cuanto
más caliente,
resulta más fresca.

El pan

Todos en fila
vamos por la vía
y en cada puerta
se suma alguien a la compañía.

El desfile

No tiene boca y sabe hablar,
no tiene pies y sabe andar.
¿Qué cosa hay que adivinar?

La carta

¡Pega sin armas!

El pegamento

Tiene dos recámaras,
una luz,
un timbre...
Pero no es una casa.

La bicicleta

Cuanto más negra,
más limpia está.

La pizarra

Sólo entra si le giras la cabeza.

El tornillo

Todos son capaces de abrirlo
pero nadie lo sabe cerrar.

El huevo

La adivinanza italiana más antigua es la denominada adivinanza veronesa, y se remonta al siglo VIII. Es uno de los primeros testimonios del italiano vulgar, la lengua hablada en aquella época en el territorio italiano, todavía muy rica en elementos latinos pero caracterizada ya por profundas transformaciones. En esta adivinanza se describen el arado y la simiente, pero bajo la imagen del campesino se esconde la del escritor.

Boves se parèba
    tiraba hacia adelante el buey
alba pratàlia aràba
    araba blancos prados
et albo versòrio tenèba
    y un blanco arado conducía
et negro sèmen seminaba
    y una negra simiente sembraba.

Los bueyes son los dedos, los prados blancos representan el papel en blanco, el arado blanco es la pluma y la simiente negra, la tinta.

Horizontales: 1. Primera vocal repetida - **5.** Sucesión de puntos - **9.** Confusión - **13.** Flor heráldica - **14.** Al revés, iglesia o catedral - **15.** Sonido del grillo - **17.** Nombre de la letra T en griego - **19.** Suena cuando roban un banco - **22.** Al revés, semilla - **24.** Conjunción - **25.** Arco de colores en el cielo - **26.** Santo - **28.** Pareja - **29.** Al revés, dos - **30.** Al revés, instrumento que mata o hiere - **31.** Barrio en que habitaban los moros - **33.** Nuevo - **34.** Vocales de pirata - **35.** Pescado del Norte - **36.** Al revés, hermano de mi padre - **38.** República Federal - **39.** Composición poética cantada - **40.** Pone sin o - **41.** Al revés, para arrullar a los niños - **42.** Marché - **43.** Íntimo - **44.** Consonantes de trío - **46.** Al revés, para nadar los peces - **48.** Deja sin arrugas - **49.** Carta número uno - **50.** Construyó una arca - **52.** Al revés, famoso pintor - **54.** Pájaro

- **56.** Al revés, muslo de la rana - **58.** Plaza pública griega - **60.** Al revés, carbón encendido - **62.** Lodo - **64.** Al revés, segmento, trozo - **66.** Al revés, mensaje escrito dentro de un sobre - **68.** Borrasca - **70.** Al revés, atrapada - **72.** Tela resistente - **74.** Letras de esto - **76.** Al revés, aire suave marino - **78.** Emperador ruso - **79.** No contestan las encuestas - **81.** Pañuelo grande sobre el bañador - **82.** Atreviera - **84.** Nota musical - **85.** Persona que caza - **87.** Pensamientos - **88.** Consonante doble - **89.** Sonido - **90.** Clase social alta - **92.** Bajo - **93.** Coche en inglés - **94.** Manifiesto - **95.** Condimento que da sabor - **96.** Letras de coro - **97.** Brincaba - **98.** Masa cocida de harina y agua - **99.** Al revés, artículo plural femenino - **100.** Al revés, comparativo - **101.** Pato - **102.** Felino doméstico (femenino, plural) - **104.** Al revés, símbolo del sodio - **105.** Árboles de piñas - **107.** Sanado - **108.** Astilla - **109.** Al revés, a nivel - **111.** Reza - **112.** Al revés, serpiente - **113.** Porción muy pequeña - **114.** De mucha longitud - **115.** Al revés, instrumento musical.

Verticales: 1. Extremidad de las aves - **2.** Grupo de personas emparentadas - **3.** Al revés, acaba con todo - **5.** Interprete un texto - **6.** Al revés, afirmativo - **7.** Al revés, letra del abecedario - **8.** Argolla - **10.** Ni tú ni yo - **11.** Letras de lago - **12.** Río italiano - **14.** Organización Mundial de la Salud - **16.** País asiático - **18.** Descanse en paz, en latín - **20.** Entrante del mar en la costa - **21.** Natural de Cerdeña (femenino) - **23.** Vocales de agua - **24.** Nave - **26.** Persona que hace sortilegios - **27.** Al revés, atiende sin de - **29.** Al revés, río catalán - **30.** Al revés, produciría sonidos melodiosos - **31.** Grasa del cerdo - **32.** Ácido ribonucleico - **33.** Caen copos de nieve - **35.** Al revés, diferentes de nosotras - **36.** Al revés, hombre que mata - **37.** Ría gallega - **39.** Letras de casa - **40.** Impide - **41.** Composición lírica - **43.** Letras de pala - **45.** Agua de la mañana - **47.** Perfume - **51.** Primer mes del año - **53.** Sebo - **55.** Al revés, animal muy astuto - **57.** Nombre femenino - **59.** Cueva para osos - **61.** Sin importancia - **63.** Persona que observa - **65.** Palabra de tres sílabas - **67.** Molusco que lleva su casa a cuestas - **69.** Al revés, punto cardinal - **71.** Conjunto de prados - **73.** Sujeta la nave en el fondo del mar - **75.** Al revés, condenado - **77.** Arbusto de buena madera - **80.** Sustancia blanca parecida al yeso - **81.** Cruzar de una parte a otra - **83.** Triple vocal - **86.** Que tiene conocimientos - **90.** Las tres letras centrales de canela - **91.** Negro en inglés - **92.** Que cura - **93.** Hortaliza - **94.** Informaciones - **95.** Al revés, tubérculos sin una t - **96.** Perro - **97.** Santo - **98.** Pareja - **99.** Al revés, regalas - **100.** Al revés, hermano de Abel - **102.** Agujero para jugar a canicas - **103.** Manosea - **105.** Pescado - **106.** Cloruro sódico - **107.** Onomatopeya de un grajo - **108.** Al revés, esto en inglés - **110.** Dios egipcio - **111.** Al revés, juego japonés.

EL GRAN QUIZ

1 ¿Cuándo se inventaron las gafas: antes o después de 1400?

2 ¿Cuándo se inventó la televisión: antes o después de 1910?

3 ¿Cuánto mide la torre Eiffel de París: más o menos de 300 metros?

4 ¿Cuánto vive el elefante: más o menos tiempo que la ballena?

5 La distancia entre Roma y Nueva York por vía aérea. ¿Sobrepasa los 8.000 km o no llega a los 8.000 km?

6 ¿En qué lado están los ojales en las camisas de hombre: en el derecho o en el izquierdo?

7 En las señales de carretera que indican la prohibición de recurrir al uso de avisos acústicos, ¿la bocina mira hacia la derecha o hacia la izquierda?

8 ¿Los trenes viajan por los raíles de la derecha o por los de la izquierda?

9 Para distinguir un abanico chino de uno japonés es suficiente contar las respectivas varillas: ¿es par o impar el número de las varillas de un abanico japonés?

10 Para distinguir un caballo de una yegua podemos mirarle la boca, pero, ¿de qué manera?

11 Las cigarras cantan en verano, pero ¿cuáles... los machos o las hembras?

12 En los semáforos, ¿dónde está el verde: arriba o abajo?

13 ¿En qué año se celebró el primer campeonato del mundo de fútbol?

14 ¿Dónde se cultivaban originariamente los tulipanes?

15 Según estudios recientes, ¿cuántos pies tiene un ciempiés?

16 ¿Cuántas barras hay en la bandera de Estados Unidos?

17 Los seguidores de san Francisco se reúnen en tres órdenes religiosas: franciscanos o frailes menores, capuchinos, conventuales... ¿Cuáles de ellos llevan barba?

18 ¿Cuántos aguijones posee aproximadamente un puercoespín: 5.000, 15.000 o 30.000?

19 En cada lado del cuadrilátero para el boxeo ¿hay siempre tres cuerdas?

20 Según la mitología griega, ¿de qué color era la sangre de los dioses?

21 ¿Cuál es el color del luto en China: el violeta, el rojo o el blanco?

22 ¿Qué característica física tenía Alejandro de Macedonia?

23 En los cuentos fantásticos es el color del novio ideal por sus dotes físicas y morales. ¿De qué color se trata?

UN TIGRE DE HONOR

«Aquel individuo no aparentaba más de treinta y cuatro o treinta y cinco años. Era alto de estatura, muy bien desarrollado, con una cabeza extraordinaria, un cabello tupido, rizado, negro como las alas de un cuervo, que le caía sobre los robustos hombros de forma exótica y desordenada.

Iba con la frente alta; su mirada era chispeante, sus labios finos describían una sonrisa indefinible, su magnífica barba confería a sus rasgos un aspecto intrépido que suscitaba al mismo tiempo respeto y miedo.

En conjunto, se intuía que aquel hombre poseía la ferocidad de un tigre, la agilidad de un mono y la fuerza de un gigante.»

¿Quién es el personaje presentado?
¿Qué novela protagoniza?

El personaje es Sandokan y la novela Los piratas de Malaysia de Emilio de Salgari.

PEQUEÑO GRAN HOMBRE

«Oí un murmullo en torno a mí, pero, desde mi posición, únicamente podía ver el cielo. Poco después, noté algún ser vivo que se movía a lo largo de mi pierna izquierda y que, desplazándose con paso ligero hacia mi pecho, llegó casi hasta la altura de mi barbilla.

Entonces dirigí la mirada hacia abajo lo más que pude, y vi que se trataba de una criatura humana que no alcanzaba siquiera las seis pulgadas de altura, armada con un arco y una flecha, además de una aljaba que le colgaba del hombro.

En el mismo instante, me di cuenta de que por lo menos otros cuarenta de aquellos seres estaban siguiendo al primero. Mi asombro fue total y grité tan fuerte que los hombrecillos, asustados, huyeron con las piernas en los talones; algunos de ellos, según pude enterarme después, al saltar desde mis caderas hasta el suelo, cayeron y se lesionaron.»

¿De qué libro procede el cuento?

El cuento ha sido extraído del libro Los viajes de Gulliver de Jonathan Swift.

LIBERAR EL ARO
DE LOS ÍNDICES

Material: una cuerda, un aro.

La cuerda es introducida en un aro y sujetada por tu dedo índice (derecha) y por el de otro jugador (izquierda).

Con la mano que te queda libre, lleva una lazada hasta situarla bajo la cuerda que envuelve el dedo del otro jugador.

Levanta la parte de cuerda que se encuentra sobre el dedo índice del otro jugador.

Ahora el aro está libre.

Las páginas de un libro

Para numerar las páginas de un libro, un tipógrafo ha empleado 2.989 cifras.

 ¿Cuántas páginas tiene el libro?

- **Para numerar las páginas del 1 al 9**
  se emplean 9 cifras
- **Para numerar las páginas del 10 al 19**
  se emplean 20 cifras (2 para el 10, 2 para el 11...)
- **Para numerar las páginas del 20 al 29**
  se emplean 20 cifras... y así, en adelante, hasta el 99
- **Para numerar las páginas del 100 al 199**
  se emplean 300 cifras (3 para el 100, 3 para el 101...) y
  así, en adelante, hasta el 999.
  - **Para numerar las páginas de un libro de
    999 páginas se necesitan**

  9 cifras para las páginas que consten de 1 cifra
  20 cifras para cada uno de los 9 grupos de páginas con 2 cifras
  300 cifras para cada uno de los 9 grupos de páginas con 3 cifras
  es decir $9 + 20 \times 9 + 300 \times 9 = 2.889$
  Quedan: 2.989 – 2.889 = 100 cifras
  Puesto que las páginas a partir de la 1000 necesitan 4 cifras por página, con las 100 cifras
restantes se pueden numerar todavía 100/4 = 25 páginas.
Por lo tanto, el número de páginas del libro es: 999 + 25 = 1.024

¡Hoy cocino yo! ¡Prepararé un buen plato de pasta! Según la receta, hay que cocer la pasta en abundante agua salada durante ocho minutos.

¿Cómo puedo medir con exactitud el tiempo y evitar que la pasta se pase, si mi reloj está estropeado y tengo únicamente dos clepsidras, una de 7 minutos y otra de 3?

He recorrido Europa en bicicleta y te propongo una adivinanza relativa a las localidades que he visto. Una vez que hayas leído de nuevo las instrucciones que se encuentran al principio del libro, te invito a resolver este metagrama: de Vigo a Roma, con cinco etapas intermedias.

VIGO
————
————
————
————
————
ROMA

¿QUIÉN SABE CUÁL ES LA CIUDAD?

No hay duda de que la ciudad más fiera es L ....,

aunque las más cara es T .... y la más fuerte H ....

Pero si te gusta dar vueltas visita R ....

que de todas es la que se lleva la P ....

VIAJE GASTRONÓMICO

Si quieres comer una paella visita YXXXXXXX.
Pero si te gusta el queso, en ZXXXXXXX
encontrarás los mejores.

Has estado de vacaciones en Suecia y has comprado cuatro recuerdos. Borra sus nombres en el esquema, empezando por las letras de color rojo y de izquierda a derecha.

Las letras que sobran forman el título de un divertido libro para jóvenes de la escritora sueca Astrid Lindgren.

P	G	O	R	I	R	A	P	I	J	E	R
C	A	S	E	L	Y	D	E	Z	L	A	A
N	A	J	A	S	L	R	R	O	A	N	D
R	E	C	R	I	G	S	T	A	L	A	L
A	C	E	D	E	M	A	S	D	E	R	A

SALUDOS Y BESOS

¿Qué envié a mis amigos cuando estuve en un crucero por el Mediterráneo?

Para saberlo, tras haber completado todos los peldaños de la escalera según las definiciones, lee las letras de la columna azul de arriba abajo.

1. Consonante de papá

2. Nombre del mago que habita en la ciudad Esmeralda

3. Astro rey

4. Hierba tranquilizante

5. Herramienta del campo para arar

6. Una cama sobre la otra

7. Último

8. Familiarmente, profesora

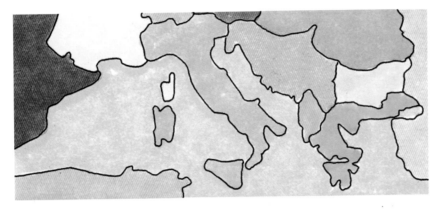

Encuentra los cinco errores en el mapa que he dibujado para ilustrar las etapas de mi recorrido turístico por Europa.

ANAGRAMA CABALLERESCO

Cambia el orden de las letras de las palabras resaltadas en rojo y obtendrás las dos palabras que deben sustituir las X y las Y en la rima.

En un hermoso **VALLE**
pasea un caballero que **XXXXX**
un vestido rojo.
Queriendo acortar el camino
saltó una valla, y no viendo a un **YYYY**
acabó con el vestido **ROTO**

UNA CIUDAD ANDALUZA

¿Qué ciudad te ha gustado más de España? De cada una de las tres palabras, elige una sílaba. Las tres sílabas, leídas de izquierda a derecha, forman el nombre de una famosa ciudad de Andalucía.

| GRA MA TI CA | PA NA DE RO | DA MI SE LA |

He experimentado la emoción de volar en avión: ¡qué maravilla ver las montañas desde las nubes! En el esquema, borra los 12 nombres de montañas de todo el mundo empezando por la derecha o por la izquierda, por arriba o por abajo. Las letras restantes forman el nombre de un macizo español.

P	A	Y	A	L	A	M	I	H	P
I	I	C	A	U	C	A	S	O	C
R	R	O	S	S	E	L	A	R	U
I	O	C	A	R	P	A	T	O	S
N	C	D	A	T	L	A	S	E	E
E	O	T	I	A	N	S	H	A	N
O	S	S	E	N	A	C	L	A	B
S	A	U	A	N	D	E	S	R	O
P	S	A	P	E	N	I	N	O	S
M	U	R	O	K	A	R	A	K	A

ANDES   HIMALAYA

APENINOS   KARAKORUM

ATLAS   PIRINEOS

BALCANES   ROCOSAS

CÁRPATOS   TIAN SHAN

CAUCASO   URALES

Lleva cada letra a su casilla siguiendo el trazado y verás un lugar encantado.

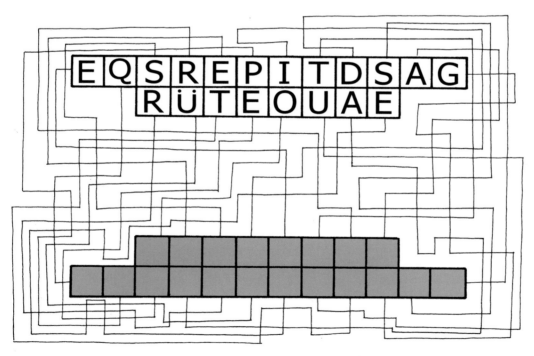

Horizontales: 1. Sustancia fabricada por las abejas - **5.** Tres vocales - **7.** Sonido de la campana - **9.** Hermanos de mis padres - **13.** Frase - **15.** Astro rey - **16.** Lo que queda - **17.** Una cama encima de otra - **18.** Treinta días - **19.** Noble inglés - **20.** Preposición - **21.** Arroja - **22.** Coche en inglés - **23.** Patrón - **24.** Extremidad que permite volar - **25.** Asunto de un escrito - **26.** Usado - **28.** Cariño - **29.** Premio discográfico - **30.** En inglés, aire. **31.** Monja - **32.** Al revés, mira - **33.** Dios egipcio - **34.** Al revés, tenebroso - **36.** Al revés, simple - **39.** Al revés, voluntad de hacer algo - **40.** Bulbo que se usa como condimento - **41.** Al revés, de mi propiedad - **43.** Al revés, apócope de tata - **45.** Onda media - **46.** Al revés, sílaba de meditación - **47.** Al revés, OVNI - **48.** Voz que sirve para detener - **49.** Onomatopeya de golpe - **51.** Al revés, querido - **54.** Dar sustos - **56.** Bajo el tren - **58.** Piso más alto - **60.** Al revés, animal que tira del trineo de Papá Noel - **61.** Voz para que eche a andar el caballo - **63.** Al revés, hago un ataque - **65.** Al revés, me detengo - **68.** Exclamación - **70.** Al revés, hombre bueno - **72.** En inglés, pera - **74.** Regla - **76.** Exprese su alegría - **78.** Voz para expresar la victoria - **79.** Artículo femenino singular - **81.** Corriente de agua - **82.** Al revés, caldo caliente - **84.** Ni este ni aquel - **85.** Inicio de mano - **87.** Dos vocales - **89.** Consonantes de saco - **90.** Pasa por el colador - **92.** Término - **95.** Educación secundaria obligatoria - **96.** Al revés, equino - **97.** Carta número uno - **98.** Al revés, sube alto - **100.** Exista - **101.** Doble consonante vibrante - **102.** Une con cuerdas - **103.** Violeta - **104.** Cubierta de pintura - **107.** Preso sin final - **108.** Al revés, juego con nombre de animal - **109.** Todavía - **110.** Argolla - **111.** Grupos de 24 horas - **112.** Primera nota - **113.** Pasa el arado - **114.** Nombre capicúa - **115.** Caballos flacos - **117.** Sin un rasguño - **119.** Niño sin principio - **120.** Maleta para ir al colegio - **121.** Con ausencia de todo - **122.** Voz de canario - **123.** Acércate - **124.** Al revés, recipiente para beber.

Verticales: 1. Hortaliza - **2.** Inflamación de la piel - **3.** Al revés, hacer lo mismo - **4.** Orilla de la calle - **5.** Tres vocales fuertes - **6.** Preposición - **7.** Movimiento convulsivo del aparato respiratorio - **8.** Contracción - **9.** Río de Cataluña - **10.** Al revés, afirmativo - **11.** Al revés, billete - **12.** Hacer ruido - **14.** Enfado colérico - **15.** Al revés, dulce o fruta para después de una comida - **16.** Expreso mi alegría - **19.** Al revés, Organización Mundial de la Salud - **25.** Cubierta plana de un edificio - **26.** Al revés, bruja gallega sin final - **27.** Al revés, alabanza - **28.** Saludo romano - **30.** Al revés, última letra griega - **32.** Al revés, rece - **34.** Plantígrado (femenino) - **35.** Relativo al bromo - **36.** Pan con muchos agujeros - **37.** Maltratar - **38.** Al revés, estampilla coleccionable - **40.** Federación Argentina de Fútbol - **42.** Sujifo femenino para formar diminutivos - **44.** Cubierta de una caja - **48.** Al revés, muro grueso para estancar agua - **50.** Al revés, sustancias para pintar - **52.** Ofrece - **53.** Me someto - **55.** Unidad - **57.** Metal precioso - **59.** Al revés, queja con llanto - **62.** Al revés, desgasta con los dientes - **64.** La primera vocal, dos veces - **66.** Nación - **67.** Al revés, abuelo - **69.** Agua en estado sólido - **71.** Sociedad limitada - **73.** Montaña llena de rocas - **75.** Al revés, consonante - **77.** Anillo que sale de un cesto para asirlo - **80.** Al revés, enfado grande - **83.** Parte de un zapato que toca al suelo - **86.** Rodea la copa del sombrero - **88.** Al revés, sonido del grillo - **91.** Consonante - **92.** Banana - **93.** Descubra lo que está oculto - **94.** Relativo a las aves - **96.** Al revés, nuevo - **97.** Guarda cosas de valor - **98.** Personaje de dibujos animados - **99.** Al revés, expresión de júbilo - **100.** Que no tiene - **102.** Al revés, dejará secar - **104.** Cuerpo acabado en punta - **105.** Altar - **106.** Primera nota - **107.** Cubro de pintura - **109.** Al revés, reza - **111.** Al revés, aparejo para pescar hecho con hilos y cuerdas - **113.** Cocina al fuego - **114.** 365 días - **115.** Alimento básico - **116.** Al revés, te diriges - **118.** Al revés, nombre de letra - **119.** Tercera vocal repetida.

¿Cuántos gatitos se esconden en la ilustración?

315

PULSERA DE ESPIRALES

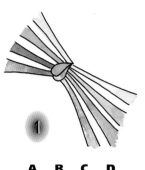

1

A   B   C   D

Átalos con un nudo a una distancia de 5 cm de un cabo.

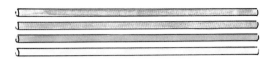

Material: Prepara 4 hilos de colores diferentes y de 70 cm de largo.

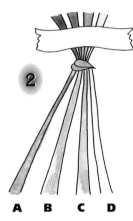

A   B   C   D

Fíjalos en una base.

2

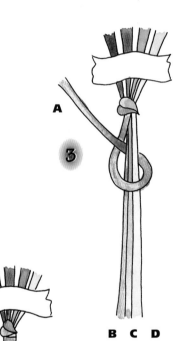

3

B   C   D

Anuda A alrededor de los hilos B - C - D como si fuesen un único hilo.

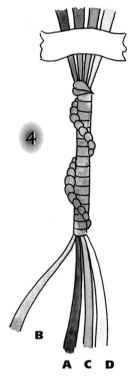

4

B

A   C   D

Trabaja un espacio de 3 cm con el mismo hilo. Tensa hacia arriba el hilo A.

5

B

Ahora, une A con C y D, toma el hilo B y efectúa el nudo de base alrededor de A - C - D. Tensa hacia arriba y trabaja un espacio de 3 centímetros.

A   C   D

Ponte la «pulsera de la amistad», expresa un deseo y, para que se realice, espera que se rompan los hilos con los que está trenzado; luego tírala a un río, al mar o a un lago.

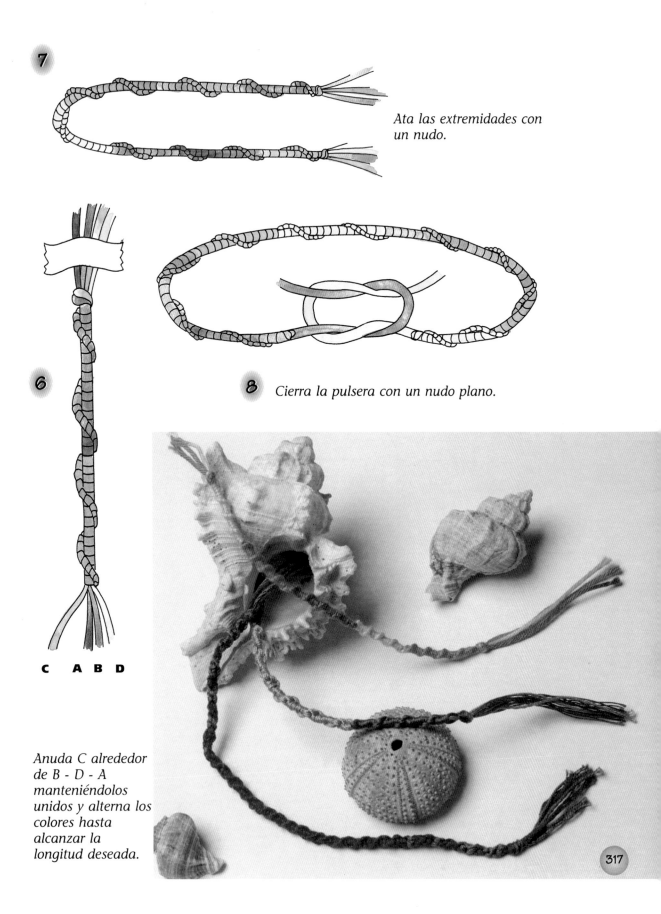

7

Ata las extremidades con
un nudo.

6

C   A B D

Anuda C alrededor
de B - D - A
manteniéndolos
unidos y alterna los
colores hasta
alcanzar la
longitud deseada.

8   Cierra la pulsera con un nudo plano.

317

Las hojas que empezaban a ponerse amarillas y la fresca brisa no dejaban lugar a dudas: el otoño era inminente. En los jardines, Alicia y Marta se contaban las vacaciones. Alicia, que había estado en las Dolomitas, recordaba las excursiones al alba, los topos que había podido observar con los prismáticos del abuelo Basilio. «¿Sabes? He empezado a coleccionar fragmentos de rocas que mi padre está clasificando y nuevas colecciones de flores secas que, de momen-to, conservo entre las hojas de papel se-cante bajo una prensa especial. ¡Son maravillosas!»

En cambio, Marta estuvo en la costa adriática y hablaba con entusiasmo so-bre los parques acuáticos, los exquisi-tos helados y sobre la nueva pandilla de amigos que había conocido en la pla-ya. «Por la noche —decía— era bellísi-mo, porque nos quedábamos mirando la puesta del sol en el mar.» Alicia, de golpe, se detuvo indignada y gri-tó: «¡Me has contado una mentira!»

¿Qué mentira ha contado Marta?

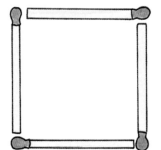

¿Cómo se pueden obtener cuatro cuadrados desplazando úni-camente cuatro fósforos?

La policía de carretera detiene un coche cargado hasta los topes de cachivaches. El conductor, muy preocupado, pregun-ta:

—¿Qué ocurre?

—Lo siento, caballero —le dice el agente—, pero un coche como el suyo no puede llevar tanto peso. ¡Me veo obligado a retirarle el permiso de conducir!

—¡Pero esto es absurdo!... ¿Cree usted que eso reducirá el peso? ¡El permiso de conducir sólo pesa unos gramos!

CIA

DE EX

ES

PE CIEN

MA

LA DRE

CIA RIEN

LA

Tras las vacaciones, los amigos se han reunido en el parque y juegan a preguntas y adivinanzas. Reordena las sílabas contenidas en los círculos coloreados y obtendrás un antiguo refrán.

Reconstruye este proverbio árabe, teniendo en cuenta que se ha escrito al revés y sin espacios entre las palabras.

AIÑAPMOCANEUBACSUBEJ AIVNURAZEPMEEDSETNA

SABIDURÍA CHINA

Para descubrir el proverbio chino, coloca en el orden correcto las palabras escritas en el dragón.

MIL PASO UN SE INICIA SOLO KILÓMETROS DE UN VIAJE CON

El barrio está de fiesta. En la plaza se montan los tenderetes, se preparan los juegos, pero el tiovivo con los caballitos todavía no está listo.
¿Qué piezas faltan? Elígelas entre las piezas numeradas.

Yo seré árbol si te conviertes
en flor de un árbol;
si rocío eres, me convertiré en flor.
Rocío llegaré a ser,
si tú eres rayo de sol:
así, amor mío, estaremos juntos.

Sandor Petofi

¡Las míticas *Spice Girls* invitadas a la fiesta! Descubre la nacionalidad del famoso grupo musical en la columna rosa del esquema.

1. Instrumento musical de teclado - **2.** Pata de la rana - **3.** Espacio que forman dos líneas que se cruzan - **4.** Con claridad - **5.** Cada una de las doce divisiones del año - **6.** Postre dulce - **7.** Utensilio para comer - **8.** Flor del rosal.

LA CUCAÑA

Alicia, Marta y Enrique participan en el juego de la cucaña. ¿Qué premio les tocará? Para saberlo, sigue la cinta que tienen en la mano.

Alicia **Marta** **Enrique**

¿Qué magnífico espectáculo de luces y colores va a empezar en la fiesta del barrio? Completa el esquema según las definiciones, empezando en sentido horizontal de izquierda a derecha, y podrás leer la respuesta en las casillas coloreadas que forman una U.

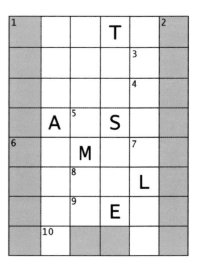

1. Comestible de ciertas plantas - **2.** Líquido excretado por las glándulas sudoríparas - **3.** Comprenderás el escrito - **4.** Tipo de planta marina - **5.** Cuerno - **6.** Árbol de hoja asimétrica y buena sombra - **7.** Vivienda - **8.** Copiar resiguiendo - **9.** Tomar medidas - **10.** Al revés, pasado por la paella con aceite.

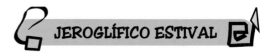
¿Dónde va estas vacaciones?

FRASE: 2, 2, 2, 5

¿Qué descubrirás si rellenas las zonas marcadas por puntos con los colores correspondientes?

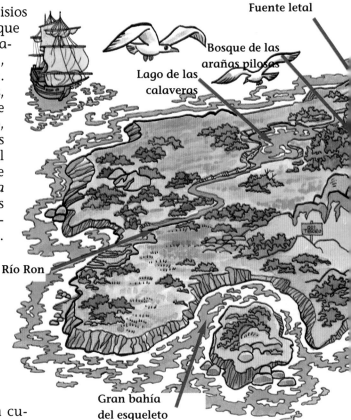

Fuente letal

Bosque de las
arañas pilosas

Lago de las
calaveras

Río Ron

Gran bahía
del esqueleto

Habíamos seguido el rumbo de los alisios para aprovechar el viento favorable que soplaba hacia la isla y estábamos navegando rápidamente hacia ella, oteando el mar, de noche y de día. Según algunos cálculos aproximados, éste debía ser el último día del viaje de ida; durante la noche o, a lo sumo, a la mañana siguiente, deberíamos avistar la isla. Navegamos hacia el sur-suroeste con una brisa constante y con la mar tranquila. La *Española* navegaba regularmente y el bauprés quedaba sumergido de vez en cuando provocando una estela de espuma. Tanto las velas superiores como las inferiores impulsaban la embarcación, y toda la tripulación mostraba una gran euforia, pues estábamos muy cerca del final de la primera parte de nuestra aventura. Poco después de la puesta del sol y una vez que hube finalizado mi trabajo, mientras me dirigía hacia mi camarote, me entraron ganas de comer una manzana. Corrí hacia la cubierta: los hombres que estaban de guardia se encontraban en la proa, intentando divisar la isla. El timonel se ocupaba de mantener bajo control las velas, silbando levemente, y ése era el único sonido que se podía oír, además del azote del mar contra la proa y los lados de la nave.

Me introduje en el barril de las manzanas y me di cuenta de que sólo quedaba una; sentado allí dentro en la oscuridad, entre el susurro del mar y el balanceo de la nave, estuve a punto de dormirme. Entonces, un hombre robusto se apoyó con tanta fuerza contra el barril que éste retumbó por la vibración. Me disponía a salir cuando, de repente, el hombre empezó a hablar.

Unas pocas palabras fueron suficientes para convencerme de que no debía salir del barril ni por todo el oro del mundo; me quedé allí temblando y escuchando, a merced del miedo y de la curiosidad, pues de aquellas pocas palabras pude deducir que la vida de todos los hombres honestos enrolados en la embarcación dependía únicamente de mí.

- ★ **¿A qué novela pertenece el fragmento?**
- ★ **¿Quién es el autor?**
- ★ **¿Quién es el protagonista y narrador del cuento?**
- ★ **¿Quién se apoyó en el barril?**

Inserta las celdas en el tablero, teniendo en cuenta las letras ya escritas (que quedarán tapadas); lee de izquierda a derecha los cuatro nombres.

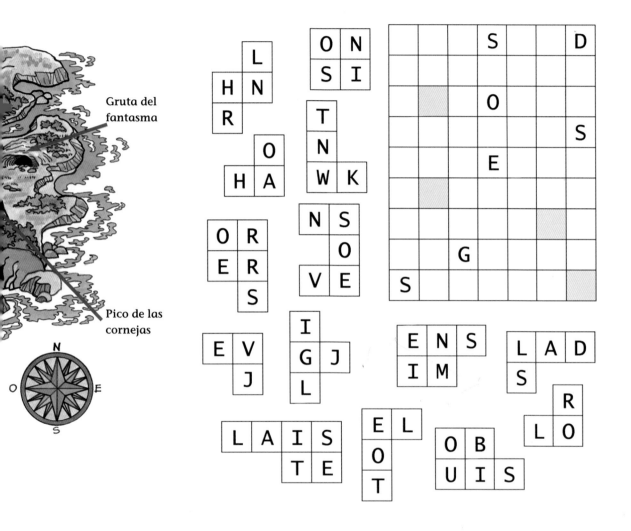

Gruta del fantasma

Pico de las cornejas

¿Quieres saber de qué misteriosas palabras depende la vida de los hombres a bordo de la *Española*? ¡Sst! ¡Silencio!

Repta despacio y descubre la página en que está escrito. Pero... ¡cuidado con no darse de narices con la pata de palo de Silver!

Observa el mapa de la página anterior y adivina en qué bahía de la ISLA DEL TESORO atraca el velero *ESPAÑOLA*, sabiendo que el capitán ha elegido un punto de la costa que se encuentra:

★ Al norte de la pequeña isla en la GRAN BAHÍA DEL ESQUELETO.

★ Al este de la desembocadura del RÍO RON.

★ Al norte del PICO DE LAS CORNEJAS.

★ Al sur de la FUENTE LETAL.

★ Al oeste del promontorio de la GRUTA DEL FANTASMA.

★ Al este del gran BOSQUE DE LAS ARAÑAS PILOSAS y del LAGO DE LAS CALAVERAS.

EL BRINDIS

Descubre en la adivinanza las 4 palabras misteriosas que se esconden bajo las X, las Y y las Z. La cuarta palabra es la solución de una charada, es decir, la unión de la primera, segunda y tercera palabras.

Una buena taza de XX,
detén el caballo con un YY!
Haz dormir los niños con un ZZ
y sal a buscar el mapa del XXYYZZ.

NUDOS IMPOSIBLES

Si el terrible pirata Flint te hubiese raptado y atado a un amigo, como en la figura, ¿sabrías liberarte?

Para jugar con tus amigos, ata una cuerda a las muñecas de uno y una segunda cuerda a las muñecas de otro, de manera que las dos cuerdas se crucen. Seguidamente, retarás a tus dos amigos a que se liberen.

CÓDIGO CORSARIO

PTHMBD
GÑLL AQDR
LL TDQSÑR
RÑAQD DK
BÑEQD CHDK
SDRÑQÑ..
ÑG...

¿Cuáles son las palabras de la canción del pirata Silver?
Descifra el código, teniendo en cuenta que la palabra PIRATA se escribe así:

Q J S B U B

Solución

1. Introduce la cuerda de un jugador en el lazo del otro por debajo de la muñeca.
2. Hazlo pasar por encima de la mano.
3. Introdúcelo en el lazo por encima de la muñeca y tira hacia la mano.

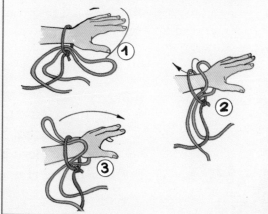

LECTURA JEROGLÍFICA

FRASE: 2, 9, 3, 4.   ¿Qué buscas en el periódico?

ERRORES PROVERBIALES

¿Cuál es el nombre que recibe el artículo de fondo, sin firmar, de un periódico? Para averiguarlo, en los refranes siguientes localiza la letra equivocada y escribe la letra correcta en las casillas coloreadas. Luego lee las letras de las casillas de arriba abajo.

- ■ Año de nieves, año de bienas.
- ■ Conde fueres, haz lo que vieres.
- ■ Cuando el reo suena, agua lleva.
- ■ El riempo aclara las cosas.
- ■ No es aro todo lo que reluce.
- ■ Buenas palabras y buenos modales, todas las puertas ablen.
- ■ Haz el buen, y no mires a quién.
- ■ A quien medruga, Dios le ayuda.
- ■ Quien canta, su mar espanta.

¿Cómo se llama en la jerga periodística las noticias de actualidad inmedia... berlo, escribe en las casillas coloreadas las iniciales de las soluciones de las definiciones.

- ▉ Herramienta con la que se talan árboles.
- ▉ Insecto que produce cera y miel.
- ▉ Que compite con otro.
- ▉ Que divierte.
- ▉ Caer nieve.
- ▉ Primer mes del año.
- ▉ Deporte que practican dos equipos en una piscina con un balón.
- ▉ Siete días.

UNA NOTICIA EXPLOSIVA

«El capitán Smollet, un marinero de primera, dirige esta bendita nave por vosotros. Ese caballero y el doctor tienen un mapa y otras cosas que no sé dónde están, ¿no es cierto? Pues, entonces, ¡por todos los diablos!, quiero que ese caballero y el doctor encuentren el tesoro y nos ayuden a llevarlo a bordo. Después, ya veremos. Si pudiera fiarme de vosotros, antes de dar el golpe esperaría a que el capitán Smollet nos llevara hasta la mitad del camino de regreso.» «Bueno, me atrevería a decir que aquí a bordo somos todos unos marineros expertos», dijo el joven Dick.

«Quieres decir que todos somos simples marineros de poca monta», observó bruscamente Silver. «Nosotros sabemos mantener un rumbo, pero ¿quién nos lo indica? Aquí me gustaría veros, estoy seguro de que acabaríais todos, del primero al último, en serios apuros. Si lo pudiera hacer a mi manera, dejaría que el capitán Smollet nos llevara por lo menos hasta la franja de los alisios; entonces ya no deberíamos temer unos malditos errores de cálculo, ni el peligro de tener que racionar el agua a una cuchara por día. Pero sé qué clase de hombres sois. Por tanto...»

Descifra el terrible plan secreto de 14 palabras que Silver Patadepalo expone a sus cómplices.

oroset le odacrabme nayah euq ed séupsed alsi al ne solle ed érahsed em

329

ÁRBOL MÁGICO

Empieza por la flecha de la izquierda, sigue la cinta, toca los 14 regalos colgados en el árbol... y alcanza la flecha de la derecha.

No puedes recorrer dos veces el mismo camino ni cruzar un camino por donde ya hayas pasado. ¡Qué vaya bien!

FRASE: 7, 4, 5 ¿Qué traen por Navidad?

EL PEQUEÑO LIBRO ANIMADO

Una idea divertida que puedes realizar y utilizar como regalo para tus amigos.

1 Fotocopia las páginas 332 y 333, preferiblemente en una cartulina delgada, y recorta las 40 viñetas.

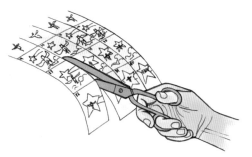

2 Superponlas respetando la numeración y fíjalas con unas grapas metálicas formando un pequeño bloc.

3 Sujetando el libro con la mano izquierda, haz pasar rápidamente las páginas con la mano derecha. ¿Qué ves?

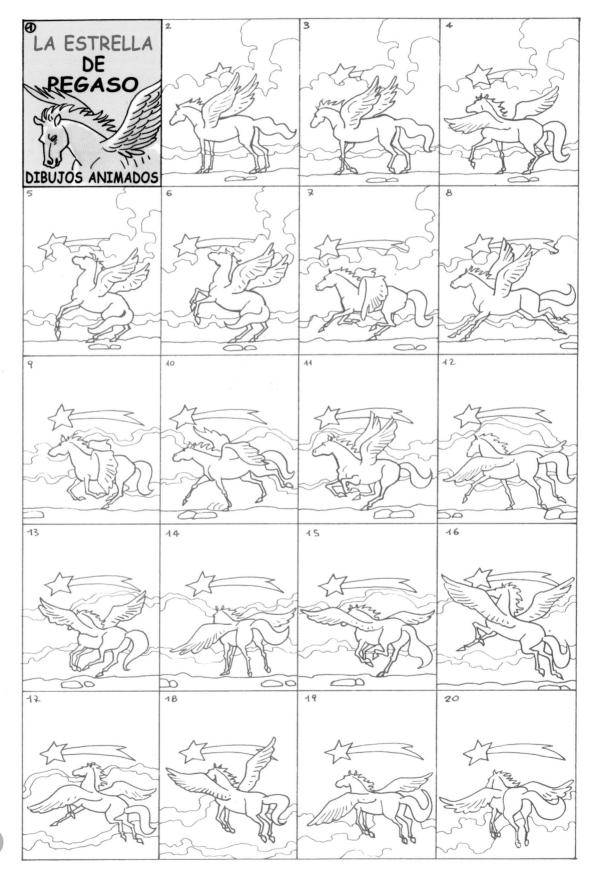

UN REGALO ORIGINAL

¿Quién se ha burlado de ti regalándote este tipo insólito de hamaca? Lee su nombre en las letras sobrantes del esquema tras haber tachado diez veces la palabra «Navidad».

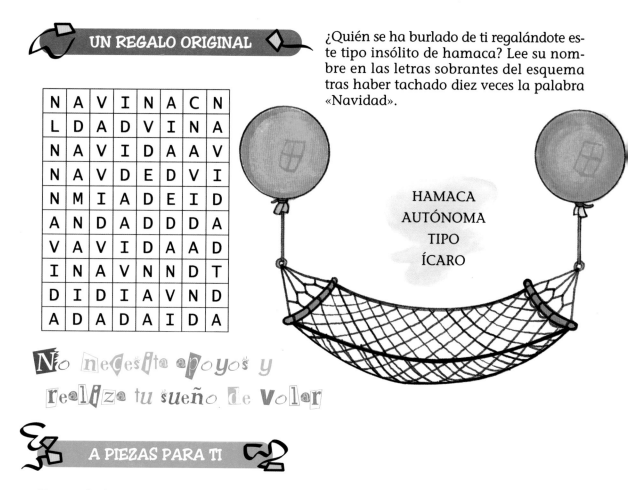

N	A	V	I	N	A	C	N
L	D	A	D	V	I	N	A
N	A	V	I	D	A	A	V
N	A	V	D	E	D	V	I
N	M	I	A	D	E	I	D
A	N	D	A	D	D	A	A
V	A	V	I	D	A	A	D
I	N	A	V	N	N	D	T
D	I	D	I	A	V	N	D
A	D	A	D	A	I	D	A

HAMACA
AUTÓNOMA
TIPO
ÍCARO

No necesita apoyos y realiza tu sueño de volar

A PIEZAS PARA TI

Has recibido como regalo una pluma estilográfica «desmontada». Reconstrúyela y descubre las piezas intrusas.

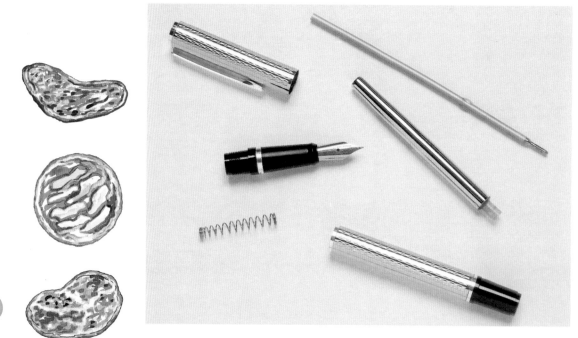

Soluciones

Soluciones

Soluciones

Soluciones

Soluciones

Soluciones

Soluciones

Soluciones

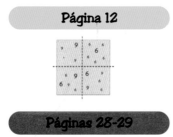

* Los dos **paraguas iguales** son los de franjas amarillas, naranjas y rojas.
* El **número intruso** es el 10, puesto que no es múltiplo de 3.
* Hay 16 **banderines**.
* **¿Qué es?** La letra A.
* Los tres **detalles absurdos**: el gato con dos colas, el árbol con bananas, el pájaro con dos alas distintas.
* La **palabra...** chaparrón.

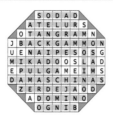

1. Dados 2. Tangram 3. Naipes 4. Pulga 5. Mikado 6. Molino 7. Damas chinas 8. Ajedrez 9. Dominó 10. Backgammon 11. Damas 12. Bingo 13. Ruleta. Con las letras que sobran se lee: SON JUEGOS DE MESA.

* La operación es +16.

* Son necesarias 4 **manzanas**.

* En el sexto control, el reloj señala las **6.30 horas**.
* **Rompecabezas:** vierte el contenido del segundo vaso por la izquierda en el segundo vaso por la derecha.

* Se han cambiado entre sí los **números 5 y 10**.

* **Las palabras encadenadas:** lluvia, llovía, novia, noria, Nora, nota, note, norte, corte, coste, costa, casta, carta, canta, canto, cinto, ciento, siento, viento.

* La chica, apenas extraído el guijarro, lo dejará caer al suelo: así podrá decir que era blanco, ya que el guijarro que quede en la bolsa será negro.

* El día libre es el martes, ya que ningún funeral puede ser programado con un mes de antelación.
* Si la locomotora estuviese detenida, el humo seguiría la dirección del viento; si avanzase y no hubiera viento, el humo se inclinaría hacia atrás. Dado que el humo de la locomotora sube derecho hacia arriba, el tren viaja a la misma velocidad del viento, es decir, a 20 km/h.

* El **actor** es Antonio Banderas.
* Las **claquetas iguales** son las marcadas con los números 3, 6 y 9.

* En el **recuadro exterior** se lee: secretaria de dirección, maquillador, cámara, peluquero, actriz. En el **recuadro interior** se lee: vestuario, claquetista, director, técnico de sonido.
  El director es: STEVEN SPIELBERG.

Página 43

* **Los títulos de las películas:** Regreso al futuro; El capitán Garfio; La familia Addams; La isla del tesoro; Tres solteros y un biberón; ¿Quién engañó a Rogger Rabbit?; Marcelino pan y vino; Mamá, he perdido el avión; Indiana Jones y el templo maldito.

* Los nombres correctos del **cartel** son: DISNEY, GLENN, MICHAEL, JOHN, STEPHEN. La bruja es Crudelia **DEMON.**

Páginas 44-45

* El número de granos se obtiene sumando las potencias de 2 de 0 a 63; el resultado viene dado por $2^{64} - 1$. El número resultante es 18.446.744.073.709.551.615. Para satisfacer el deseo del joven Rolando con la cosecha de un año, se necesitaría que la superficie de la Tierra fuese ocho veces más grande, suponiendo que toda ella estuviese dedicada al cultivo del trigo.

Página 46

* La **sombra** del samurai es la indicada con la letra D.

Página 47

Páginas 48-49

* **La guerra de las galaxias, los errores.**
1 Las trenzas de la princesa, la bandera italiana, el penacho sobre el casco.
2 La gaviota, el utilitario, la forma cúbica (en lugar de esférica) de la Estrella de la Muerte.
3 E.T. en el monitor, la cinta de kamikaze en la cabeza, los auriculares del walkman.
4 La llave de cuerda, los patines de ruedas, el color rojo en vez de dorado de C3PO.
5 Superman, los martillos, el código de barras en el casco.
6 El Enterprise de Star Trek, el nombre AIR FRANCE, el tubo.
7 Los letreros AUTOGRILL y BAR SPORT, la parada de autobús.
8 El hueso, el helado, el gorrión.

Páginas 50-51

* **Los rombos**

* **De uno a cinco**

* **La silla**

* **El pez**

* **La estrella**

* **La casita**

* **Los cuadrados**

* **Cuatro por seis**

* **La escalera**

* **El giro**

* **El vaso**

337

Página 52

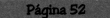

* Despúes de tachar cometas, paraguas, peonzas, gafas, banderas, ovillos, se lee: BOLIVIA - LA PAZ.

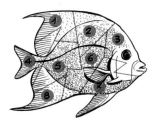

* Soluciones: A-3, B-6, C-4, D-2, G-5, H-7, L-1, N-8. Las piezas del puzzle que sobran son las marcadas con las letras E, F, I, M.

Página 53

* La película es TIBURÓN
* El error en el mapamundi: falta la península de la India.

Páginas 54-55

* 1 manta, 2 pulpo, 3 pez payaso, 4 besugo, 5 atún, 6 pez cirujano, 7 morena, 8 pez ángel, 9 rana pescadora, 10 pez mariposa, 11 tiburón, 12 cangrejo.
* Hay seis **caballitos de mar.**
* Los **intrusos** son la rosa y la mariposa.
* Los dos **peces azules** se diferencian únicamente por una pequeña mancha negra.
* La figura es... **el reflejo en el agua.**
* Todo el año en remojo... el **pez.**
* Vivo en el mundo... la **M.**
* No es una isla... la **A.**
* ¿Qué animal...? El **pez.**
* ¿Quién es ese gigante...? El **mar.**

Páginas 56-57

* La respuesta correcta es 6. En efecto, la contraseña no consiste en dividir por la mitad el número pronunciado, sino en contar las letras que componen el número. La palabra «veinticuatro», por ejemplo, está compuesta por doce letras, «dieciocho» por nueve letras..., «cuatro» está formado por seis letras, y no por dos.

Página 58

* Las **tres criaturas** son un pulpo, un pececillo sonriente y un tiburón furioso.

Página 59

* La novela de Julio Verne es **Veinte mil leguas de viaje submarino.** En el acuario está representado el *Nautilus*, submarino a bordo del cual tienen lugar las aventuras del capitán Nemo.

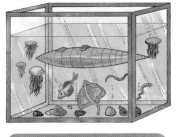

Página 60

* La canción es **The boy in the bubble** de Paul Simon.
* Pedro Guerra - Contamíname; Ella Baila Sola - Lo echamos a suertes; Manu Chao - Clandestino; Ricky Martin - Liv I n' la vida loca; Jarabe de Palo - La flaca; Estopa - La raja de tu falda.
La palabra mágica: **MÚSICA.**

Página 61

* El grupo musical es el de los **BEATLES.** Los cinco símbolos: Liverpool, su ciudad natal; la careta, su peinado; el submarino amarillo, el título de una de sus canciones de mayor éxito; el 4, el número de sus componentes; el escarabajo, en inglés *beatle.*

Página 64

* Los **ocho detalles** que se repiten en las cuatro imágenes están marcados con un círculo amarillo.

Páginas 70-71

* Resolviendo el anagrama del letrero se lee CASA PALERMO.
* El **perrito** está debajo de una mesa, arriba a la izquierda.
* El **médico** está sentado en la segunda mesa, arriba a la izquierda.
* Los tres **patos** están dibujados en los tres biombos.
* Hay ocho **gorras.**
* Los clientes **zurdos** son cuatro.
* El muchacho que está arriba, a la izquierda, viste una camiseta con la **Torre Eiffel.**
* El error en el mapa de Francia es la franja color naranja en la **bandera.**
* **Los detalles absurdos:** la silla de tres patas, la jarra boca abajo, el muchacho que se come el helado con tenedor y cuchillo, la chica que come su pizza con cuchara.

Página 71

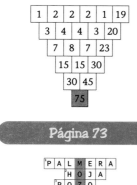

Página 72

✷ **Jeroglífico**
Arroz a la milanesa.

1	2	2	2	1	19
	3	4	4	3	20
		7	8	7	23
			15	15	30
				30	45
					75

Página 73

```
¹P A L M E R A
  ²H O J A
  ³P O Z O
  ⁴T A Z A
    ⁵M A N C H A
  ⁶Z O R R O
⁷E S C A L E R A
    ⁸I S L A
  ⁹P O L L O
    ¹⁰H A M A C A
```

✷ En total hay 50 pizzas.

Página 75

✷ Las piezas de color azul se colocan de tal manera que forman en su interior la imagen de un pequeño caballo blanco.

Página 76

✷ **Jeroglífico**
Tiene mucho frío.

Página 78

✷ **La tía**: Miriam es mi madre.
✷ **La cuñada**: la hermana del marido de esa señora se ha casado con el padre de Susana.
✷ **La hija**: Marta es la tatarabuela de la niña.

Página 79

✷ **¿Qué falta?**

✷ Los tres objetos chinos son **tarjetas telefónicas**.

Páginas 80-81

✷ El cuerpo humano. La sombra; la boca; el trigo; el hombre.

Página 83

✷ Coloreando las zonas marcadas por los puntos aparece **un peluquero y su cliente.**

✷ Los **cabellos de la panoja** son las barbas, es decir, los estilos que salen de las brácteas de la funda. La expresión **cabello de ángel** se refiere a un tipo de espagueti muy fino y delgado. **Pelo de Venus** es el nombre de una planta ornamental de la familia de los helechos.

Página 84

Dama del siglo XVIII.

Peinado decimonónico.

Peinado griego.

Peinado egipcio.

Mujer romana.

Dama noble del siglo XVI.

Peinado del siglo XV.

Páginas 86-87

✷ Al comienzo el peregrino llevaba 5,25 monedas. La secuencia de operaciones es como sigue:

$$5,25 \times 2 - 6 = 4,5$$
$$4,5 \times 2 - 6 = 3$$
$$3 \times 2 - 6 = 0$$

Página 89

```
¹B A B O R  ²O C A S I O N A L
¹¹A N O R M A L  ¹²C U N A  ¹³P E
  R I Z O  ¹⁴L A M E N T O S  S
  M A L  E  ²¹O T I
¹⁵C A L  ²⁰N A V I O
²²O D  M  S S  N
²⁵M O J A  ²⁶A M O S A
  I  A N  ²⁸A M A R
  L A D O  E  S L S
³¹O B E S O  ³²O I R  M A I T E
  N O  ³³E L E U S  ³⁴P E L E A
³⁵A B R A C A D A B R A  S R A
```

Página 96

```
        ¹E S P E J O
  ²P I N T A L A B I O S
          R U L O S
  ³P E I N A D O R
        ⁴P E I N E S
      ⁵S E C A D O R
        ⁶T I J E R A S
    ⁷L A V A C A B E Z A S
  ⁸G O R R O D E M E C H A S
          ⁹C E P I L L O
    ¹⁰H O R Q U I L L A S
          ¹¹T I N T E S
          ¹²P I N Z A S
          ¹³G R A P A
```

Página 97

* Las cuatro sílabas **PER**, **MA**, **NEN**, **TE**, te sugieren una permanente.

* Las cinco **expresiones** son: por los pelos; caerse el pelo; tomar el pelo; no tener pelos en la lengua; ponerse los pelos de punta.

Página 98

* **Jeroglífico**
  Buenos remedios.

Página 99

* Uniendo los puntos aparecen una **farmacéutica y una señora**.

* Las dos plantas medicinales son: **ANÍS** y **ANGÉLICA**.

Página 100

* El primer reloj deberá perder 12 horas antes de señalar nuevamente la hora justa, por lo que sólo señalará la hora correcta una vez en dos años. El segundo reloj señala la hora justa cada vez que sobrepasa la hora indicada, es decir, dos veces al día.
  ¿Cuál escoges?

* Hay cuatro patos nadando en fila india.

Página 101

* Cuatro zapatos y tres calcetines. De los zapatos, al menos dos serán del mismo par; de los calcetines, al menos dos serán del mismo color.

Página 102

* **Jeroglífico**
  Toca la pandereta.

* Los **emparejamientos correctos son:** camaleón - camuflaje; sepia - propulsión a reacción; colibrí - helicóptero; escorpión - aguja epidérmica; serpiente - anestesia; liebre blanca - patines de nieve; pulpo - ventosa; murciélago - radar.

Página 103

Página 104

* **Misterio en el instituto**
  Los boletines han sido robados por la profesora Lucía Hermosa. Las dos pruebas que la acusan son **no haber llevado el registro de las intervenciones a su taquilla** y el **paraguas**, a juego con su pañuelo, que dejó olvidado en el despacho del director.

Página 105

Página 106

* He aquí una de las posibles soluciones:
  $$1 + 2 + 3 + 4 + 5 + 6 + 7 + (8 \times 9) = 100$$
  Sólo con restas y sumas:
  $$12 + 3 - 4 + 5 + 67 + 8 + 9 = 100$$

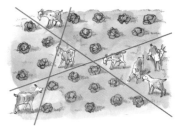

❋ Hay que romper el tercer anillo. El primer día, el pretendiente debe entregar el tercer anillo. El segundo día lo retira y entrega dos anillos unidos. El tercer día añade el anillo suelto. El cuarto día retira los tres a-nillos y entrega la pieza de cuatro anillos. El quinto día añade el anillo suelto. El sexto día lo retira y entrega las piezas de cuatro y de dos anillos. El séptimo día añade el anillo suelto.

❋ La solución más conveniente es la de abrir los diez anillos de los dos fragmentos de cinco piezas, compuestos cada uno por tres anillos pequeños y dos grandes. Para abrir y cerrar estos anillos y reconstruir la cadena será necesario gastar un total de **64 monedas** ($6 \times 6 + 4 \times 7$).

❋ **1.** Los **bracosaurios** no vivían en tierra firme, sino debajo del agua.

2. El **dinosaurio** inexistente es el pequeño con cuernos.

3. Los **dos dinosaurios** que nunca existieron son el tremendonte y el arcignosauro.

4. El **estegosauro y el triceratops** eran herbívoros, mientras que el **diatryma** era un voraz carnívoro.

5. Los **cuatro dinosaurios** en orden decrecietne de tamaño son: el diplodocus, el tiranosaurio, el iguanadonte y el plesiosaurio.

❋ Andrés B. y Andrés W. habitan en las antípodas. Por ejemplo, Andrés B. podría vivir en Roma (Italia) y Andrés W. en Wellington (Nueva Zelanda).

Para Andrés B. son las 20 horas, ha cenado hace poco y está saliendo para·ir a visitar a un amigo. Para Andrés W. son las 8 de la mañana, hace poco que ha terminado su desayuno y está a punto de marchar a la escuela.

❋ Unas veces Federico se encuentra con Ariadna y otras, en cambio, se encuentra con la hermana gemela. Ariadna lleva un lazo rojo en sus cabellos, pero a su izquierda, mientras que su hermana gemela lo lleva a su derecha.

❋ **La escala** La relación de escalas está basada en el número de vocales. El nombre que, por lógica, viene a continuación, es el de **Fiumicino**.

❋ **Escondite**

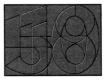

❋ **El tablero de ajedrez**

❋ **La rueda**

❋ **1.** El pie en el lugar de la mano. La sombra del fantasma. La telaraña que sale del suelo. El reloj sin agujas. El intercambio de idiomas: español-francés.

❋ **2.** Los **animales escondidos** son: lagarto, sapo, lagartija, serpiente, murciélago, gato, araña.

❋ **3.** Morticia (C), Paxley (G), Fétido (F), Miércoles (E), Gómez (B), Abuela Addams (D), Lerch (A).

❋ **4. Existen realmente:** queso curado con gusanos y arroz guisado con ranas.

✳ **Examen horroroso** 1-B; 2-C; 3-B; 4-A; 5-B.

✳ No canto… MADONNA, MANAGER, ZUMO. El error: Madonna tiene la piel negra. **El código:** se alternan sílabas y notas musicales.

✳ No hay pastel… BELCEBÚ NOIR, CULPABLE, LUCIFER RED. El error: las velas sobre el pastel. **El código:** las palabras están escritas al revés.

✳ Inaugurado… HOSPITAL, HIJO, PADRE. El error: el murciélago no es un pájaro. **El código:** se alterna CRA entre las sílabas.

✳ Se parte… ENCUENTRO, PARLAMENTO, INTERCAMBIOS, VACACIONES. El error: el planeta no es Marte, sino Saturno.
El código: A = I, E = A, I = U, O = E, U = O.

✳ Carta par después de carta negra (picas y tréboles), carta impar después de carta roja (corazones y rombos).

✳ El emparejamiento correcto de los recuadros es: A-1, B-4, C-6, D-2, E-3. Los intrusos son los números 5 y 7.

✳ Solución: El viaje de una noticia.

✳ El culpable es Antonio: por convención, todos los museos cierran el lunes… Además, para datar los restos arqueológicos se utiliza el carbono 14, y no el inexistente carbono 12. En cuanto a lo que se refiere al catálogo, Antonio pudo procurárselo en cualquier otra ocasión.

A P C A A
B R O R T
R I B P R
I O R O I
L R E N L

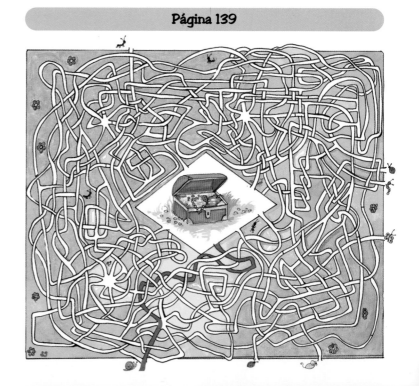

Página 140

Página 141

Página 142

Irene

Marta

Sara

Pablo

Pedro

Mario

Página 143

❋ El objeto misterioso es un par de **gafas**.

❋ El estilo de natación «revoloteador» es **mariposa**.

Página 146

1. Vista - ágila
2. Noche - murciélago
3. Tela - araña
4. Astucia - zorro
5. Hormigas - oso
6. Peces - nutria
7. Miel - abeja
8. Veneno - serpiente
Solución: AMAZONAS.

Página 147

❋ **A** En el árbol y en torno a él hay 6 abejas, 4 mariposas, 4 ardillas, 1 búho, 1 lechuza, 3 petirrojos y 1 pichón.

❋ **B** La hormiguita que alcanza a su compañera en el hormiguero es la señalada por la bolita roja.

Página 148

❋ **La patente del conde Iluminado** Timante ha robado la idea leyendo la patente en el bar, gracias al espejo que, reflejando las palabras, le permitía leer de izquierda a derecha.

Página 156

```
C O N T I N E N T E
  E S T R I B O R
    B U Q U E S
      A T U N
    S I R E N A
  B I T A C O R A
E X P E D I C I O N
```

❋ La criatura marina es el **TI-BURÓN**.

❋ El cubo **C** corresponde al abierto.

Página 157

❋ **Hello!**

HAND	5
BUS	3
ONE	4
FLOWER	7
HOUSE	6
RED	2
TREE	9
SHOE	8
TRAIN	1

❋ **Je m'appelle**

CHOCOLAT	3
PARFUME	7
FOULARD	1
PEIGNE	6
CHAPEAU	2

Página 161

❋ Las longitudes de las siete líneas originales están redistribuidas de tal modo que cada una de las seis nuevas líneas es un poco más larga respecto a cada una de las anteriores. Si se suman los aumentos de longitud de las líneas, equivalen exactamente a la longitud de la línea desaparecida.

A caballo

¹A	R	B	O	L	
²B	R	A	V	O	
³A	R	A	D	O	
⁵S	I	L	B	O	
⁵M	A	D	R	E	
⁶A	C	A	B	A	
⁷C	L	A	V	O	
⁸A	R	O	M	A	
⁹A	S	T	R	O	

Los ocho intrusos
Solución: ENSILLAR.

El molino
Solución: **Lucía, Rafael. Pedro, Isabel.**

La muchacha del muro
Solución: ESMERALDA.

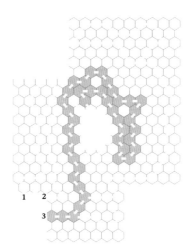

Puzzle campestre

Área de juegos
Solución: DESVÁN.

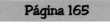

1. D I S T A R
2. K E L V I N
3. D E S M A N

Los antónimos en el cielo
Húmedo, entrada, ligero, inspirar, caro, orden, poco, todo, enemigo, rápido, oscuro.
Solución: HELICÓPTERO.

En el gallinero
Aparece un gallito.

La gata Carlota
La gata Carlota se ha escondido detrás de la valla número cinco.

Los pollitos

```
D  S  E  N  U  V  E
V  I  I  S  E  C  U
E  I  E  U  N  A  T
N  T  E  Z  O  R  O
```

Seis simpáticos encuentros

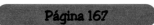

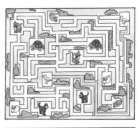

Página 168 cont.

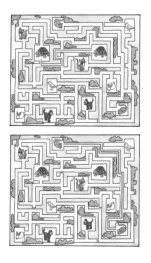

Página 168

✳ **En el pajar**

```
                    C
                  O S
                L U Z
              U N I R
            M E T R O
          P A S T O R
        I M P E R I O
      O P O R T U N O
```

Página 169

✳ **La caseta**
   2.ª viñeta: el destornillador y la paleta; 3.ª viñeta: la vela; 4.ª viñeta: una llave.
✳ **Intercambios silábicos**
   azada, pala, rastrillo, pico, horca, arado, guadaña, trillo.

Página 173

✳ 1 = Florencia
   2 = París
   3 = España
   4 = Copenhague
   5 = Suecia
   6 = Nápoles
   7 = Grecia

Página 174

✳ **Quien busca, encuentra**

```
B O L I G R A F O S
S A L L I T A P A Z
A L I N T E R N A B
R R M O C H I L A G
C E P I L L O   A O
Z A T N A M A L   R
E S O R B I L T   R
C B R U J U L A   E
S O T N E M U C O D
C A L C E T I N E S
```

Página 175

✳ **Una poesía**
   ¡No le toques ya más, que así es la rosa!

```
¡N O L E T O
Q U E S Y A
M Á S, Q U E
A S Í E S L
A R O S A !
```

✳ **Hacer la maleta**
   Zapatillas, pelota, raqueta, cuaderno rojo, toalla amarilla, calcetines azules y prismáticos.
✳ **Código del corazón**
   Adiós —le dijo el zorro—. Éste es mi secreto. Es muy sencillo: sólo se ve bien con el corazón. Lo esencial es invisible a los ojos.

Página 180

✳ **Punto tras punto**
   Uniendo todos los puntos verás un camper.
✳ **Anagramas internacionales**
   - En Argelia vi un gorila *argelino.*
   - En Croacia mandaré una postal o una carta *croata.*
   - En Groenlandia el sol es muy grande *groenlandés.*
   - En Madagascar compré una gema y un chal *malgache.*

Página 181

✳ **Charadas misteriosas**
   La segunda nota es un re
   un francés es un galo
   y espero que aceptes
   este bonito regalo.

   Los que son míos son mis
   es una infusión el té
   si me haces cosquillas río
   y todo esto es un misterio.

✳ **Jeroglífico**
   Juega a soldados.

Página 182

✳ La botella y el cepillo se pueden cambiar en 17 movimientos del siguiente modo: botella; cepillo; plancha; botella; taza; embudo; botella; plancha; cepillo; taza; plancha; botella; embudo; plancha; taza; cepillo; botella.

Página 184

✳ **Está, pero no se ve**
   Coloreando los espacios punteados podrás ver un avión.
✳ **Nubes**
   Día de nublo, día de engurrio.

```
I D S O T A R T S E ←
A L S O B M I N O L
L O S O L U M U C U
T D D S E O R R O M
O A E T B M I I R U
C L E R O O N C R C
U I T C A S I R U I
M O U T O S R G C B
U E M U L O S N A U
L S T R A T O S I E
O S A D C I R R O S
```

Página 185

Sílabas reveladoras
1 Impe **DI** nero
2 Sema **NA** ranja
3 Cala **MAR** mita
4 Músi **CA** mello

¿Qué es?
A 3; B 1; C 3

Página 186

Emprender el vuelo

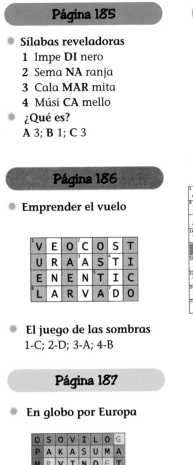

V	E	O	C	O	S	T
U	R	A	A	S	T	I
E	N	E	N	T	I	C
L	A	R	V	A	D	O

El juego de las sombras
1-C; 2-D; 3-A; 4-B

Página 187

En globo por Europa

O	S	O	V	I	L	O	G
P	A	K	A	S	U	M	A
M	R	V	I	N	O	E	T
I	S	E	S	O	I	D	E
L	C	L	A	N	A	I	F
O	O	L	U	C	A	R	O
S	I	R	T	A	K	I	A
N	O	N	E	T	R	A	P

Otra vez por Europa
1 nube barco B
2 hueso luna U
3 vaca cero C
4 casco lima A
5 carro tres R
6 pie remo E
7 casa sol S
8 taza tren T

Página 188

En todos los dados, la suma del valor de las caras opuestas es igual a siete. Hay dos posibles soluciones.

Página 190

Se pueden totalizar cincuenta puntos con los peluches 25, 6 y 19.

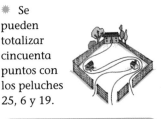

Página 191

A	M	A		A	L	E	R	O		S	E
S	I		A	D	I	O	S		A	E	B
A		A	S	A	M	A		M	I	R	A
C	A	S	A	D	O		N	A	B	O	S
	C	O	P	E	N	H	A	G	U	E	
R	A	M	E	R		A	C	I	L	P	A
O	R	A	R		O	B	A	C	A		R
M	A	R		S	A	L	T	A		R	O
A	M		U	O	I	E	A		Y	O	H

Página 192

Quiz histórico
1 Minos, 2 Cnossos, 3 Teseo, 4 Ariadna.

Página 193

Una ruta clásica

M	O	N	E	D	A			
	R	A	B	A	N	O		
		G	U	S	A	N	O	
			V	I	O	L	I	N
				E	U	R	O	P	A
					H	E	L	A	D	O
						T	O	M	A	T	E

Solución: GIBRALTAR.

El hijo de Ulises

I	T	A	C	A
O	D	I	S	E	A
P	E	N	E	L	O	P	E
	S	I	R	E	N	A
P	O	L	I	F	E	M	O
	C	A	B	A	L	L	O
	C	I	R	C	E
	T	R	O	Y	A

Página 194

Una posible secuencia es la siguiente: pájaro-pájaro, pájaro-ratón, ratón-mariposa, mariposa-pez, pez-mariquita, mariquita-ratón, ratón-ratón, ratón-araña, araña-pájaro, pájaro-mariposa, mariposa-mariposa, mariposa-mariquita, mariquita-mariquita, mariquita-pájaro, pájaro-pez, pez-pez, pez-ratón, ratón-mosca, mosca-pez, pez-araña, araña-araña, araña-mosca, mosca-mariposa, mariposa-araña, araña-mariquita, mariquita-mosca, mosca-mosca.
Queda fuera del juego la ficha pájaro-mosca.

Página 195

✳ **Vamos a bailar**
Las dos bailarinas cuyos vestidos son iguales son **2 - 6**.

✳ **¡Caramba, qué helado!**
MA LA GA (Málaga)

✳ **Los pinchitos y olé**
1 Frío, **2** Vuelo, **3** Paso, **4** Mucho, **5** Beso, **6** Bueno, **7** Como, **8** Polvo. Solución: FLAMENCO.

✳ **A las cinco de la tarde**
Como la letra **O** es la plaza donde se hace la corrida y el **RE** la segunda nota de la escala musical, hago **JA** cuando cuentan una cosa divertida.
¿Cuál es el premio para un torero excepcional?

✳ Solución: OREJA.

✳ **El tapagujeros**

1	E	L	V	I	A	J	E	R	O
2	R	E	C	O	N	O	C	E	L
3	O	P	O	C	O	Q	U	E	E
4	S	S	U	Y	O	D	E	S	C
5	U	B	R	I	E	N	D	O	T
6	O	D	O	L	O	Q	U	E	N
7	O	T	I	E	N	E	Y	N	U
8	N	C	A	T	E	N	D	R	Á

✳ **El fiordo de los misterios**
Uniendo los puntos aparece un barco vikingo.

✳ **Notas de viaje**

✳ **Pasatiempo numérico**

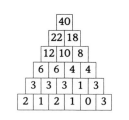

```
            40
          22  18
        12  10  8
       6   6   4   4
     3   3   3   1   3
   2   1   2   1   0   3
```

Página 200

✳ **El tiro de la cuerda** Por el primer dibujo, sabemos que la fuerza en conjunto de los cuatro chicos es idéntica a la de las cinco chicas. Como se ve en el segundo dibujo, las dos gemelas tienen la misma fuerza que un chico y dos chicas, por lo que en el tercer dibujo podemos sustituir a las gemelas por su equivalente en fuerza (1 chico y 2 chicas). Con esta sustitución, en el esquema tercero, 5 chicas y 1 chico (a la izquierda) se podrían enfrentar a 1 chica y 4 chicos.
Podemos suponer la eliminación de 5 chicas de un lado y 4 chicos del otro, ya que sus fuerzas, como se ve en el primer dibujo, son equivalentes. Quedaría, pues, una chica a la derecha, opuesta a un chico a la izquierda: esto demuestra que en esta última competición vence el equipo de la izquierda, porque supera al de la derecha en 1/5.

✳ **Las tres fechas** son viernes 26 de junio, miércoles 1 de julio y viernes 3 de julio. En cuanto al asunto del color, aún no hemos encontrado la solución.

✳ **Tiro a la diana** Multiplica el número de circunferencias por el número de diámetros. La solución es 16.

✳ **El periódico** tiene 36 páginas.

✳ **Reportaje**
Los diez nombres equivocados son: Tréveris, Ohio, Ustica, rublo, Ebro, Innsbruck, Frejus, Fujiyama, Etienne, Loira.
El nombre del monumento es: Tour Eiffel.

✳ **Un deseo...**
Objetos: televisor, raqueta, tambor, libro, cuerda, mochila, skateboard, patines, periódico, yoyó.
Solución: EURODISNEY.

✳ **Ziuq**
◆ También tres escalones, porque con la marea el barco se levanta.
◆ 100 años: 56 + 44 = 100.
◆ 8.760.
◆ Las dos líneas son exactamente iguales. ¡Mídelas!
◆ El líquido entra por los canales formados por los poros del azúcar.

✳ **Jeroglífico escolar**
Mi profesor.

* **El misterio**

Enrique es el culpable, ya que involuntariamente ha dejado la huella de su mano sucia por la grasa de la cadena de su bicicleta.

* **Una comida rápida**

Matilde está segura de haber ganado el desafío porque el agua llega más deprisa al punto de ebullición allí donde la presión atmosférica es mayor; en consecuencia, tarda menos en hervir en el mar que en la montaña. El hecho de poner sal en el agua caliente o en el agua fría no influye de manera sensible en alcanzar el punto de ebullición. Así pues, Matilde está en el mar con su padre, mientras que Enrique está en la montaña con su madre.

* **Grandes maniobras**
1 Motriz en P (MTYP); engancha Rho.
2 Motriz con Rho en X (PYTX); deja Rho en X.
3 Motriz en N (XTYPZN); engancha Bari.
4 Motriz con Bari en X (NRX); engancha Bari y Rho.
5 Motriz con Bari y Rho; deja Rho en P (XRNZP) y Bari en X (PZNRX).
6 Motriz en P (XRNZP); engancha Rho.
7 Motriz con Rho en N (YPZN); deja Rho.
8 Motriz en X (NZPYTX); engancha Bari.
9 Motriz con Bari en P (XTYP).
10 Regreso de la locomotora motriz (PYTM).

* **Ferrocarriles ingleses**
1 Locomotora R retrocede algunos metros hacia la derecha.
2 Locomotora R sola en la vía muerta.
3 Locomotora L, con tres vagones, a la derecha hasta más allá del cambio de vías.
4 Locomotora R en la vía principal.
5 Locomotora R, con tres vagones enganchados, a la izquierda hasta más allá del cambio de vías.
6 Locomotora L en la vía muerta.
7 Locomotora R, con los vagones, marcha atrás hacia la derecha.
8 Locomotora R, con los siete vagones, a la izquierda hasta más allá del cambio de vías.
9 Locomotora L en la vía principal.
10 Locomotora L marcha atrás hasta los vagones.
11 Locomotora L, con cinco vagones, a la derecha hasta más allá del cambio de vías.

12 Locomotora L empuja al último vagón hasta la vía muerta.
13 Locomotora L lleva los cuatro vagones a la derecha.
14 Locomotora L empuja los cuatro vagones a la izquierda.
15 Locomotora L vuelve sola a la derecha, hasta más allá del cambio de vías.
16 Locomotora L marcha atrás hasta la vía muerta.
17 Locomotora L devuelve el vagón a la vía principal.
18 Locomotora L marcha atrás a la izquierda.
19 Locomotora L, con seis vagones, a la derecha más allá del cambio de vías.
20 Locomotora L empuja el último vagón hasta la vía muerta.
21 Locomotora L vuelve a la derecha con cinco vagones.
22 Locomotora L empuja cinco vagones a la derecha.
23 Locomotora L vuelve a la derecha con un vagón.
24 Locomotora L marcha atrás por la vía muerta.
25 Locomotora L vuelve a la derecha con dos vagones.
26 Locomotora L marcha atrás a la izquierda, hasta más alla del cambio de vías.
27 Locomotora L, con siete vagones, a la derecha hasta más allá del cambio de vías.
28 Locomotora L empuja el último vagón hacia la vía muerta.
29 Locomotora L vuelve a la derecha con seis vagones.
30 Locomotora R marcha atrás hacia la derecha.
31 Locomotora R engancha sus cuatro vagones y sigue su viaje.
32 Locomotora L marcha atrás hacia la vía muerta.
33 Locomotora L engancha su tercer vagón y sigue su viaje.

Un triángulo de vías

1. El maquinista lleva la locomotora hacia atrás hasta la vía BD y engancha el vagón rojo.

2. Lleva hacia atrás el vagón rojo hasta D, y después regresa hasta la vía DB.

3. El maquinista sobrepasa el punto B, vuelve marcha atrás sobre la vía AB hasta pasar el punto A, entra en AD y engancha el vagón amarillo.

4. Empuja el vagón amarillo, lo engancha al rojo y vuelve hacia atrás por AD con los dos vagones.

5. Sobrepasa el punto A, vuelve atrás hasta la mitad de AB y desengancha el vagón rojo.

6. Tras dejar el vagón rojo en la vía AB, el maquinista vuelve hasta A con el vagón amarillo, después lo empuja por AD hasta llegar a D, lo desengancha y retrocede por AD.

7. Retrocede hasta pasar el punto A, después avanza por AB hasta reenganchar el vagón rojo.

8. Retrocede hasta pasar el punto A, lleva el vagón rojo hasta AD y lo suelta, para a continuación regresar de nuevo hasta pasado el punto A y avanzar hasta la mitad de AB.

9. Sobrepasa B, vuelve por BD y engancha el vagón amarillo para llevarlo hacia delante por DB.

10. Desenganchado el vagón amarillo en BD, el maquinista sobrepasa B hasta que se encuentra de nuevo a mitad de camino de los puntos A y B, ahora con la misma orientación que tenía al inicio de las maniobras. Hay por lo menos otras dos soluciones con diez maniobras.

Página 214

Panal enigmístico

Amarcord
Regadera, pala, rastrillo, cedazo.

Página 220

Vacaciones en la granja
Valentina - cubo
Enrique - perro
Alejandro - carro

Página 221

Sustitución sorpresa
1 puerta, 2 gato, 3 garra, 4 hoja, 5 pata, 6 uva, 7 cara, 8 sirena, 9 oso, 10 rama, 11 pozo.
Solución: AGROTURISMO.

Las cerillas

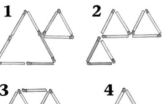

Página 223

- El primer ladrillo pesa 1 kg. El segundo ladrillo pesa 800 gramos.
- Tres gatos.

Página 224

Crucigrama campestre

Página 225

El árbol genealógico
El tío de Susi es Marcos; los nietos de la abuela Fulvia son Susi y Nicolás; Augusto tiene dos hijos: Pedro y Antonio; la mujer de Antonio es Josefina; el señor Tulio es el bisabuelo de Susi; Marco no está casado.

Los animales escondidos
Foca-oca; cabeza-abeja; lira-loro; gato-gallo; pan-can; cabello-caballo.

Página 226

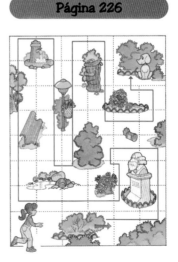

Página 228

⁂ **El postre**

1 A caballo regalado, no le mires el diente.
2 A buen amigo, buen abrigo.
3 Carta echada no puede ser retirada.
4 Arco en el cielo, agua en el suelo.
5 Cien refranes, cien verdades.
6 Cada mochuelo a su olivo
7 De padres gatos, hijos mininos.
8 Cuando el gato no está, los ratones se comen el queso.
9 Cada oveja con su pareja.
10 El que algo quiere, algo le cuesta.
11 El que siembra tormentas, recoge tempestades.
12 Agua lleva cuando el río suena.

Página 229

⁂ **Etiquetas**
Cine - elogian - nido - olivos - sano - oral - lista - astro.
Solución: CENO SOLA.

⁂ **La sopa juliana**

Página 231

⁂ El día es el domingo.
⁂ El cuentakilómetros marca el número 16.061. El automóvil ha viajado a 55 km/h.
⁂ Hay 35 triángulos.

Página 232

⁂ **Una escuadra para todos**
Roberto es arquitecto y con la escuadra dibuja sus proyectos. Antonio es un atleta, y para él tener las piernas rectas bien «escuadradas» es muy importante. Julio es entrenador de fútbol y sigue a su escuadra en todos los desplazamientos. Felipe trabaja en una escuadra de electricistas de la empresa que distribuye la energía eléctrica.

Página 233

⁂ **Quiz**

1. San Marino.
2. Violeta.
3. Doc.
4. Mercurio.
5. Aproximadamente 70 años.
6. Ocho.
7. Más de 4.000 metros.
8. La lengua de las serpientes, afilada y bífida, es extremadamente móvil: entra y sale a través de una curvatura del hocico, sin necesidad de que el reptil abra la boca. La serpiente mueve su lengua para probar, oler y tocar los objetos a su alrededor.
9. Su introducción en las iglesias se remonta al año 1400, pero su uso litúrgico ya es citado en un escrito del año 585.
10. Francia en 1865.
11. En Escocia, en 1825, sobre un recorrido de 32 km.
12. 9.980 km, equivalente a la distancia entre los Polos y el Ecuador.

⁂ **Jeroglífico literario**
Una novela de humor.

Página 234

⁂ La respuesta de cada uno de los habitantes de Verlandia a la pregunta «¿A qué grupo perteneces?» debe ser siempre la misma: «Pertenezco al grupo de los sinceros.» En efecto, quien pertenezca al grupo de los sinceros dirá la verdad afirmando que «pertenezco al grupo de los sinceros»; en cambio, quien pertenezca al grupo de los mentirosos dirá mentira afirmando que «pertenezco al grupo de los sinceros».

Por ello, el primer guía ha dicho la verdad.

De no ser así, la respuesta ofrecida por el primer guía interrogado habría debido ser: «Ha dicho que pertenece al grupo de los mentirosos», es decir, lo contrario de lo que responden los habitantes de Verlandia.

Página 235

❋ El tercer candidato dice: «El primer candidato ha levantado la mano, así pues, ha visto uno o dos sombreros negros; de ello es fácil deducir que si mi sombrero fuese rojo, el segundo candidato habría tenido que deducir que el sombrero negro visto por el primer candidato era el suyo; sin embargo, eso no ha sucedido, de lo que se deduce que mi sombrero es negro.»

❋ Indicando una cualquiera de las dos puertas, el prisionero puede acercarse a uno cualquiera de los dos guardias y preguntarle: «¿Qué respondería tu compañero si le preguntase si es ésta la puerta para salir de aquí?» Si la respuesta fuese «No», el prisionero debería salir por aquella puerta; si la respuesta fuese «Sí», debería salir por la otra puerta.

❋ La pregunta es: «¿Eres el tipo de persona que podría afirmar que tú eres Mario?» Por norma general, cuando quieras saber de un mentiroso o de uno que siempre dice la verdad (sin saber quién de ellos es el mentiroso y quién no) si una afirmación es verdadera, no debes nunca preguntar «¿Es verdadera?». Debes, en cambio, preguntar: «¿Eres el tipo de persona que podría afirmar que es verdadera?»

Página 236

❋ **¡Vamos a la playa!**
La imagen se completa con la casilla número 3.

Página 237

❋ **La misma playa...**

C A B		P R A		C E R
A L L		A R R		A Z E
O T O		L M E		S E M

N A R		S E C		G A L
J N A		A D O		O S L
A O L		R I N		A N I

Solución: TORREMOLINOS.

❋ **Flores amigas**
RITA, ANA, CARLA.

Página 238

❋ **Crucigrama marino**

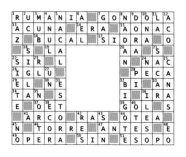

Página 239

❋ **Esculturas de arena**

```
R O D A E C N O R B
A S O M B R I L L A
Ñ O B C O L C H O N
A L L A O T O L O P
C A A C A M A H Ñ E
A L A P A R E N A L
C A R A Q U E T A O
U D O R B A R C A T
B R O D A T O L F A
O R A S T R I L L O
```

❋ **Hay algo nuevo**
La casa junto al faro, el mástil con la bandera, la boya en el mar, el cartel en el muro, el color del toldo, la imagen del puesto de helados, el banderín de la caseta, el color de la puerta de la caseta, la antena sobre el faro.

Página 244

❋ **¿A qué jugamos?**
1 PEra
2 LObo
3 TAladro
4 TROMpeta
5 POtable
6 CAmisa
7 NIño
8 CAScada
9 COMbinado
10 BAtalla
PELOTA, TROMPO, CANICAS (bolitas), COMBA.

❋ **Cantar en diagonal**

Página 245

❋ **Casillero con sorpresa**
En las casillas coloreadas puede leerse: PULPO

❋ **Jeroglífico dominguero**
El domingo por la noche.

351

Página 247

❋ **Un libro amigo**
Los viajes de Gulliver.
❋ **Un libro de aventuras**

Página 252

❋ **Un baño de sinónimos**

Costa	Playa
Áncora	Ancla
Borrasca	Tempestad
Islote	Isla
Barco	Nave

❋ **El escaparate**
Falta el slip del biquini amarillo, sobre la bolsa de la izquierda; también falta el slip del biquini amarillo junto al maniquí de la derecha, y el sostén que empareja con el slip azul visible en la parte inferior, a la derecha.

Página 253

❋ **Laberinto entre...**
Deberá seguir el hilo 2.
❋ **Pizza cifrada**

B	A	M	B	I
G	R	A	N	O
C	A	R	T	A
U	N	I	O	N
T	I	N	T	A
A	R	E	N	A
M	A	R	T	E
A	R	A	B	E

Página 254

❋ **Sabor de mar**
Como primer plato hemos pedido ARROZ CON GAMBAS.
❋ **¿Sesenta?**
20 - 10 - 16 - 14
14 - 6 - 23 - 17
17 - 15 - 8 - 20

Página 255

❋ **... los marcianos**
Quien haya ideado esta broma, primero excavó los agujeros, después trajo los animales o cualquier cosa que simulase su presencia (por ejemplo, una herradura en lugar de un caballo) desde la boca del agujero, y después los ha dejado en libertad cuidándose de eliminar todas las huellas que llevaban hasta el agujero, dejando sólo las que se alejaban del mismo. El error ha sido el de simular el desplazamiento hacia delante de un cangrejo, cuando todos saben que los cangrejos se desplazan hacia un lado.

Página 256

❋ **Cinco agradables intrusos**
1. Palmera 2. Iglú 3. Pozo 4. Montaña 5. Abeto.
La excursión es UN LARGO PASEO EN BICI.

❋ **Las iniciales animalescas**
Los animales son: sapo, ostra, mono, burro, ratón, elefante, rinoceronte, oso.
Solución: SOMBRERO.

Página 257

❋ **Desplazamiento...**
ACORDÉ - ACORDE
❋ **Anagrama**
ATAN - NATA
❋ **Invitación gráfica**
En la tarjeta hay escrito: ¿VIENES ESTA NOCHE A LA FIESTA?

Página 258

❋ **Palabras sorpresa**

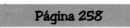

❋ **Beach volley**
1. Área de juego 2. Pelota 3. Voleibol 4. Cambio de pelota 5. Punto 6. Set. ELICSN-LINCES

Página 259

❋ **Pescadería con intruso**
Siguiendo la flecha, en la pescadería encontramos: CALAMAR, PULPO, ARENQUE, LENGUADO, SARDINA, BACALAO, OSTRA, PERCEBE, CANGREJO, ATÚN, LANGOSTINO. El intruso es el DELFÍN.

❋ **Quiz marino**
A 1; B 3; C 1.

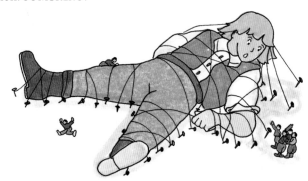

* **Sabotaje**
El culpable es el muchacho rubio, ya que es el único que conoce cómo se han desarrollado los hechos, y afirma que ha leído la noticia por la mañana «El vespertino», que según su nombre indica, se publica por la tarde en el diario.

* **Picnic musical**
1. House; 2. Apple; 3. Ship; 4. Ice cream; 5. Tree; 6. Egg; 7. Ring; 8. Star; 9. Lemon; 10. Sun.
Solución: SPICE GIRLS.
* **Jugando al escondite vespertino**
La figura que completa la primera de la izquierda es la número 4.

* **Con la nariz...**
OSA MAYOR.
* **Polvo de estrellas**
Solución: POLAR.

* **La bota vieja**

* **En la mochila**

* **Chica cerca del escenario:** ¡Ese guitarrista es malísimo! **Chicos cerca de la mesa de la izquierda:** ¿Quieres un bocadillo de queso? *¡Sí, gracias!* **Chico próximo a la mesa del centro:** ¿Te estás divirtiendo? **Chica de la camiseta lila:** ¿Vienes a bailar conmigo? **Chico de la camisa a cuadros:** Es una fiesta muy bonita, ¿verdad? **Chico a la derecha de la sombrilla del centro:** ¿Dónde está Julia? *Hace poco estaba en el puesto de bebidas.* **Chicos en el banco de la derecha:** ¿Adónde irás de vacaciones? *De cámping con mi hermano mayor.* **Chico saliendo de la escuela:** ¡Por fin se a-cabó la escuela!

* **Música secreta:** Un amigo escucha la canción de mi corazón y me la canta cuando ya no la recuerdo.

* **Criptográfico:** *Feliz cumpleaños.* Los 29 números del eje de ordenadas corresponden a las letras del alfabeto español.

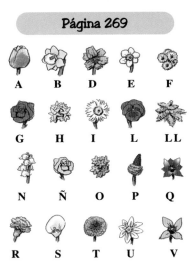

* El mensaje dice lo siguiente: PLATERO ES PEQUEÑO, PELUDO, SUAVE; TAN BLANDO POR FUERA, QUE SE DIRÍA TODO DE ALGODÓN, QUE NO LLEVA HUESOS.
...Así es cómo empieza *Platero y yo*, de Juan Ramón Jiménez.

Página 270

※ La sal no puede estar en la puerta número 2 (mentiría), y la pimienta tampoco (diría la verdad); así pues, en la puerta número dos está el zumo de limón. La afirmación 3, en consecuencia, es cierta, y en ella se encuentra la sal. La afirmación 1 es falsa, y en ella se encuentra la pimienta.

※ Las flechas han hecho diana en los sectores 14, 12, 8 y 1.

Página 272

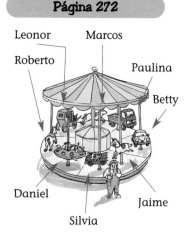

Leonor · Marcos · Roberto · Paulina · Betty · Daniel · Jaime · Silvia

※ Decidí regresar en dirección norte. Continuando hacia el sur, me habría visto obligado a recorrer la distancia completa entre los dos teléfonos; hacia el norte, en cambio, sólo la parte entre mi automóvil y el teléfono.

※ Gracias a la posición del 3 y del 1 se puede llegar a entender que el dado debe tener un 5 en la cara que toca al otro lado. La cara opuesta (7-5) es, por lo tanto, igual a 2.

Página 273

2	46	35	13	45	34	12	44	33	11
25	64	55	24	63	54	23	70	61	22
36	14	1	96	99	87	93	98	86	43
3	47	72	89	83	71	62	53	32	10
26	65	56	75	92	97	85	69	60	21
37	15	82	95	100	88	94	19	78	42
4	48	73	90	84	74	91	52	31	9
27	66	57	76	67	58	77	68	59	20
38	16	81	39	17	80	40	18	79	41
5	49	28	6	50	29	7	51	30	8

Página 276

※ **En la montaña**
La chancleta del muchacho, la estrella de mar, el candado, la llave inglesa, la fresa de color azul, el palo de golf, el dromedario, la cantimplora boca abajo, la cafetera, el salvavidas, el reloj del campanario, el faro, la cascada.

Página 277

※ **Vamos a la montaña**

Página 282

※ **¿Quién lo ha visto?**

※ **Setas venenosas**
1 = Amanita
2 = Armilaria
3 = Calabaza
Es venenosa la amanita.

1	A	R	M	I	L	A
2	R	I	A	A	M	A
3	N	I	T	A	C	A
4	L	A	B	A	Z	A

Página 283

※ **Cine y fútbol**
1. Suecia 2. Uruguay 3. Portugal 4. España 5. Rusia 6. México 7. Argentina 8. Nigeria.
La película es: SUPERMAN.

※ **La pirámide**

Solución: MÚSICA ROCK.

Página 284

※ **El ramo de flores**

```
1. G U G I E N S A C I A N T E N S A
2. E S P P R I A M U R R A L G O S A
3. C E R O D B O D E N O D R O L L A
4. E D E L C O L I W E I S F L O R S
5. L E N I C G R I H U T E G A L L A
```

354

Página 284

❋ Las flores son:
1. Genciana
2. Prímula
3. Rododendro
4. Edelweiss
5. Nigritella

Página 285

❋ **Junto al fuego**
El árbol de la montaña weiaó.
❋ **La reina de la noche**
Luna, blusa = LU
Cine, cocina = CI
Cerdo, percha = ER
Nariz, cadena = NA
Gato, hormiga = GA
Solución: LUCIÉRNAGA.

Página 286

❋ Antonieta tenía 24 años.
❋ Se disponen en la tostadora las rebanadas A y B y se tuesta uno de los lados. Se retira la rebanada B, se coloca la rebanada C y damos la vuelta a la rebanada A. Se retira la rebanada A, que ya está tostada por sus dos lados, y se colocan las rebanadas B y C para tostar el lado que falta.

Página 287

❋ Los movimientos son: de 2 y 3 a 9 y 10; de 5 y 6 a 2 y 3; de 8 y 9 a 5 y 6; de 1 y 2 a 8 y 9.
❋ Teresa ha asistido a 78 clases, Miriam a 75, Silvia a 15 y Sara a 39.
❋ Cada chica debería de tener 14 monedas. Pero Ana tiene 6 monedas, Miguela 12 monedas y Marta 24 monedas.

$$6 + 12 + 24 = 42$$
$$42 : 3 = 14$$

Página 288

❋ **¿Cuántas vacas?**
Hay 33 vacas.
❋ **¡Muuuh!**
La palabra se repite 43 veces.

Página 289

❋ **Uno para mí, otro para ti**

❋ **La solución de los nudos**
Los nudos A y C se deshacen.
Los nudos B y D se cierran.

Página 292

❋ Hay que intercambiar el círculo de la segunda casilla de la primera fila por el triángulo de la última casilla de la segunda fila, y el rombo de la tercera casilla de la tercera fila por el triángulo de la primera casilla de la cuarta fila.
❋ Alejandro es peluquero. La profesión tiene tantas letras como el nombre.
❋ Hay que retroceder cinco páginas hasta el 10, 11, 12 y 13 de marzo; avanzando, es necesario ir 8 páginas más adelante hasta llegar a los cuatro primeros días del mes de mayo.

Página 293

❋ Es la astilla número 5.
❋ Hay dos banderas idénticas respecto a los dos colores de la derecha (3, 2). Las dos banderas que presentan esta particularidad son la de Bélgica y la de Mali, para las que el 3 representa el color amarillo y el 2 el color rojo. La bandera de Bélgica no puede ser 5, 3, 2 (sólo hay un sector negro en las cinco banderas, mientras que el número 5 se encuentra en varias ocasiones). La bandera belga está por ello marcada por los números 1, 3, 2 (1 = negro), la de Mali por 5, 3, 2 (5 = verde), la de Costa de Marfil por 6, 4, 5; la bandera de Guinea tiene los números 2, 3 y 5, y la de Italia está marcada por los números 5, 4 y 2. El país no representado es Irlanda.

✳ **Jeroglífico**
Sale por la tele.

✳ Las piezas que faltan en la bicicleta son: pedal (326), guardabarros (330), manillar y faro (179), sillín (78), bomba de aire (114), dinamo y salva cadenas (328).

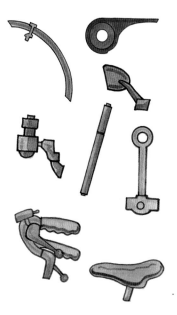

✳ **Viaje por Europa**
La ciudad que no aparece en la sopa de letras es Ginebra.

N	V	L	O	N	D	R	E	S	I
I	A	S	A	L	E	S	U	R	B
L	V	I	E	N	A	J	E	A	A
B	L	C	A	G	A	R	P	M	E
U	P	A	R	I	S	N	T	O	R
D	O	D	I	R	D	A	M	R	D
E	U	G	A	H	N	E	P	O	C
E	L	L	I	S	B	O	A	A	T
I	E	R	R	N	I	L	R	E	B
A	A	M	S	T	E	R	D	A	M

✳ **Acróstico**

¹P	R	O	P	I	N	A
²A	T	R	E	Z	Z	O
³S	O	B	R	I	N	O
⁴A	L	T	I	L	L	O
⁵P	O	R	T	E	R	O
⁶O	R	A	C	U	L	O
⁷R	E	V	I	S	T	A
⁸T	R	A	B	A	J	O
⁹E	N	E	M	I	G	O

✳ **Laberinto ciclista**

✳ **Las monedas**
1. Hungría — Florín
2. Finlandia — Marco
3. Guinea — Franco
4. Kuwait — Dina
5. México — Peso
6. Nueva Zelanda — Dólar
7. Irán — Rupia
Solución: UNA CANTIMPLORA.

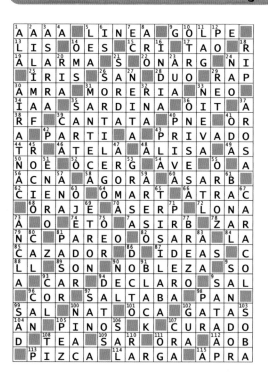

—Maestra, me duelen los pies. ¡No puedo caminar!

—Ánimo, Milena. Repite fuerte: «Un paso más, un paso más...», y llegarás a la escuela sin darte cuenta.

Milena lo repite algunas veces, y después exclama:

—Señora maestra, ahora me duele también la garganta.

Un niño que no sabe resolver el problema del examen, quiere hacerse el gracioso y al final del ejercicio escribe lo siguiente: «Sólo Dios conoce la respuesta. Que pase un buen día.»

Ocho días más tarde recibe la calificación del examen: «Dios ha aprobado; tú, en cambio, no. Que tengas un buen año.»

* **El gran quiz**
  1. Antes, en 1280.
  2. Después, en 1925.
  3. Más: 320 m.
  4. Menos: el elefante hasta los 15 años, la ballena hasta 400 años.
  5. Menos: 6.888 km.
  6. Izquierdo.
  7. Izquierda.
  8. Izquierda.
  9. Impar.
  10. El macho presenta una dentadura completa, mientras que la hembra no tiene colmillos.
  11. Los machos.
  12. Abajo.
  13. 1930.
  14. En Turquía, desde donde se importaron a Holanda. El nombre se debe precisamente a la palabra turca *tulibend*, «turbante».
  15. 260.
  16. Trece; simbolizan las colonias que, en el siglo XVIII al rebelarse contra Inglaterra, obtuvieron la independencia.
  17. Los capuchinos.
  18. 30.000 aproximadamente.
  19. No, en el caso de encuentros entre amateurs, puede haber dos cuerdas.
  20. Blanca.
  21. El blanco.
  22. Tenía un ojo negro y otro azul claro.
  23. Azul.

* Doy la vuelta a las dos clepsidras. Cuando ha acabado la de tres minutos, la giro de nuevo. Cuando termina de caer la arena, la giro nuevamente.

  Cuando acaba la clepsidra de siete minutos, giro la clepsidra de tres, en la que sólo ha caído un minuto de arena. Cuando ésta haya terminado, habrán transcurrido los ocho minutos.

* **Metagrama en bicicleta**
  Vigo
  Viga
  Visa
  Pisa
  Risa
  Rosa
  Roma

* **¿Quién sabe cuál es la ciudad?**
  No hay duda de que la ciudad más fiera es **León**, aunque la más cara es **Tarifa** y la más fuerte **Hierro**.
  Pero si te gusta dar vueltas visita **Ronda** que de todas es la que se lleva la **Palma**.

* **Viaje gastronómico**
  Si quieres comer una paella visita **Valencia**.
  Pero si te gusta el queso, en **Palencia** encontrarás los mejores.

Tema
¿Qué harías si encontraras veinte millones en la calle?

Desarrollo
Si en la calle encontrara veinte millones perdidos por algún rico, me los quedaría porque a él le sobran. En cambio, si los hubiese perdido un pobre, entonces iría corriendo a devolvérselos.

---

* **Souvenir**
  Los recuerdos son: gorra, jersey de lana, jarrón de cristal, alce de madera.
  El título del libro es: PIPI CALZASLARGAS.

* **Saludos y besos**

¹P							
²O	Z						
³S	O	L					
⁴T	I	L	A				
⁵A	R	A	D	O			
⁶L	I	T	E	R	A		
⁷E	X	T	R	E	M	O	
⁸S	E	Ñ	O	R	I	T	A

Tema
¿Cómo has pasado las vacaciones de Navidad?

Desarrollo
Bien, gracias, maestra. ¿Y usted?

---

* **El mapa disparatado**
  No han sido dibujados el mar Negro, las nuevas fronteras de la ex Yugoslavia, la frontera entre Rumanía y Hungría, el océano Atlántico al norte de España, las islas Baleares y la parte europea de Turquía.

* **Anagrama caballeresco**
  En un hermoso VALLE pasea un caballero que LLEVA un vestido rojo.
  Queriendo acortar el camino saltó una valla, y no viendo a un TORO acabó con el vestido ROTO.

* **Una ciudad andaluza**
  Solución: GRANADA.

Tema
¿Qué veo desde mi ventana?

Desarrollo
Yo, desde mi ventana, siempre veo fuera.

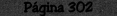

Página 309

✳ A vista de pájaro

P	A	Y	A	L	A	M	I	H	P
I	I	C	A	U	C	A	S	O	C
R	R	O	S	S	E	L	A	R	U
I	O	C	A	R	P	A	T	O	S
N	C	D	A	T	L	A	S	E	E
E	O	T	I	A	N	S	H	A	N
O	S	S	E	N	A	C	L	A	B
S	A	U	A	N	D	E	S	R	O
P	S	A	P	E	N	I	N	O	S
M	U	R	O	K	A	R	A	K	A

Solución: PICOS DE EUROPA.

✳ **El camino correcto**
Parque de Aigües Tortes.

> —¿Cómo se denominan los habitantes del antiguo Egipto?
> —¡Momias!

Páginas 312-313

C	E	R	A		E	E	E		T	A	N		T	I	O	S
O	R	A	C	I	O	N		S	O	L		R	E	S	T	O
L	I	T	E	R	A		M	E	S		S	I	R		E	N
T	I	R	A		C	A	R		A	M	O		A	L	A	
T	E	M	A		G	A	S	T	A	D	O		A	M	O	R
E	M	I		A	I	R		S	O	R		E	V		B	
R	A		O	G	E	R	B	O	L		O	R	E	M		O
R		A	S	E	M	O	R	P		A	J	O		A	I	M
A	T		A	M		M	O		U	F	O		A	L	T	O
Z	A	S		O	D	A	M	A		A	S	U	S	T	A	R
A	P	E	O		A	T	I	C	O		O	N	E	R		C
	A	R	R	E		O	C	A	T	A		O	R	A	P	
O		O	O	O	H		O	T	N	A	S		P	E	A	R
Y	E	L		R	I	A		O	E		L	A		R	I	O
A	P	O	S		E	S	E		M	A		I	I		S	C
Y		C	U	E	L	A		P	A	L	A	B	R	A		O
A		E	S	O		O	L	L	A	B	A	C		A	S	
A	V	E	L	E		S	E	A		R	R		A	T	A	
L	I	L	A		P	I	N	T	A	D	A		P	R	E	S
A	C	O		A	U	N		A	R	O		D	I	A	S	
D	O		A	R	A		A	N	A		P	E	N	C	O	S
I	L	E	S	O		I	Ñ	O		C	A	R	T	E	R	A
N	A	D	A		P	I	O		V	E	N		O	S	A	V

Un grupo de boy scout se ha perdido en el bosque.
—Pásame el mapa —dice el monitor.
Un scout le entrega lo que queda del mapa que siempre lleva consigo en cada excursión.
—Es un juego de niños —dice el guía tras haberle echado un vistazo—. En este momento, nos encontramos aquí, cerca de esta mancha de grasa. Cruzamos el bosque hasta el primer rastro de mermelada y después alcanzamos los restos de algunas sardinas en aceite. Nuestro campo base está marcado con una mancha de carbón del dedo de Federico.

Delante de la entrada de un cine, donde proyectan una nueva película policíaca, se ha formado una cola impresionante. Un muchacho se dirige a la taquillera y le lanza un ultimátum: «Si no me entrega inmediatamente todas las bolsas de palomitas, la arruino desvelando a toda esta gente que el culpable es el tío de la víctima.»

Páginas 310-311

✳ **Los tres medios de transporte intrusos**: biga, birreme, diligencia.
✳ **El tándem**: se encuentra en el jardín con el monumento.
✳ **Los dos globos**: difieren en cuanto al número de sacos del lastre.
✳ Hay **11 bicicletas.**
✳ Los medios que pertenecen a otras áreas geográficas: el carro de culí, el trineo y el autobús inglés.
✳ Los tres medios que presentan una **característica absurda**: el camión con dos automotrices, el automóvil azul sin una rueda, el helicóptero con la cola de avión.

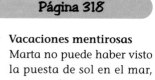

Página 314

✳ **El virus**
El culpable es Osvaldo, que es zurdo (viñeta 1). Utilizando la computadora, ha desplazado, como normalmente hacen los zurdos, el ratón a la izquierda, olvidándose de situarlo nuevamente en su sitio (viñeta 5).

Página 315

✳ En la ilustración se esconden 15 gatitos.

Página 318

✳ **Vacaciones mentirosas**
Marta no puede haber visto la puesta de sol en el mar, pues en el Adriático sale el sol, pero no se pone.

✳ **Fósforos cuadrados**

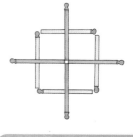

Página 319

✳ **Regreso proverbial**
La experiencia es madre de la ciencia.
Antes de empezar un viaje busca buena compañía.

✳ **Sabiduría china**
Un viaje de mil kilómetros se inicia con un solo paso.

Página 320

✳ **Una vuelta en el tiovivo**
A - 4; B - 6; C - 9.

Página 321

✳ Spice Girls

Crossword:
```
¹P I A N O
²A N C A
³A N G U L O
⁴C L A R O
⁵M E S
⁶P A S T E L
⁷P L A T O
⁸R O S A
```

✳ **El árbol de la cucaña**
Alicia gana el monopatín; Marta el osito; Enrique la mochila.

Página 322

✳ **Una velada mágica**

```
¹F R U T A ²S
U D O R ³L E
E R A S ⁴A L
G A A S T A
⁵O L M O ⁶P I
S O C A L C
A R ⁷M E D I
R ⁸O T I R F
```

✳ **Jeroglífico estival**
Se va al campo.

Página 323

✳ Coloreando las zonas marcadas con puntos aparece un pesebre.

Páginas 324-325

✳ Las palabras de las que depende la vida de la tripulación se encuentran en la página 329.

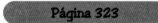

```
L A I S L A D
E L T E S O R
O   R O B E R
T L O U I S S
T E V E N S O
N   J I M H A
W K I N S   L
O N G J O H N
S I L V E R
```

Página 326

✳ La **Española** atraca en la segunda bahía, larga y estrecha, arriba a la derecha.

✳ Las palabras misteriosas del brindis son: TÉ, SO, RO, TESORO.

Página 327

✳ El pirata Silver canta esto: QUINCE HOMBRES MUERTOS SOBRE EL COFRE DEL TESORO... OH...

Página 328

✳ **Lectura jeroglífica**
La cartelera del cine.

✳ **Errores proverbiales** Año de nieves, año de bienes. Donde fueres, haz lo que vieres. Cuando el río suena, agua lleva. El tiempo aclara las cosas. No es oro todo lo que reluce. Buenas palabras y buenos modales, todas las puertas abren. Haz el bien, y no mires a quién. A quien madruga, Dios le ayuda. Quien canta, su mal espanta.
Solución: EDITORIAL.

Página 329

✳ **Adivinanza**: hacha, abeja, rival, divertido, nevar, enero, waterpolo, semana. Solución: HARD NEWS.

✳ **Las palabras de Silver**: Me desharé de ellos en la isla después de que hayan embarcado el tesoro.
Las palabras están escritas de derecha a izquierda.

Página 330

Página 331

✳ **Jeroglífico**
Regalos para todos.

Página 334

```
N A V I N A C N
L D A D V I N A
N A V I D A A V
N A V D E D V I
N M I A D E I D
A N D A D D D A
V A V I D A A D
I N A V N N D T
D I D I A V N D
A D A D A I D A
```

✳ La **hamaca** es un regalo de CLEMENTINA.

✳ Las dos **piezas intrusas** de la pluma estilográfica son el muelle y el cartucho de recambio.

359

Enero

EL EQUIPAJE DEL NAVEGANTE

LOS JUEGOS

Febrero

Una luminosa mañana de diciembre de hace muchos años, en un pueblo de Holanda llamado Broek, un muchacho y una muchacha, con vestidos demasiado ligeros para aquel frío, estaban arrodillados en el borde de un canal helado.

El sol todavía no había despuntado, pero el cielo gris mostraba ya en el horizonte un ribete de oro.

A aquella hora, la mayor parte de los holandeses todavía dormía. Sólo de vez en cuando una campesina con un cesto bien colmado sobre la cabeza se deslizaba sobre la superficie vítrea, y algún guapo mocetón que se encaminaba a trabajar a la ciudad los miraba benévolamente o los saludaba cuando llegaba a su altura.

Ateridos y jadeantes, hermano y hermana estaban intentando colocar bajo los zapatos trozos de madera toscamente cortados en forma de cuña y alisados como patines, con dos agujeros por los cuales pasaban dos cordones de cuero.

Esos extraños arneses habían sido fabricados por Hans, el muchacho. La madre era una campesina pobre, tan pobre que no podía comprar a sus hijos patines de verdad.

No obstante, a pesar de su tosquedad, esos patines de madera permitían a los dos hermanos pasar horas felices deslizándose sobre el hielo. No sentían ni pizca de envidia de quienes poseían patines de acero, cuando con los dedos enrojecidos por el frío se ataban las correas a los tobillos.

Cuando estuvo listo, Hans voló sobre el hielo del canal gritando:

—¡Ven Gretel!

Pero la hermana lloriqueó:

—¡No puedo! Cuando aprieto las correas en el mismo punto de ayer, me duele. ¡Ayúdame!

—Átatela más arriba.

Es demasiado corta.

—¡Vale, voy!

Y Hans, canturreando la melodía de una cancioncilla...

Los patines de plata
Mary Elizabeth Mapes Dodge

𝔐𝔞𝔯𝔷𝔬

—La Navidad no será Navidad sin regalos —murmuró Jo estirada en la alfombra.

—¡Es tan terrible ser pobre! —suspiró Meg mirando su viejo vestido.

—No creo que sea justo que algunas muchachas tengan un montón de cosas bonitas y otras absolutamente nada —añadió la pequeña Amy, aspirando con la nariz con aire ofendido.

—Tenemos a papá y a mamá y a nosotras mismas —dijo Beth desde su rincón con aspecto resignado.

Los cuatro jóvenes rostros, iluminados por las llamas de la chimenea, se encendieron al sentir estas consoladoras palabras, pero volvieron a oscurecerse cuando Jo añadió:

—A papá no lo tenemos y no lo tendremos durante bastante tiempo.

Jo no dijo «tal vez nunca más», pero todas, en silencio, lo pensaron, imaginándose al padre lejano, en los campos de batalla.

Durante un buen rato ninguna habló; después Meg dijo, con tono alterado:

—La razón por la que mamá ha propuesto que en Navidad no haya regalos,

como sabéis, es que el invierno que ha de llegar será duro para todos y cree que no es justo gastar dinero para divertirse cuando nuestros hombres están sufriendo tanto cumpliendo su deber militar; nosotras no podemos hacer mucho, es cierto, pero sí algunos pequeños sacrificios y deberíamos ser felices haciéndolos. Pero yo realmente no me siento capaz —añadió Meg sacudiendo la cabeza como si estuviese pensando con añoranza en todas las cosas hermosas que deseaba.

—De todas formas, no creo que lo poco que podamos gastar sirva de gran cosa. Tenemos un dólar cada una y el ejército, si lo recibiese, no sacaría un gran provecho. Estoy de acuerdo en que mamá y vosotras no me hagáis ningún regalo, pero me gustaría comprarme *Ondine y Sintram*; es un libro que deseo desde hace mucho tiempo —dijo Jo, la ratita de biblioteca...

Mujercitas
Louisa May Alcott

Abril

Érase una vez... «¡Un rey!», dirán rápidamente mis pequeños lectores. No, chicos, os habéis equivocado.

Érase una vez un trozo de madera. No era una madera preciada, sino un simple trozo del montón, de aquellos que en invierno se introducen en las estufas y en las chimeneas para encender el fuego y para calentar las habitaciones.

No sé cómo ocurrió, pero el caso es que un buen día este trozo de leña apareció en el taller de un viejo carpintero, cuyo nombre era maestro Antonio, aunque todos le llamaban maestro Cereza, debido a la punta de su nariz, que siempre estaba brillante y morada, como una cereza madura.

Tan pronto como el maestro Cereza vio aquel trozo de madera, se alegró y frotándose las manos de alegría, murmuró a media voz:

—Esta madera ha aparecido a tiempo: me servirá para fabricar una pata para una mesita.

Inmediatamente, tomó un hacha afilada para empezar a quitarle la corteza y rebajarla, pero cuando se acercó para darle el primer golpe de hacha, se quedó con el brazo suspendido en el aire, porque sintió una vocecilla sutil que dijo implorando:

—¡No me golpees tan fuerte!

¡Imaginaos cómo se quedó aquel buen anciano maestro Cereza! Exploró toda la habitación con los ojos asombrados para ver de dónde podía haber salido aquella vocecilla, ¡y no vio a nadie!

Miró bajo el banco, y nadie; miró dentro de un armario que siempre estaba cerrado, y nadie; miró en el serón de las virutas y del serrín, y nadie; abrió la puerta del taller para echar un vistazo incluso en la calle, y no vio a nadie.

¿Entonces?

Pinocho
Collodi

Mayo

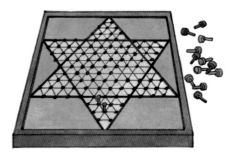

Una cala se consideraba tan segura como un puerto, el anclaje era bueno y los amarres robustos, por ese motivo aquellos hombres estaban tranquilos y no temían peligro alguno; incluso cuando tras cuatro o cinco días el viento arreció mucho, siguieron pasando el rato durmiendo o haciendo jolgorio, como es habitual entre los marineros.

Pero he aquí que al octavo día, por la mañana, el viento se enfureció todavía más y todos nos pusimos manos a la obra para arriar las gavias y reducir al mínimo el resto de velas con el objetivo de poder permanecer anclados sin demasiadas dificultades.

A mediodía, el mar se embraveció muchísimo y nosotros seguimos con la proa sumergida: sufrimos la embestida de varias olas y en un par de ocasiones nos pareció que el ancla garraba.

En ese momento, el capitán ordenó lanzar el ancla de la esperanza; así, nos encontramos amarrados con dos anclas y con los cabos arriados en toda su longitud.

La tempestad aumentó todavía más y empecé a notar el terror y el desconcierto en los rostros de los marineros. Incluso el capitán estaba asustado, aunque se ocupaba con firmeza de las maniobras; mientras entraba y salía de su camarote que estaba próximo al mío, en más de una ocasión le oí murmurar: «¡Señor, ten piedad de nosotros! Moriremos todos, no hay vía de salvación», y otras cosas por el estilo. Al principio del temporal, permanecí atontado, encerrado en mi camarote. No sabría describir en qué estado me encontraba.

Ciertamente, no podía arrepentirme de nuevo después de haber renegado de los votos hechos durante el otro temporal; por esta razón, pensé que también ahora podría vencer el terror de la muerte y que todo acabaría bien como la primera vez.

Sin embargo, cuando...

Robinson Crusoe
Daniel Defoe

Junio

La noche del 20 de diciembre de 1849, se desencadenó un huracán muy violento sobre Mompracem, isla salvaje de fama siniestra, refugio de terribles piratas, situada en el mar de Malaysia, a un centenar de millas de las costas occidentales de Borneo.

Por el cielo, impulsadas por un viento irrefrenable, corrían como caballos desbocados, mezclándose confusamente, masas de nubes negras que, de tanto en tanto, dejaban caer sobre las tupidas selvas de la isla furiosos aguaceros; en el mar, erizado también por el viento, chocaban desordenadamente y se quebraban furiosamente enormes olas, confundiendo sus rugidos con los estallidos, ya breves y secos ya interminables, de los rayos.

Ni desde las cabañas alineadas al fondo de la bahía de la isla, ni en las fortificaciones que la defendían, ni en los numerosos navíos anclados más allá del arrecife, se vislumbraba ninguna luz; no obstante, si alguien procedente de oriente hubiese mirado hacia arriba, habría

divisado, en la cumbre de una elevadísima peña, cortada a pico sobre el mar, el brillo de dos puntos luminosos: dos ventanas muy iluminadas. ¿Quién permanecía en vela a aquella hora y con similar tormenta, en la isla de los sanguinarios piratas?

Entre un laberinto de trincheras derribadas, de terraplenes derruidos, de empalizadas arrancadas, de jaulas demolidas, en las cuales se distinguían aún armas quebradas y huesos humanos, se elevaba una cabaña grande y sólida, rematada en su parte superior por una bandera roja, en que destacaba una cabeza de tigre.

Una habitación de esa cabaña está iluminada, las paredes están recubiertas con telas rojas tupidas, de terciopelos y de brocados muy preciados, pero aquí y allá arrugados, desgarrados y manchados, y el suelo desaparece bajo un alto estrado...

Los tigres de Mompracem
Emilio Salgari

371

Julio

El año 1866 se caracterizó por un acontecimiento extraño, un fenómeno que ha permanecido sin explicación y que nadie, con toda seguridad, ha olvidado. Corrían rumores que provocaban la inquietud de las gentes de los puertos y caldeaban la opinión pública en todas partes; pero fueron los hombres de mar quienes quedaron particularmente sorprendidos.

Comerciantes, armadores, capitanes de barco, patrones y comandantes de Europa y de América, oficiales de las marinas militares de cada país y, en fin, los gobiernos de los diferentes Estados de los dos continentes manifestaron una enorme preocupación frente a este episodio.

En efecto, desde hacía algún tiempo, numerosas naves chocaban en alta mar contra «una cosa enorme», un objeto largo, fusiforme, a veces fosforescente, sin duda mucho más grande y rápido que una ballena.

Los hechos relativos a esta aparición, registrados en varios periódicos de a bordo, coincidían casi exactamente en cuanto a la estructura del objeto o del ser en cuestión, y también en cuanto a la velo-

cidad inaudita de sus movimientos, la potencia sorprendente de su locomoción y la gran vitalidad que poseía. Si se trataba de un cetáceo, superaba en volumen a todos los que la ciencia había clasificado hasta la fecha.

Ni Cuvier, ni Lacépède, ni el señor Dumeril, ni el señor de Quatrefages habrían admitido jamás la existencia de un monstruo similar, salvo si lo hubiesen visto personalmente, visto por tanto con...

Veinte mil leguas de viaje submarino
Julio Verne

Agosto

oy es el primer día de escuela. ¡Aquellos tres meses de vacaciones en el campo han transcurrido como un sueño!

Esta mañana mi madre me ha acompañado a la sección Baretti para inscribirme en tercero de primaria: yo pensaba en el campo, e iba a disgusto. Todas las calles rebosaban de chicos; las dos librerías estaban atestadas de padres y de madres que compraban mochilas, carteras y cuadernos; delante de la escuela se amontonaba tanta gente que al bedel y a la guardia urbana les costaba trabajo mantener despejada la puerta.

Cerca de la puerta, noté que me tocaban un hombro; era mi maestro de segundo, siempre alegre, con su cabello rojo despeinado, que me dijo:

—Vaya, Enrique, ¿nos separan para siempre?

A pesar de que ya lo sabía bien, me causaron tristeza esas palabras.

Entramos a duras penas.

Señoras, señores, mujeres del pueblo, obreros, oficiales, abuelas, criadas, todos con los niños en una mano y los cuadernos de promoción en la otra, llenaban el vestíbulo y las escaleras, provocando un zumbido similar al de la entrada en un teatro.

Volví a ver con placer aquella gran sala en la planta baja, con las puertas de las siete clases, por donde pasé durante tres años casi todos los días.

Había un gran ajetreo, las maestras iban y venían. Mi maestra de primero me saludó desde la puerta de la clase y me dijo:

—Enrique, este año vas al piso de arriba: ¡ni siquiera te veré pasar! —y me miró con tristeza.

El director estaba rodeado de algunas mujeres acongojadas porque no había más plazas para sus hijos, y me pareció que tenía la barba...

Corazón
Edmondo De Amicis

Septiembre

—No hay nadie, queridos amigos, que no haya visto la Luna o que por lo menos no haya oído hablar de ella. Por tanto, nadie se sorprenderá si hablo sobre el astro de las noches. Quizás estemos destinados a ser los Cristóbal Colón de este mundo desconocido. Comprendedme, seguidme con todas vuestras fuerzas, ¡y yo os conduciré a su conquista y su nombre se añadirá al de los treinta y seis Estados que forman el gran país de la Unión!

—¡Viva, por la Luna! —gritó el Club Cañón al unísono.

—La Luna ha sido muy estudiada —prosiguió Barbicane—. Su volumen, su densidad, su peso, su masa, su composición, sus movimientos, su distancia, sus funciones en el sistema solar están perfectamente determinados; se han realizado mapas selenográficos con una perfección que iguala, por no decir supera, la de los mapas terrestres; la fotografía ha brindado pruebas muy valiosas de nuestro satélite.

En una palabra, de la Luna se conoce todo lo que las ciencias matemáticas, la astronomía, la geología, la óptica pueden saber; no obstante, hasta hoy en día, no se ha establecido ninguna comunicación directa con ella.

Estas frases del orador fueron recibidas con vivo interés y fascinación.

—Permitidme recordar en pocas palabras —prosiguió— que ciertos espíritus ardientes, embarcados en viajes imaginarios, afirmaron haber penetrado en los secretos de nuestro satélite. En el siglo XVII, un tal David Fabricius presumió de haber visto con sus propios ojos a los habitantes de la Luna. En 1649, un francés, Jean Bundoin, publicó el *Viaje realizado al mundo de la Luna por Domingo González*, aventurero español...

De la Tierra a la Luna
Julio Verne

Octubre

—Contramaestre Bill, dígame, ¿dónde estamos?

—En plena Malaysia, mi querido amigo Kammamuri.

—¿Falta mucho por llegar a nuestro destino?

—¿Quizá te aburres, bribón?

—No me aburro, pero tengo mucha prisa y parece que la *Young-India* navegue muy despacio.

El contramaestre Bill, un marinero de unos cincuenta años, con más de cinco pies de altura, americano pura sangre, miró de reojo a su compañero. Este último era un hermoso indio de veinticuatro o veinticinco años, alto, de piel bronceada, con bellas facciones nobles y delicadas y las orejas adornadas con pendientes y el cuello con joyas de oro, que pendían graciosamente sobre el robusto pecho desnudo.

—¡Por mis cañones! —gritó el americano, indignado—. ¡¿Qué la *Young-India* va despacio?! Esto es un insulto.

—¿Por qué tiene prisa?, incluso un crucero que navega a quince nudos a la hora va despacio. Diablos, ¿por qué toda esta prisa? —preguntó el contramaestre, rascándose insistentemente la cabeza—. Oye, sinvergüenza, ¿no habrá en juego alguna herencia?

—¡Ojalá fuese una herencia!... Si supiese...

—Habla, joven, adelante.

—No oigo por este lado.

—Entiendo, te quieres hacer el sordo. ¡Uhm!... ¡Quién sabe qué escondes!... Esa chica que va contigo... ¡Uhm!...

—Pero... Decid, contramaestre, ¿cuándo llegaremos?

—¿A dónde?

—A Sarawak.

—El hombre propone y Dios dispone, amigo mío. Podría caernos encima un tifón y hundirnos en los abismos del mar...

Los piratas de Malaysia
Emilio Salgari

Noviembre

Finalmente, a la una menos cuarto en el departamento de historia natural, tras prolongados y vanos intentos, la ansiosa espera fue premiada y en el banco de los experimentos, en la llama incolora de la lámpara de Bunsen, se encendió una estela color esmeralda. Se probaba por tanto, como el profesor quería demostrar, que la composición química en cuestión tenía realmente la propiedad de colorar la llama de verde. Sin embargo, en el mismo instante del evento, en el patio de la casa adyacente, un organillo empezó a sonar interrumpiendo de repente la seriedad de la lección.

Las ventanas estaban abiertas de par en par al buen tiempo de marzo y, de esta forma, en las alas del vientecillo primaveral, las notas del organillo invadieron el aula.

Debía ser una alegre canción popular húngara, pero salía del organillo con un ritmo de marcha, y, con su tararatachín chin de banda vienesa, provocó la hilaridad general de los escolares. Algunos ya habían empezado a reírse.

En la lámpara de Bunsen, la banda verde se agitaba alegremente, pero sólo los chicos de la primera fila estaban atentos y con muestras de admiración. El resto, en cambio, miraba a través de la ventana hacia los tejados de las pequeñas casas vecinas y, en la lejanía, hacia el campanario rodeado completamente por la luz dorada del mediodía, consolándose al ver en la gran esfera del reloj que se acercaba el final de la clase. Como es natural, tardaron muy poco en distinguir también el resto de ruidos profanos que entraban en el aula junto con las notas del organillo.

Los cocheros del ómnibus de caballos tocaban la bocina y la criada de un patio vecino rompía los tímpanos con una canción diferente a la del organillo. Toda la clase entró en agitación. Algunos empezaron a hurgar entre libros, otros, más ordenados...

Los muchachos de la calle Pal
Ferenc Molnàr

Diciembre

Dado que el caballero Trelawney, el doctor Livesey y los restantes caballeros me solicitaron que narrase por escrito cada particular sobre la isla del Tesoro, desde el principio hasta el final, sin descuidar nada, salvo la posición de la isla, ya que todavía hay tesoros sepultados, tomo la pluma y regreso al tiempo en que mi padre dirigía la posada Admiral Benbow, y el viejo marinero, bronceado y marcado por una larga cicatriz de un sable, se hospedó en nuestra casa.

Lo recuerdo perfectamente renqueando hacia la puerta de la posada, seguido de su baúl de marinero colocado sobre una carretilla. Era un hombre moreno, robusto y fuerte, con una coleta untada con grasa que pendía sobre las hombreras del pringoso capote azul.

Tenía unas manos rudas y llenas de cicatrices, con las uñas negras y quebradas, y una cicatriz de sable que le atravesaba una mejilla, de un color blanco sucio y pálido.

Recuerdo que echó un vistazo a la ensenada silbando alegremente para sus adentros, luego entonó la vieja canción de mar que tan a menudo cantaría en el futuro:

¡Quince hombres sobre la caja del muerto,
yo-oh-oh, y una botella de ron!

con su voz aguda y tambaleante que parecía seguir el ritmo de las maniobras del cabestrante. Seguidamente, golpeó en la puerta con el garfio y cuando apareció mi padre, pidió rudamente un vaso de ron. Una vez servido, lo bebió lentamente como un entendido, saboreándolo a la vez que seguía escrutando a su alrededor, observando el acantilado y nuestra insignia.

—Una bahía tranquila —dijo al final—, un figón bien ubicado...

La isla del Tesoro
Robert Louis Stevenson

383